Ethik der Wertschätzung

Corine Pelluchon

Ethik der Wertschätzung

Tugenden für eine ungewisse Welt

Aus dem Französischen übersetzt von Heinz Jatho
unter Mitarbeit von Annette Jucknat

wbg Academic

Titel der Originalausgabe: Éthique de la considération, © Editions du Seuil 2018

Die Deutsche Nationalbibliothek verzeichnet
diese Publikation in der Deutschen Nationalbibliografie;
detaillierte bibliografische Daten sind im Internet über
http://dnb.d-nb.de abrufbar.

wbg Academic ist ein Imprint der wbg.

Die Herausgabe des Werkes wurde durch die
Vereinsmitglieder der wbg ermöglicht.
Satz: satz & mehr, 74354 Besigheim
Gedruckt auf säurefreiem und alterungsbeständigem Papier
Printed in Germany

Besuchen Sie uns im Internet: www.wbg-wissenverbindet.de

ISBN 978-3-534-27071-2

Elektronisch sind folgende Ausgaben erhältlich:
eBook (PDF): ISBN 978-3-534-74432-9
eBook (Epub): ISBN 978-3-534-74433-6

Inhalt

Nun aber, da diese Tage böse sind, genügt für den Augenblick die Mahnung, dich nicht ganz und nicht immer deinen Tätigkeiten zu widmen, sondern einen Teil deiner Person, deines Herzens und deiner Zeit für die Wertschätzung aufzusparen.

Bernhard von Clairvaux, *De consideratione*

Vorbemerkung des Übersetzers

Der deutsche Titel des vorliegenden Werks weicht vom französischen Titel, *Éthique de la Considération,* ab. Warum? Der Ausdruck *considération,* lateinisch *consideratio,* ist der Schrift *De consideratione* Bernhards von Clairvaux entnommen und wird in diesem Zusammenhang gern mit *Besinnung* übersetzt. Er ist aber, worauf vor allem im ersten Kapitel des ersten Teils noch eingegangen wird, weit vielschichtiger und nuancenreicher, als es in dieser deutschen Übersetzung zum Ausdruck kommt, so dass sich Verlag und Übersetzer im Einvernehmen mit der Autorin entschlossen haben, für die deutsche Version den Ausdruck *Wertschätzung* zu benutzen.

Einführung

Damit ein werdendes Volk die gesunden Grundsätze der Politik schätzen [...] kann, wäre es nötig, dass die Wirkung zur Ursache werde, dass der Gemeinsinn, der das Werk der Errichtung sein soll, der Errichtung selbst vorausgehe und dass die Menschen schon vor den Gesetzen wären, was sie durch sie werden sollen.

Jean-Jacques Rousseau, *Vom Gesellschaftsvertrag*

Warum eine Ethik der Tugenden?

Es ist das individuelle Bewusstsein, in dem sich das Schicksal der Gesellschaft entscheidet.[1] Die wunderbarsten Institutionen sind nur nutzlose Relikte, wenn die, die sie bewahren sollen, ihren Geist nicht respektieren und unfähig sind, sie den Umständen anzupassen. Umgekehrt fällt es den Bürgern ohne eine Erziehung, die ihnen hilft, ihren kritischen Geist und ihre Urteilskraft zu entwickeln, und ohne die Hilfe der Gesetze schwer, in ihrem persönlichen Leben Orientierung zu finden, geeignete Vertreter zu wählen und auf ihre Regierungen einen weisen Druck auszuüben, um sie auf einen Weg zu bringen, der zu Frieden, Wohlstand und Gerechtigkeit führt.

Diese von Platon so manches Mal hervorgehobene Reziprozität zwischen den Individuen und den politischen Regimen, diese Zirkularität der Gesetze, die uns formen, dabei aber angewiesen sind auf „Sitten", „Gebräuche" und die „Meinung" [...], in denen die eigentliche Verfassung des Staates [liegt]"[2], verweist auf eine Schwie-

1 Paul Ricoeur, *Das Willentliche und das Unwillentliche*, Paderborn, Fink, 2016, p. 156.

2 Jean-Jacques Rousseau, *Vom Gesellschaftsvertrag*, Stuttgart, Reclam, 2017, p. 60.

rigkeit, die der Gesellschaftsvertrag aufwirft[3]. Wenn die Prinzipien und die Zwecke der Politik erst einmal formuliert worden sind, stellt sich die Frage, was die Individuen dazu bewegen kann, die Anstrengungen auf sich zu nehmen, die nötig sind, um zum Gemeinwohl beizutragen: Die politische Theorie muss also durch die Moral ergänzt werden. Nur: Welche Moral kann im Menschen den Sinn für die Pflicht wecken und ihm doch zugleich erlauben, sich selbst zu verwirklichen? Wie kann er das allgemeine Wohl in sein persönliches integrieren, statt ständig zwischen Glück und Pflicht zerrissen zu werden? Welche moralischen Veranlagungen werden von den Bürgern erwartet, wenn sie Freude daran haben sollen, das Gute zu tun, maßvoll zu bleiben, die Zusammenarbeit an die Stelle des Misstrauens treten zu lassen und gemeinsam daran zu arbeiten, ihren Nachkommen eine bewohnbare Welt zu hinterlassen?

Die Ethik der Wertschätzung versucht auf alle diese Fragen eine Antwort zu finden. Mit ihrer Frage nach dem guten Leben und der Verbindung von Moral und Politik steht sie in der Tradition der auf Platon und Aristoteles zurückgehenden Tugendethiken, obwohl ihr Kontext und die Philosophie, auf der sie beruht, sie von der antiken Moral und auch von den zeitgenössischen neoaristotelischen Ethiken unterscheidet. Statt die Prinzipien festzulegen, die unsere Entscheidungen leiten oder jeweils mit den absehbaren Konsequenzen unserer Taten in Einklang bringen sollen, setzt der vorliegende Entwurf einer Moral den Akzent auf die Personen, auf das, was sie sind und was sie handeln lässt.

Bevor man von Verboten und Imperativen, von Pflichten und Verpflichtungen, von Gut und Böse spricht, muss man danach fragen, auf welche Weisen wir moralische Akteure sein können.[4]

3 Der Gesellschaftsvertrag, von dem die Rede ist, ist der im zweiten Teil von *Les Nourritures. Philosophie du corps politique*, Paris, Seuil, „L'Ordre philosophique", 2015, behandelte.

4 Gertrude Elizabeth M. Anscombe, „Die Moralphilosophie der Moderne" (= „Modern Moral Philosophy"), in *Aufsätze*, hrsg. und übers. von Katharina Nieswandt und Ulf Hlobil, Berlin, Suhrkamp, 2014, p. 142–170.

Denn auch die größten Gesetze und die edelsten Prinzipien haben nur dann Sinn, wenn sie von den Individuen, auf die sie sich beziehen, anerkannt werden. Sie müssen auch in ihrem spezifischen Kontext interpretiert und in die Praxis umgesetzt werden. Gewiss liefern die deontologischen Verhaltenskodizes und das Recht Orientierungen für unser Handeln, aber niemand wird ein guter Arzt oder ein guter Richter, indem er diese Texte auswendig lernt. Daneben kann auch der Nutzen, kann die Maximierung des kollektiven Wohlstands als Kriterium dienen, wenn man wissen will, wie knappe Güter verteilt werden sollen.[5] Und weil keiner *a priori* weiß, wie man handeln soll, ist es notwendig, auch die Folgen in Betracht zu ziehen, die eine Entscheidung für eine Gesellschaft, für ihre Institutionen und auch für die moralischen Veranlagungen, die zu ihrem guten Funktionieren erforderlich sind, haben kann. Diese pragmatische Herangehensweise, bei der man sich nicht an eine starre Konzeption von Gut und Böse klammern darf, erlaubt so, manches Dilemma zu entscheiden, indem man unter verschiedenen, in der Theorie gleichwertigen Lösungen diejenige wählt, die am besten an die Situation angepasst ist.[6] Freilich dienen diese Normen vor allem dazu, unsere Entscheidungen rational zu rechtfertigen; sie bilden nicht unsere zentralen Handlungsmotivationen.

Diese beruhen vielmehr auf einer komplexen Gesamtheit von Vorstellungen, Gefühlen und Charakterzügen. Wenn sie eine gewisse Festigkeit, eine erworbene Haltung bezeichnen (*hexis*) und nicht nur einen vorübergehenden Zustand oder eine Leidenschaft, wenn sie auf einer durchdachten Wahl beruhen und bei ihrer Aus-

---

5 Der Begründer des Utilitarismus, der heute eine breite Strömung ist, ist Jeremy Bentham, *An Introduction to the Principles of Morals and Legislation,* 1789. Dt.: *Eine Einführung in die Prinzipien der Moral und Gesetzgebung,* Saldenburg, Verl. Senging, 2013.

6 William James, *Pragmatism. A new Name for some old Ways of Thinking,* 1907. Dt.: *Pragmatismus. Ein neuer Name für einige alte Denkweisen,* Darmstadt, wbg, 2001. John Dewey, *The Public and its Problems*, 1927. Dt.: *Die Öffentlichkeit und ihre Probleme,* Berlin u.a., Philo, 2001.

übung durch das Individuum von dem Gefühl der Erfüllung begleitet sind, nennt man sie Tugenden.[7] Wer sie besitzt, verhält sich bei jeder Gelegenheit mutig, besonnen oder maßvoll, ohne dass zwischen dem Sein und dem Sein-Sollen, dem Denken und dem Handeln ein Widerspruch bestünde. So ist eine ehrenhafte Person nicht die, die am häufigsten ehrenhafte Taten vollbringt, sondern die, die sie infolge einer wohlüberlegten Wahl vollbringt, und weil ihr diese Disposition zu einer zweiten Natur oder einem *habitus* geworden ist. Die Tugenden setzen die fortschreitende Entwicklung von Fähigkeiten voraus, die die Gesamtheit der Vorstellungen eines Menschen betreffen, seine Affekte und seine Weise, sich selbst und die Welt wahrzunehmen.

Die Ethik der Tugenden, die in diesem Buch vorgestellt wird, versucht die Seinsweisen zu bestimmen, die gefördert werden müssen, wenn die Individuen ein gutes Leben führen und die Achtung vor den anderen, Menschen und Nicht-Menschen, als Bestandteil der Achtung vor sich selbst empfinden sollen. Sie stützt sich nicht ausschließlich auf rationale Argumentation, sondern räumt auch der Affektivität, dem Körper und dem Unbewussten einen wichtigen Platz ein. Die Ethik der Wertschätzung ist eine Seinsweise, die im Laufe eines Prozesses der Selbstveränderung erworben wird; wir werden seine Etappen aufzeigen und zugleich analysieren, was sich ihm in den Weg stellen kann. Damit soll nicht gesagt werden, dass Normen entbehrlich sind, sondern es kommt darauf an, zu verstehen, wie sie von den Individuen verinnerlicht werden können, damit diese einen inneren Zugang zu ihnen haben und sich affektiv ebenso wie intellektuell von ihnen verpflichtet fühlen. Wenn man sich dem Dualismus zwischen Vernunft und Emotion, Geist und Körper, Individuum und Gesellschaft nicht entzieht, wird man nie verstehen können, warum es den Menschen so schwerfällt, in Übereinstimmung mit ihren Prinzipien und Werten zu handeln.

---

7 Aristoteles, *Nikomachische Ethik,* Hamburg, Meiner, 1985, II, 4, 5, 6, 9; III, 4; V, 10, 1135b8–11; VII, 1152a30–33.

Anzugeben ist also, welche Seinsweisen wie gefördert werden müssen, wenn das ovidische Paradox, das das Scheitern der meisten moralischen und politischen Theorien feststellt, überwunden werden soll:[8] Ich sehe das Gute, ich stimme ihm zu, aber ich tue das Schlechte. Unumgänglich ist es auch, die psychologischen Mechanismen zu untersuchen, die erklären, dass sich die Personen in der Verweigerung abkapseln und sich daran gewöhnen, Vernunft und Gefühl zu trennen, wenn man ihre Widerstände gegen Veränderungen verstehen will. Die Ethik der Wertschätzung wendet sich also nicht gegen die deontologischen und konsequentialistischen Morallehren, sondern ergänzt sie. Ihr Ziel ist, die Lücke zwischen Theorie und Praxis, Denken und Handeln zu schließen, eine Lücke, die angesichts der Herausforderungen, mit denen wir heute konfrontiert sind, zum Hauptproblem der Moral und der Politik geworden ist.

Die Herausforderungen der Umweltpolitik und die Sache der Tiere

Besonders frappierend ist diese Kluft in den drei Bereichen, die den Rahmen unserer Untersuchung bilden: im Bereich der Umwelt, der Sache der Tiere und der Demokratie.

Die Menschen und die Staaten sind insgesamt davon überzeugt, dass zwischen den geopolitischen, gesundheitlichen, ökonomischen und sozialen Konsequenzen der Erderwärmung und der Erosion der Biodiversität zahlreiche Verbindungen bestehen. Selbst ohne Erwähnung des „Anthropozän“, das eine neue Ära bezeichnet, die von der geologischen Wirkung der menschlichen Aktivitäten und ihren negativen Folgen für das System Erde bestimmt ist, ist sich jedermann der massiven Störung bewusst, die von den explosionsartig in schwindelerregende Höhen ansteigenden Material-

8 Ovid, *Metamorphosen*, Lat./dt., Stuttgart, Reclam, 2016, 7, 7, 20.

und Energieflüssen ausgelöst wird, die unsere ökonomischen Aktivitäten und unser demographisches Gewicht verursachen. Die Auswirkungen der Klimaerwärmung zusammengenommen stellen das Überleben der Individuen in Frage, und die demokratischen Staaten können von den die Landwirtschaft und die Infrastruktur schädigenden meteorologischen Extremereignissen ebenso destabilisiert werden wie von Migrantenströmen. Bald werden wir jedoch einen *Point of no return* erreicht haben: Wenn wir nicht jetzt schon die Entscheidungen treffen, die nötig sind, um den Temperaturanstieg zu begrenzen, werden die Folgen nicht nur dramatisch, sondern auch irreversibel sein. Dennoch bleibt die Frage offen, ob die Staaten die erforderlichen Anstrengungen unternehmen.

Um den ökologischen Fußabdruck der Menschheit substantiell zu verringern, ist die aktive Teilnahme der Individuen unerlässlich. Gewisse Konsumgewohnheiten müssen aufgegeben und die Regierungen unter Druck gesetzt werden, wenn sie politische Entschlossenheit beweisen und den Schutz der Biosphäre zur Pflicht des Staates erklären sollen. In der Tat beschränkt sich der ökologische Übergang nicht auf eine Anzahl von Verhaltensweisen, die kurze Wege und eine sparsamere Lebensweise begünstigen. Er verläuft auch über die Reorganisation der Ökonomie, der Produktion und des Warenaustauschs sowie über institutionelle Innovationen, die den repräsentativen Demokratien dabei helfen, die Umweltanliegen stärker zu berücksichtigen statt ausschließlich kurzfristig zu denken. Alle diese Veränderungen setzen voraus, dass die Menschen ihr ökologisches Engagement nicht als eine Last ansehen, sondern die Mäßigung zu einer bewusst gewählten Lebensweise wird.

Die Kluft zwischen Denken und Handeln ist umso dramatischer, als wir nicht nur die ersten sind, denen der Ernst der Situation bewusst ist, sondern auch die letzten, die rechtzeitig handeln können. Diese Situation sollte bei jedermann ein Gefühl der Dringlichkeit auslösen, das ihn mahnt, alles in seiner Macht Stehende zu tun, um sich an der kollektiven Anstrengung zur Reduktion des

Ausstoßes von Treibhausgasen zu beteiligen, aber dem ist nicht so. Das Problem beruht zum Teil darauf, dass den Schäden, die wir den anderen zufügen, keine ausdrückliche Absicht zugrunde liegt, dass die von unseren Konsumgewohnheiten erzeugte Verschmutzung nicht immer und vor allem nicht unmittelbar wahrnehmbar ist und die Folgen der heute ausgestoßenen Treibhausgase erst in ein paar Jahrzehnten spürbar werden.

Da die Täter die Folgen ihres Tuns nicht sehen, weil diese sich über eine lange Zeit erstrecken und Lebewesen schädigen, die sie nicht kennen, fehlt ein Ansporn, so zu handeln, wie es ihnen ihr moralisches Bewusstsein eigentlich vorschreibt. Manche behaupten, man müsse die Individuen zwingen, ihr privates Konsumverhalten zu ändern, und die juristischen und ökonomischen Bestimmungen auf nationaler und internationaler Ebene müssten sich durch Zwang, durch Krieg oder einen Kollaps des Systems durchsetzen. Dem Pessimismus der einen entspricht der Zynismus der anderen, die meinen, es lohne sich nicht, sich zu mäßigen, wenn die anderen es auch nicht täten. Zahlreich sind auch diejenigen, die gemessen an dem von ihnen als gerecht Erkannten gar nichts tun oder sich in der Gegenwart verkapseln. Die gegenwärtige ökologische Situation ist also tragisch. Darum sind moralische Züge wie die Ausdauer, die Tapferkeit, der Optimismus, der Mut und die Großzügigkeit wesentlich, um die Kräfte zu bekämpfen, die die Menschen untätig bleiben lassen, sie dem Konsum in die Arme treiben und einem System dienstbar machen, das zu ersetzen inzwischen ein dringendes Gebot ist.

Das Schaffen neuer Bedürfnisse, die Überproduktion, die vorprogrammierte Obsoleszenz der Dinge ebenso wie die Verschwendung und die Verschmutzung, die unser Entwicklungsmodell charakterisieren, sind auf ökologischer Ebene unhaltbar. Außerdem zwingt die Organisation der Arbeit, die eine massiv wachsende Produktion zu immer niedrigeren Selbstkosten verlangt, Tieren und Menschen unannehmbare Lebensbedingungen auf. Der Kapitalismus ist ein System, das auf der Ausbeutung von Menschen durch andere Menschen und von bestimmten Ländern durch andere Länder beruht. Er impliziert die Kontrolle der Staaten und Völker durch die multinationalen Konzerne, die Zerstörung der Ökosysteme sowie die Erschöpfung der Ressourcen, deren Grenzen und deren Endlichkeit er außer Betracht lässt. Schließlich leugnet er den inneren Wert der Natur und kennt keine Achtung vor den Tieren, die als bloße Ressourcen behandelt und deren Grundbedürfnisse ebenso wie ihre Subjektivität geleugnet werden.

Dieses System, das über starke finanzielle, juridische und politische Stützen verfügt, beruht auf einer Anthropologie, die die Trennung der Lebewesen fördert und jeden dazu ermutigt, nach Dingen zu streben, die die anderen nicht besitzen können. Das Marketing nutzt psychologische Triebfedern wie die Unsicherheit, das Bedürfnis nach Anerkennung und die Angst vor der Zukunft; es reagiert auf die Frustrationen der Individuen, intensiviert sie und verstärkt so ihre Entfremdung und ihre Abhängigkeit von diesem System. Viele sind sich darin einig, dass dem Kapitalismus, der dereguliert ist und nichts zu tun hat mit dem Liberalismus von John Locke oder auch Adam Smith, die Luft ausgeht, aber fast alle fahren fort, ihn zu stützen.

Die unerhörte Gewalt, die in unseren Tagen in den Agrarfabriken, den Schlachthöfen und den Laboratorien den Tieren angetan wird, ist das Spiegelbild dessen, was dieses System mit uns macht, und sie macht sichtbar, wie wichtig der Kampf für die Verbesserung der tierischen Lebensbedingungen ist und welche strategische Dimension ihm zukommt. Denn die Misshandlung der Tiere ist typisch für die meisten dysfunktionalen Störungen in der Gesellschaft, etwa die Arbeitsbedingungen der Züchter und der Schlachthof-Arbeiter. Die Sache der Tiere ist auch die Sache der Menschheit, weil das, worum es bei der Misshandlung der Tiere geht, auch unser Verhältnis zu uns selbst ist. Wenn niemand bereit ist, die negativen Emotionen anzunehmen, die entstehen, wenn man sich der Intensität des tierischen Leidens bewusst wird, wird das, was wir direkt oder indirekt anderen fühlenden Wesen antun, uns alle seelisch zerstören.[9]

Um das Fleisch fühlender Wesen zu konsumieren, die die meiste Zeit ihres elenden und kurzen Lebens nicht geachtet wurden, müssen sich die Personen spalten. So verdrängen wir das Mitleid, das das Schauspiel des von einem fühlenden Wesen erfahrenen Leidens in jedem Fall erregen müsste. Und um die kognitive Dissonanz zu reduzieren, die aus miteinander unvereinbaren Vorstellungen oder den Widersprüchen zwischen einer Vorstellung und einer Handlung erwächst[10] – etwa wenn wir unseren Hund streicheln, während wir zugleich das Fleisch von so empfindlichen Tieren wie den Schweinen konsumieren –, behaupten wir, diese letzteren seien produziert worden, um gegessen zu werden, oder sie würden nicht wirklich leiden, oder ohne Massentierhaltung und ohne immer mehr Fleisch zu produzieren sei es heute unmöglich, siebeneinhalb Milliarden Menschen zu ernähren. Diese Strategien zur Minimierung dessen, was man den Tieren antut, erklären teilweise, dass so wenige Menschen auf den Konsum von Fleisch und auf Kleidung aus Leder, Pelz und Wolle verzichten. Dennoch reichen sie nicht mehr aus, das ungute Gefühl zu zerstreuen, das man angesichts solcher Bilder spürt, die einen zwingen, dem Leiden der Tiere ins Gesicht zu sehen.

So zeigt das Missverhältnis zwischen dem, was wir wissen, und dem, was wir tun, zeigt die Rationalisierung und die Verdrängung negativer Emotionen, dass sich in unserem Inneren ein Krieg abspielt. Dieser stellt die Frage nach dem Platz des Mitleids in der Gerechtigkeit, fragt danach, was im Zentrum aller Gewalttaten steht, seien die Opfer Menschen oder Tiere. Der Ursprung dieser Gewalttaten liegt in der Ausübung von Herrschaft,

---

9 Corine Pelluchon, *Manifeste animaliste. Politiser la cause animale,* Paris, Alma, 2017.

10 Leon Festinger, *A Theory of Cognitive Dissonance,* California, Stanford University Press, 1957. Dt.: *Theorie der kognitiven Dissonanz,* Bern, Huber, 1978.

in der fehlenden Anerkennung des Eigenwerts des anderen, aber auch in der von uns inzwischen angenommenen Gewohnheit, die Unterwerfung von Wesen, die nicht der Sphäre unserer moralischen Wertschätzung angehören, zu akzeptieren, ja zu rechtfertigen. Es ist also unser Verhältnis zu uns selbst, zu den anderen, seien sie menschlich oder nicht-menschlich, und zur Natur, das eine Ethik der Tugenden heute klären muss, indem sie uns zu verstehen hilft, wie man dem Bann der Herrschaft entkommen kann, und dabei Felder miteinander verbindet, die gewöhnlich verschiedenen Gebieten, wie der Ökologie, der Tierethik und den zwischenmenschlichen Beziehungen, zugerechnet werden.

Die Wertschätzung gegen den Nihilismus

Die letzte Herausforderung betrifft die moralischen Anlagen und die Bürgertugenden, auf denen die wirkliche Ausübung der Demokratie beruht. Sie wirft auch das Problem des Nihilismus auf und verlangt die Untersuchung der Verbindung, die zwischen der gegenwärtigen Erfahrung der Entsubjektivierung und der Anfälligkeit der Individuen für die autoritären Formen der Macht, ja den Totalitarismus, besteht.

Die liberalen Demokratien, die auf dem Pluralismus gründen, will sagen auf die Annahme der moralischen Gleichheit der Individuen und die Toleranz, werden geschwächt, weil ihre Prinzipien von außen und von innen in Frage gestellt werden. Dieses Gesellschaftsmodell weckt heute weniger Enthusiasmus, weil die Zahl der Abgehängten dem Ziel der ökonomischen Prosperität, mit dem das demokratische Ideal verbunden ist, widerspricht und es aufgrund der sozialen Spaltung und der fehlenden Vertretung des Allgemeinwohls sein Prestige verloren hat. Außerdem haben die Bürger oft das Gefühl, ihrer Souveränität beraubt zu werden, was dazu führen kann, dass sie sich statt in der Öffentlichkeit nur noch im Privaten einbringen oder Protest und Reaktion zu den einzigen Modellen der Teilhabe am öffentlichen Leben erheben.

Die zeitgenössische politische Philosophie bietet nützliche Orientierungshilfen, um die repräsentativen Demokratien mit globalen und langfristigen Anliegen, die die Umwelt und die Sorge um die künftigen Generationen betreffen, vereinbar zu machen. Desgleichen haben im Laufe der letzten dreißig Jahre zahlreiche Arbeiten unsere Kenntnis der deliberativen Demokratie bereichert, einer Demokratie also, deren Legitimität nicht mehr ausschließlich an den großen Zusammenkünften im Rahmen von Wahlen hängt, sondern auch – noch vor dem Stattfinden kollektiver Beschlüsse – an der Organisation von Debatten, die den Bürgern ermöglichen, sich gemäß den Regeln der Argumentation miteinander auszutauschen.[11] Der Wiederaufbau der Demokratie setzt also voraus, dass die Repräsentierten ihren Blickwinkel immer mehr erweitern, die Frage nach dem Gemeinwohl stellen und so öffentlichen Gebrauch von ihrer Vernunft machen. Was die Repräsentanten betrifft, so sind sie aufgefordert, das Spiel des Kuhhandels und der Versprechungen, das den Wahlkampf begleitet, aufzugeben und eine verantwortlichere und ganz allgemein respektvollere Haltung einzunehmen. Schließlich wollen die partizipativen Verfahren diejenigen Individuen, die durch ihre ökonomische, soziale und kulturelle Situation die meiste Zeit von den Entscheidungen ausgeschlossen sind, sichtbarer machen. Trotz dieser verschiedenen Beiträge muss jedoch eine relative Armut der Debatten konstatiert werden, in denen der Ruf nach dem Plebiszit und der Rückgriff auf Invektiven oft die Regel ist.

Man kann nicht sagen, dass es den Umwelt- und Tierethiken besser gelungen wäre, den Lauf der Geschichte zu ändern. Seit mehr als vierzig Jahren haben sie solide Argumente entwickelt, die zeigen, dass die Natur nicht nur einen instrumentalen Wert hat und die Ethik sich nicht auf die Beziehungen zwischen den heute

---

11 Corine Pelluchon, *Les Nourritures,* Kap. 1 und 2.

lebenden Menschen beschränkt.[12] Ihre theoretische Kreativität ist unbestreitbar, aber in der Praxis hat sich nicht wirklich etwas geändert. Diese Kluft zeugt davon, wie schwer es der Philosophie fällt, eine initiative Kraft und nicht nur eine kritische Begleitung zu sein. Sie zeugt von einem teilweisen Scheitern, das daher rührt, dass die Moral und das politische Denken von jeder Frage nach dem guten Leben, jeder Frage danach, was einem Menschen erlaubt, nicht nur zu überleben und seine Bedürfnisse zu befriedigen, sondern sich auch zu entfalten, abgeschnitten ist.

Das Ende der Geschichtsphilosophien, die der individuellen Existenz Dichte verliehen, hat eine ideologische Leere hinterlassen, die nichts hat ausfüllen können. Das Handeln unserer Vorfahren spielte sich auf zwei Ebenen ab; es hatte für sie einen konkreten Sinn, aber es transzendierte auch die Gegenwart: Gott oder die Geschichte würden über sie urteilen. Dagegen sind die unmittelbare Befriedigung und das materielle Wohl in unserer Zeit oft die einzigen Ziele der Menschen. Diese Situation hat den gesamten öffentlichen Raum dem Markt und dem Ökonomismus überlassen: Die Individuen haben keinen anderen Horizont mehr als den Konsum, und nach und nach verlieren sie jedes Gefühl dafür, was sie mit den anderen verbindet. Dass eine solche Existenz nur eine individuelle Dimension hat und dass das Geld und das Streben nach Prestige als höchste Güter gelten, erklärt großenteils die verbreiteten Gefühle von Frustration und das Fehlen von sozialer Harmonie.

---

12 Die Umweltethiken, die am meisten dazu beigetragen haben, die Kategorien der Ethik durch eine Anwendung auf die Natur zu erneuern, gehen auf die Erben Aldo Leopolds zurück, des Autors des berühmten *A Sand County Almanac: And Sketches Here and There,* Oxford University Press, 1949. Dt.: *Am Anfang war die Erde. Plädoyer zur Umwelt-Ethik,* München, Beck, 1992. Siehe auch die Autoren, die versammelt und übersetzt sind in *Éthique de l'environnement. Nature, valeur, respect,* hrsg. v. Hicham-Stéphane Afeissa, Paris, Vrin, 2007. Einen vollständigen Überblick liefert Gérald Hess, *Éthiques de la nature,* Paris, PUF, 2013. Zur Tierethik verweise ich auf *La Philosophie animale, Différence, responsabilité et communauté,* hrsg. v. Hicham-Stéphane Afeissa und Jean-Baptiste Jeangène Vilmer, Paris, Vrin, 2010.

So hat sich der Kapitalismus als einzig mögliches System zu einem Zeitpunkt durchgesetzt, da das universalistische Ideal der Aufklärung – durch die beiden Weltkriege und die Kolonisierung bereits in Frage gestellt – keine zweifelsfreie Referenz mehr sein konnte. Der Humanismus war nicht mehr nur Synonym für Frieden und individuelle Emanzipation, sondern auch für Speziesismus und sogar für Phallogozentrismus.[13] Wenn der Universalismus nicht tot ist, wie man stillschweigend annimmt, wenn man vom guten Leben und nicht nur von Gerechtigkeit spricht, und wenn der Humanismus noch eine Zukunft hat, dann kann es sich nur um einen kontextgebundenen Universalismus und um einen erneuerten Humanismus handeln, der das Ziel hat, den Primat der Politik über die Ökonomie wieder durchzusetzen und den Individuen bei der Entwicklung der Ressourcen zu helfen, die für einen Übergang zu einem ökologisch vertretbaren und gerechteren Entwicklungsmodell nötig sind. Es gibt jedoch zahlreiche Hindernisse für diese Erneuerung. Eine der Hauptschwierigkeiten liegt in der enthemmten Form von Nihilismus, die unserer Zeit eigen ist. Nicht nur besteht die Gefahr, dass die Menschen auf sozialer und ökonomischer Ebene zugrunde gerichtet werden, sondern sie können auch aufgrund ihrer moralischen und spirituellen Misere unfähig werden, sich der Herrschaft zu entziehen, ob sie nun zu denen gehören, die die anderen ausbeuten, oder zu denen, die ausgebeutet werden.

Hannah Arendt hat mit Nachdruck auf der zugleich sozialen, politischen und anthropologischen Dimension der Verlassenheit *(loneliness)* insistiert, die nicht nur die Einsamkeit, sondern auch die Tatsache bezeichnet, dass sich das Individuum nur noch als Produktiv- und Konsumkraft wahrnimmt und alles verloren hat,

13 Claude Lévi-Strauss, *Strukturale Anthropologie II*, übers. v. E. Moldenhauer, H.-H. Ritter und T. König, Frankfurt, Suhrkamp 1975. Jacques Derrida, „Il faut bien manger ou le calcul du sujet", *Points de suspension*, Paris, Galilée, 1992, p. 294.

was es an der gemeinsamen Welt teilhaben lässt.[14] Die Verlassenheit bedroht die Massendemokratien; die unter ihr leidenden Individuen sind besonders empfänglich für autoritäre Politikformen, die den Menschen entwürdigen und die gemeinsame Welt zerstören.[15] Doch wird die Entsubjektivierung, die viele unserer Zeitgenossen erfahren, von einem unbedingten Durchsetzungswillen und von Kontrollobsessionen begleitet. Wie das Subjekt der Verlassenheit spürt das Individuum nur die individuelle Dimension seiner Existenz, aber sein Verhalten verrät die Furcht vor der Schädigung des Körpers, die Schwierigkeit, die eigene und die fremde Verletzbarkeit zu akzeptieren, die Furcht vor der Alterität und ihre Verleugnung und schließlich die Versuchung, das genetische Erbe der Menschheit und der anderen Lebewesen zu kontrollieren. Dieser Wille zur Kontrolle und diese Furcht vor der Alterität und dem Körper charakterisieren bei vielen Menschen heute das Verhältnis zu sich selbst, zu den anderen und zur Technologie.

Der Nihilismus, schrieb Leo Strauss, ist eine unartikulierte Revolte: Er bezeichnet „den Wunsch, die gegenwärtige Welt und ihre Entwicklungsmöglichkeiten zu vernichten, einen Wunsch, der von keiner klaren Vorstellung dessen begleitet wird, was man an ihre Stelle setzen soll". Aber die zeitgenössische Form des Nihilismus kommt nicht, wie im Deutschland der dreißiger Jahre, aus dem Abscheu vor einem „Kulturbolschewismus"[16], in dem an die Stelle von Heroismus und Opferbereitschaft die Zerstreuungen getreten sind. Die Individuen unserer Tage sind überwiegend Materialisten, selbst die, die den Westen hassen und sich in religiösen Extremis-

---

14 Hannah Arendt, *Elemente und Ursprünge totaler Herrschaft,* Frankfurt, Europäische Verlagsanstalt, 1956 III. Totale Bewegung und totale Herrschaft, p. 750 und 722. Siehe auch *Zwischen Vergangenheit und Zukunft. Übungen im politischen Denken,* München, Piper, 1994, p. 278.

15 Hannah Arendt, *Vita activa oder vom tätigen Leben,* München, Stuttgart, Kohlhammer, 1960, p. 58.

16 Leo Strauss, „German Nihilism" (https://archive.org/stream/LeoStraussGermanNihilismIntegral1941) ©interpretation (konsultiert am 21.2.2019).

mus flüchten. Das Problem des gegenwärtigen Nihilismus ist die Unfähigkeit, aus sich herauszutreten und das Bedürfnis, seine Kontrolle auf alles auszudehnen, besonders auf den eigenen Körper und den der anderen. Darum wird dieses Bedürfnis nach Herrschaft vor allem gegenüber verwundbaren Personen und Tieren ausgeübt.

Unsere Zeit ist eine, in der die Gewalt gegen das Lebendige keine Hemmung mehr kennt, weil die Alterität, die Verwundbarkeit, die Unvorhersehbarkeit und mit der Sterblichkeit alles Lebendigen unsere eigene Sterblichkeit selbst Gegenstand unserer Furcht, ja unseres Hasses sind. Doch ist dieses Zeitalter auch das des Lebendigen. Die Sorge um das Lebendige entsteht in einem Augenblick, da die Umweltkrise, die Gewalt gegen ganze Gruppen von Menschen und die schrecklichen Lebens- und Sterbensbedingungen, die den Tieren aufgezwungen werden, niemandem mehr entgehen können. Sie entsteht zeitgleich mit der Tatsache, dass in einem Klima allgemeiner Gewalttätigkeit mehr und mehr Individuen der Meinung sind, dass die Anerkennung der Heterogenität der Lebens- und Kulturformen der Schlüssel für ein besseres, ja für ein gutes Leben ist.

Leo Strauss sagte über die jungen deutschen Nihilisten, die später dem Nazismus anhingen, dass es ihnen an Lehrern alten Stils fehlte, die fähig gewesen wären, ihnen das Positive ihrer Revolte gegen die überkommene Kultur der Aufklärung zu zeigen. Man hätte ihnen helfen müssen, diese Revolte in ein konstruktives Projekt umzuwandeln. Auch wir brauchen eine Philosophie, die unserer Ablehnung eines Entwicklungsmodells, das uns enthumanisiert, uns ständig gegen unseren Nächsten stellt, die Umwelt und das soziale Netz zerstört und den Tieren unerhörte Leiden zufügt, eine artikulierte Form gibt. Diese Philosophie kann nicht die Wiederaufnahme alter moralischer Werte sein. Denn Werte sind lediglich Subjektivierungen, und wenn sie defensiv vertreten werden, erscheint ihre Schwäche in vollem Licht. Unsere Hypothese ist, dass eine Ethik der Tugenden, die auf einer ersten Philosophie beruht und eine moralische Disposition entwickelt, die die Anerkennung der eigenen Verwundbarkeit, des Eigenwerts der anderen Lebewesen und der anderen Kulturen fördert, uns vom Nihilismus zum Zeitalter des Lebendigen und zur Wertschätzung gelangen lassen kann. Der Inhalt dieser Ethik der Wertschätzung und ihre Definition werden nach und nach im Verlauf dieses Werks deutlich werden, aber wir können jetzt schon sagen, dass ihr Hauptziel darin besteht, die Theorie mit der Praxis zu vereinen und dass sie die Matrix mehrerer Tugenden ist. Sie verbindet das Verhältnis zu sich selbst, das Verhältnis zu den anderen, die Umwelt, die Tierethik und die Politik miteinander.

Die Ethik an eine Philosophie der Körperlichkeit binden

Das Ziel der Ethik der Wertschätzung besteht darin, Theorie und Praxis, Vernunft und Affekt in einem Kontext zu versöhnen, der derjenige der pluralistischen, multikulturellen und mit überstarken technologischen Mitteln ausgestatteten Demokratie ist. Wie kann man eine Konzeption des guten Lebens vertreten, die eine universelle Dimension hat und zugleich die Verschiedenheit der Lebensweisen und der Kulturen respektiert? Welche Tugenden eignen sich für den gegenwärtigen Kontext, der durch globale Erwärmung, Gewalt an Menschen und Tieren und Fragilität der liberalen Demokratien charakterisiert ist?

Es gibt bewundernswerte Traktate über die Tugend, von der *Nikomachischen Ethik* über die Werke der Stoiker bis zum *Traité des vertus* von Jankélévitch, aber diese Texte berücksichtigen nicht das Verhältnis zu den künftigen Generationen, zur Natur und zu den Tieren. Sie begrenzen das Feld der Ethik und der Politik auf das Verhältnis zu sich selbst und zu den anderen menschlichen Wesen. Die aristotelische Ethik wiederum ist untrennbar von einer Kosmologie und einer Teleologie; jedes Wesen, einschließlich des

Menschen, hat eine Natur, der es folgen muss, um sie von der Potenz zum Akt übergehen zu lassen. Der Naturalismus der *Nikomachischen Ethik* und der meisten neoaristotelischen Tugendethiken versteht die Vortrefflichkeit eines Wesens nach dem Modell eines Organs, das perfekt seine Funktion erfüllt, wobei das Laster eine einem Geburtsfehler vergleichbare Störung ist.[17] Der metaphysische Hintergrund dieser alten Ethiken nimmt zwar den von ihnen ausgesprochenen moralischen Vorschriften nicht alle Gültigkeit, aber er beruht auf Vorstellungen, die das moderne und zeitgenössische Wissen in Frage gestellt hat.

Der Naturalismus, der die Ethik auf als „natürlich“ geltende Normen gründet, wirft zahlreiche Probleme auf. Er trifft auf die Kritik von Hume, der empfiehlt, das Sollen und das Sein nicht zu verwechseln und die Norm nicht aus einem Faktum abzuleiten. Desgleichen zeugt er von einer normalisierenden und homogenen Konzeption des Lebens, die unvereinbar ist mit einer Berücksichtigung der Alterität, der Positivität von Unterschieden und der Heterogenität der Normen. Wie kann man sich in die Tradition dieses aristotelischen Konzepts von Moral stellen, ohne dabei in die Falle des Naturalismus zu tappen? Wie soll man eine Ethik der Tugenden schaffen, vom guten Leben sprechen und verallgemeinerbare Orientierungen zum richtigen Handeln anbieten, wenn der Kontext dieser moralischen und politischen Fragestellung das Ende der Metaphysik ist, verstanden als Diskurs, der das Wesen des Menschen verkündet?

Schließlich trennen uns unsere Technologien von der Welt eines Seneca und eines Aristoteles. Die Macht, die sie uns in die Hand geben, ist nicht mehr vergleichbar mit der, über die die Menschen in der Antike oder noch zu Beginn des 20. Jahrhunderts verfügten. Die Technik hat die Weise, wie wir über unsere Verantwortlichkeit denken, die sich jetzt auch auf die Natur und die künftigen Gene-

17 Philippa Foot, *Die Natur des Guten,* übers. v. Michael Reuter, Frankfurt, Suhrkamp, 2004, p. 44–58.

rationen erstreckt, grundlegend verändert. Sie bietet den Individuen neue Möglichkeiten und nährt den Wunsch, die gewöhnlich den Menschen gesetzten Grenzen zu überschreiten. Das Zusammenwirken der Nanotechnologien, der Biotechnologien, der Informatik und der Kognitionswissenschaften, die die Transhumanisten als das Versprechen eines neuen, vergrößerten, von Krankheiten, ja vom Tod befreiten Menschen ansehen, aber auch die rein technischen Antworten auf die Erderwärmung, wie das Geo-Engineering, stellen eine Herausforderung an die Ethik und an die Politik dar. Wir sind davon überzeugt, dass die aktuelle Tendenz zum Übermaß nicht von Gesetzen, sondern nur von einer Ethik der Tugenden aufgehalten werden kann, einer Ethik, die imstande ist, der transhumanistischen Ideologie Einhalt zu gebieten, vorausgesetzt, dass sie sich nicht auf eine generelle Forderung nach Mäßigung beschränkt, sondern auf einer Philosophie der Körperlichkeit und der Endlichkeit beruht.

Die Ethik der Wertschätzung ist an eine Philosophie des Subjekts gebunden, die sich nicht auf eine Wesenheit des Menschen bezieht, sondern ihren Ausgangspunkt in dem in seiner Körperlichkeit gedachten Subjekt sieht.[18] Sie verweist auf dessen Verletzbarkeit oder Passivität und rückt die Dimension der Lust, die mit dem Leben verbunden ist, ebenso wie den stets relationalen Charakter des Subjekts in den Vordergrund. Immer stehen wir, sobald wir essen, atmen oder arbeiten, in Beziehung mit anderen Wesen, menschlichen oder nicht-menschlichen, gegenwärtigen, vergangenen und zukünftigen. Eine solche Philosophie der Körperlichkeit, deren Zweige die Ethik der Verwundbarkeit und die Phänomenologie der Nahrung sind, ist von den alten Teleologien ebenso weit

18 Dieses Werk ist die Fortsetzung von *Les Nourritures. Philosophie du corps politique* und steht in der Kontinuität von *Éléments pour une éthique de la vulnérabilité. Les hommes, les animaux, la nature,* Paris, Cerf, 2011 und *L'Autonomie brisée Bioéthique et philosophie*, Paris, PUF, 2009, 2014. Diese drei Bücher bilden die Philosophie der Körperlichkeit und des relationalen Subjekts, die das Fundament der Ethik der Wertschätzung ist.

entfernt wie von den holistischen Konzeptionen, die für die ökozentristischen Ethiken charakteristisch sind, und den mehr oder weniger atomistischen Philosophien des Subjekts, die den gegenwärtigen moralischen oder politischen Theorien, seien sie deontologisch oder konsequentialistisch, zugrunde liegen. Die Strukturen der Existenz und die Hauptzüge dieser Philosophie, insbesondere die Verwundbarkeit, die Endlichkeit, die Geburt, die Lust und der Geschmack, dienen dazu, die Ethik der Wertschätzung zu begründen, und werfen ein Licht auf die Tugenden, die sie definieren.

Die andere Besonderheit der Ethik der Wertschätzung betrifft das Verhältnis zwischen den zwischenmenschlichen und staatsbürgerlichen und den umweltbezogenen Tugenden. Müssen die moralischen Dispositionen, die uns dabei helfen können, ökologisch verantwortlich zu handeln, mit den Tieren gerechter umzugehen und in einer pluralistischen Demokratie die Technologien vernünftig einzusetzen, nach dem Vorbild der Dispositionen gedacht werden, die für das Verhältnis zum Selbst und zu den anderen menschlichen Wesen sinnvoll sind? Oder müssen wir neue Tugenden finden, die für den Gebrauch, den wir von der Natur und den anderen Lebewesen machen, geeignet sind? Muss man Tugenden vorschlagen, die Aristoteles und Jankélévitch nicht analysiert haben, oder die traditionellen Tugenden auf neuartige Weise interpretieren, etwa, wenn man von der Mäßigung, die die Mäßigung in den Begierden meint, in einem Kontext spricht, der von der Deregulierung der Biosphäre gekennzeichnet ist?

Statt von einer Ethik der umweltbezogenen Tugenden zu sprechen, in der diese als ein Gebiet für sich verstanden werden, will dieses Buch eine allgemeine Ethik erarbeiten, die die zwischen dem Verhältnis zu sich selbst, dem Verhältnis zu den anderen menschlichen oder nicht-menschlichen Lebewesen und dem Verhältnis zur Natur bestehende Verbindung sichtbar macht.[19] Die

19 Diese beiden Verfahren teilen die wenigen Autoren, die eine Ethik der umweltbezogenen Tugenden erarbeitet haben, wie Rosalind Hursthouse, Thomas

Ethik der Wertschätzung verbindet die intersubjektiven, die umweltbezogenen und die bürgerlichen Tugenden miteinander, wobei sie gleichermaßen ihre Einheit wie ihre Verschiedenheit hervorhebt. So soll gezeigt werden, dass eine tugendhafte Person, die die Wertschätzung praktiziert, sich durch eine Seinsweise auszeichnet, die durch Respekt vor der Natur, vor den anderen Lebewesen und Bürgersinn gekennzeichnet ist. Die Wertschätzung beinhaltet, dass man die Sorge um die anderen menschlichen und nichtmenschlichen Lebewesen ebenso wie die Liebe zur Welt und zur Natur in die Sorge um sich selbst integriert, ohne dass, wie so oft in den mit den Tugendethiken verbundenen perfektionistischen Theorien, die Suche nach der eigenen Vollkommenheit das Motiv des Handelns wäre. Von Wertschätzung zu sprechen heißt, wie bei Bernhard von Clairvaux, dass der Schlüssel aller Tugenden im Verhältnis zu sich selbst liegt. Dieser Vorrang des Verhältnisses zu sich selbst vor dem zu den anderen, der Natur und dem Staat, bezeugt die Wichtigkeit einer moralphilosophischen Tradition, die die Ethik nicht als eine normative Disziplin, sondern als einen Prozess der Selbsttransformation versteht. Auch wenn sie sich auf eine Philosophie des in seiner Körperlichkeit gedachten relationalen Subjekts stützt, will sich die Ethik der Wertschätzung auf signifikante Weise von den antiken Moralvorstellungen unterscheiden.

Bei Aristoteles ist das Lob der Seelengröße von der Berücksichtigung des Körpers, der Umwelt und des *daimon* oder des Glücks,

---

E. Hill Jr., und Ronald Sandler. Siehe Rosalind Hursthouse, „Environmental Virtue Ethics", in Rebecca L. Walker und Philip J. Ivanhoe (ed.), *Environmental Ethics*, Oxford, Oxford University Press, 2007, p. 155–172; Thomas E. Hill Jr., „Ideas in Human Excellence and Preserving Natural Environments", in Ronald Sandler und Philip Cafaro, *Environmental Virtue Ethics*, Lanham, MD, Rowman & Littlefield Publishers Inc., 2005, p. 47–59, und Ronald Sandler, *Character and Environment. A Virtue-Oriented Approach to Environmental Ethics*, New York, Columbia University Press, 2007. Zu einer Gesamtdarstellung siehe Jean-Yves Goffi, „L'éthique des vertus et l'environnement", *Multitudes*, 2009/1, Nr. 36, p. 163–169.

will sagen äußerer Güter, begleitet. Die Alten betonen auch die Tugenden der Freundschaft. Allerdings sind für sie die Zerbrechlichkeit, die Abhängigkeit von jemand anderem und das Empfinden von Mitleid Zeichen von Schwäche. Die Ethik der Wertschätzung ist dagegen von dieser Anerkennung der eigenen Verwundbarkeit untrennbar. Diese ist zwar das Zeichen unserer Zerbrechlichkeit, aber auch das, was uns befähigt, uns von dem Schicksal der anderen betroffen zu fühlen, ja an ihrer Stelle zu leiden. Die Frage ist, wie dieses Leiden in Verantwortlichkeit umgesetzt werden kann, und welche Motive jemanden dazu bringen können, sein Bestes zu tun, um die Lebensbedingungen der anderen Lebewesen zu verbessern. Und schließlich gründet die Wertschätzung auf der Demut, sie ist also auch vom christlichen Erbe inspiriert.

Eine Abhandlung über die Methode

Diesem Itinerar, das die von den Philosophen der Antike und vom Christentum, aber auch von einigen modernen Denkern beschrittenen Wege benutzt, folgen wir in den ersten beiden Kapiteln, die unter dem Titel „Genese der Wertschätzung“ den ersten Teil dieses Werks bilden. Was muss man von diesem Erbe bewahren und was aufgeben, wenn die Ethik der Wertschätzung sich weder auf die Kosmologie der Alten, noch auf den Glauben des Mittelalters stützt und ihr Kriterium wie bei den Modernen die Subjektivität ist, nicht die Tradition? Welcher Individuationsprozess ist in der Wertschätzung, die die Erfahrung des Unermesslichen, des „Inkommensurablen“ impliziert, im Spiel?

Wenn wir Letzteres mit der gemeinsamen Welt gleichsetzen und wenn wir die Ethik der Wertschätzung an eine Philosophie der Körperlichkeit anlehnen, dann wird ihr Gegenstand deutlicher, und ihre Eigenart gegenüber den antiken Morallehren und den gegenwärtigen neuaristotelischen Ethiken erscheint in vollem Licht. Der Begriff der Wertschätzung emanzipiert sich von seinem bernhardinischen Ursprung und nimmt eine zeitgenössische Bedeutung an, wenn er nicht eine Aufstiegsbewegung zu Gott, sondern eine Vertiefung des Subjekts beschreibt, die über die Erforschung des Fühlens und über das tiefe Verständnis dessen verläuft, was es an die anderen Lebewesen und die Gesamtheit der Generationen bindet. Der zweite Teil, „Praktiken der Wertschätzung", umfasst das dritte Kapitel, das über das Verhältnis zum Tod und über die Verwundbarkeit handelt, und das vierte Kapitel, das eine Politik der Wertschätzung entwickelt, indem es zeigt, welche philosophische Bedeutung der Geburt, der Arbeit und der Anerkennung in dem Subjektivierungsprozess zukommt, der zu einer Emanzipation der Individuen führen kann. Es geht darum, die Bedingungen des Zusammenlebens zu untersuchen, das die Bürger an der kollektiven Aufgabe der Bewahrung oder Rekonstruktion der Demokratie teilnehmen lässt.

Im letzten Teil, „Wege der Wertschätzung", geht es um die Frage, wie die Wertschätzung im aktuellen Kontext möglich ist und welche Hindernisse die Individuen überwinden müssen. Beginnend mit einer Untersuchung der irrationalen und unbewussten Triebfedern unserer destruktiven Verhaltensweisen, behandelt das fünfte Kapitel, wie eine Erziehung aussehen könnte, die die Triebe, aber auch die Rolle der moralischen Vorstellungskraft berücksichtigt, während das sechste Kapitel die Verbindung untersucht, die zwischen dem moralischen Unterscheidungsvermögen und dem Geschmack besteht, und zeigt, in welchem Sinn die Wertschätzung zugleich eine Ethik und eine Ästhetik ist.

Leo Strauss glaubte, dass einzig die Rückkehr zur antiken politischen Philosophie, die das Regieren über die Menschen nicht von jeder Frage nach dem guten Leben trennte, die Demokratie bewahren könnte, deren Fragilität Nazismus und Kommunismus gezeigt hatten und die vom Schwinden jedes gemeinsamen Horizonts weiter geschwächt wurde. In diesem Werk stellen wir die Hypothese auf, dass der Übergang zu einer Welt, die den Menschen, den Tieren und der Natur Achtung zollt, eine neue Ethik der Tugenden verlangt. Sie soll als Stütze unserer in *Les Nourritures* vorgestellten politischen Theorie dienen. Die Frage ist, welche politischen Theorien der Vergangenheit uns weiterhelfen können und in welchem Maße es ihnen gelingt, die Fragen zu beantworten, die die unseren sind. Desgleichen sind die Tugenden zu benennen, die wir benötigen, um die Schwierigkeiten unserer Zeit intellektuell und existentiell anzugehen und die Kluft zwischen Theorie und Praxis zu überwinden, die nicht nur das relative Scheitern der gegenwärtigen moralischen und politischen Philosophien beweist, sondern auch die Rationalität in Misskredit bringt. Welche Ethik und welche Politik können dem Ideal der Emanzipation des Subjekts und der sozialen Gerechtigkeit, das das der Aufklärung ist, in einem Kontext wieder Glaubwürdigkeit verschaffen, in dem der Mensch nicht mehr als ein von den anderen Lebewesen und der Natur isoliertes Reich innerhalb eines Reichs zu denken ist?

Das sind die Fragen, die dieses Buch inspiriert haben. Es stellt sich dar als eine Art Abhandlung über die Methode, die für diejenigen bestimmt ist, die meinen, „daß wir an der äußeren Welt [nichts] verbessern können, solange wir uns nicht selbst im Inneren gebessert haben“[20].

20 Etty Hillesum, *Das denkende Herz der Baracke,* Freiburg/Heidelberg, Kerle, 1983, p. 98.

Erster Teil: Genese der Wertschätzung

Kapitel 1: Von der Sorge um sich zur Sorge um die Welt

Wer ein großer Mann werden will, der darf weder in sich noch in seine Taten verliebt sein, sondern was er liebt, das sind die gerechten Handlungen, gleichviel ob er selbst oder ein anderer der Urheber derselben ist.

Platon, *Gesetze*

Die Demut

Die Demut, das Fundament des Verhältnisses zu sich selbst

Wertschätzen (lateinisch *considerare*) kommt von *cum* (mit) und *sideris*, dem Genitiv von *sidus*, was keinen isolierten Stern bezeichnet (*stella, astrum*), sondern eine Konstellation von Sternen. Um Wertschätzung handelt es sich, wenn man etwas oder jemanden mit derselben Aufmerksamkeit behandelt, mit der man die Position und die Höhe der Sterne untersucht.[1] In der Umgangssprache wird dieses Wort in Höflichkeitsformeln benutzt und zeugt von der Achtung, die man einer „hochgeschätzten Person" entgegenbringt. Das Präfix *cum* deutet eine Aufmerksamkeitsanstrengung an, durch die man sich der Benommenheit, französisch der *sidération*, entzieht, in der man in eine Art Schockstarre verfällt und nichts mehr unterscheidet, sondern negativen Einflüssen ausgesetzt ist. Es unterstreicht auch die Verbindung, die zwischen dem Verhältnis zu sich selbst und der Kenntnis dessen besteht, was sich

1 Claude-Marie-Gattel, *Dictionnaire universel de la langue française*, vol. 1, Paris, Nabu Press, 2012, p. 412.

über einem und um einen herum befindet. Von Wertschätzung zu sprechen bedeutet, dass unser Verhältnis zu den anderen und der Welt von unserem Verhältnis zu uns selber abhängt.

Bei Bernhard von Clairvaux ist die Entdeckung dessen, was über einem ist – was nicht die Sterne meint, sondern die göttliche Wahrheit – nur in der Kontemplation zugänglich, die beschrieben wird als die dritte Art von Wertschätzung.[2] Die erste Etappe dieser „Erkenntnis gleicherweise der menschlichen und göttlichen Dinge, die die Wertschätzung liefert[3]", ist die Demut. Diese ist kein Affekt, sondern die Anerkennung der Zerbrechlichkeit der körperlichen Verfasstheit und der Opazität, in der wir uns befinden. In der Tat können wir weder uns noch die Welt und die göttlichen Dinge ohne die Vermittlung unserer Sinne erkennen, die uns von dem, was uns berührt, unterrichten[4]. Die Rationalität, die den Menschen eigen ist, ist eine fleischliche Rationalität, verschieden von der der Engel oder, im zeitgenössischen Kontext gesprochen, von der der Computer. Die Demut ist die Erfahrung, die wir an uns selbst machen, insofern wir aus Fleisch (*caro*) gemacht sind und unser Element die Erde ist, woran das hebräische Wort *adam* (Mensch) erinnert, das von *adamah*, „Erde" kommt, wobei der Begriff Demut, französisch *„humilité"*, seinerseits ausgehend von *humus* („Erde", „Boden") gebildet ist. Die Kenntnis unserer selbst, die die Wertschätzung begründet, ist nicht abstrakt; sie beruht auf unserer Stellung auf der Erde und konstituiert sich ausgehend von dieser fleischlichen Erfahrung, die auch die Erfahrung unserer Grenzen ist, also all dessen, was sich unserer Herrschaft und unserem Willen entzieht.

Der aufmerksame und wohlwollende Blick, den das Subjekt der Wertschätzung auf die Welt und auf die Wesen wirft, ist keiner

---

2 Bernhard von Clairvaux, *De consideratione V,4* in *Sämtliche Werke lat./dt.* hrsg. v. Gerhard Winkler 10 Bände, Innsbruck, Tyrolia, 1990–1999. *De consideratione* in Band 1, 1990, p. 611–841.

3 *Ibid.* I, 8: *„divinarum pariter et humanarum rerum scientiam confert consideratio"*.

4 Rémi Brague, „L'anthropologie de l'humilité", in Rémi Brague (ed.), *Saint Bernard et la philosophie,* Paris PUF, „Théologiques", 1993, p. 129–152.

von oben herab. Der Ausgangspunkt ist das Bewusstsein davon, „was du bist, wer du bist und wie du beschaffen bist“[5]. Die Selbsterkenntnis umfasst auch die soziale Identität, wie Bernhard von Clairvaux andeutet, wenn er sich mit seinem Werk, einem Päpstespiegel, an Papst Eugen III. wendet. Statt jedoch Ratschläge zu geben, die dem Hauptinteressenten erlauben, über die anderen zu herrschen oder die Macht zu behalten, ermahnt er ihn, die Wertschätzung zu praktizieren, was heißt, dass er nicht seine ganze Zeit mit der Führung der Geschäfte verbringen soll, die ihn der Gerechtigkeit zu entfremden und ihn von sich selbst und der Wahrheit abzubringen drohen, sondern dass er seine fleischliche Beschaffenheit bedenken soll. In der Tat ist die Aktion nichts ohne die Wertschätzung, die verlangt, dass man sich um sich selbst sorgt: „Wer gegen sich selbst böse ist, gegen wen ist der gut?“[6] Wie bei Platon und Aristoteles muss der, der politische Verantwortung übernimmt, imstande sein, sich selbst zu regieren, aber anders als die griechischen Philosophen besteht Bernhard von Clairvaux auf der Demut, die den Papst an seine Stellung als Gezeugter erinnert: Bevor du den Bischof schätzest, der du geworden bist, schreibt er, bedenke, dass du „Mensch bist, denn als Mensch bist du geboren[7]“.

Die Wertschätzung wurzelt in der Demut, die das Subjekt aller gesellschaftlich vorgegebenen und an den Rang gebundenen Attribute entkleidet. Sie entblößt das Individuum und verbindet es mit allen anderen, indem sie es den anderen gleich macht und durch sein Fleisch an alle Wesen bindet, die geboren wurden und sterblich sind.[8] Die Demut ist der Weg, der zur Selbsterkenntnis und zur Wahrheit führt, ist der Ort der Beobachtung, von dem ausgehend man ein Auge auf die Wahrheit haben kann.[9] Diese befindet

5 Bernhard von Clairvaux, *De consideratione* II, 7.

6 *Ibid.* I, 6.

7 *Ibid.*II, 17.

8 *Ibid.* II, 18. Hiob 1, 21.

9 Bernard von Clairvaux, *Stufen der Demut und des Stolzes* I,2 in *Sämtliche Werke,* Band II, 1992.

sich ganz oben auf der Leiter der Demut, die Bernhard von Clairvaux mit der Jakobsleiter vergleicht – sie hat also Stufen. Ist man in der Selbsterkenntnis und in der Betrachtung der Wahrheit fortgeschritten, dann befindet man sich auf der Leiter der Demut oben. Die Unwissenheit dagegen entspricht auf der Leiter der Demut der untersten Stufe und auf der Leiter des Hochmuts dem Gipfel, wobei der Hochmut wie ein Balken das Licht daran hindert, zu unseren Augen zu gelangen, weil er das Haupthindernis für die Herstellung eines gesunden Verhältnisses sowohl zu uns selbst wie zur Gerechtigkeit und zur Barmherzigkeit ist.[10]

Es handelt sich um eine schmerzhafte Erfahrung, und Bernhard von Clairvaux vergleicht sie mit einem bitteren Trank.[11] Sie lehrt, dass die *hybris* und die Fehler, derer wir andere anklagen, sich auch bei uns finden. Wenn ich mein Herz erforsche, erkenne ich das Böse, dessen ich fähig bin und werde mir meiner Schwächen bewusst. Darum führt die Demut nicht dazu, sich für besser als die anderen zu halten, sondern sich für ihre Verantwortlichkeit verantwortlich zu fühlen.[12] Die Kenntnis des Menschlichen, die die Wert-

---

10 *Ibid.*, Kap. IV, 15.

11 Bernhard von Clairvaux, *Predigt 23 über das Hohelied*, in *Sämtliche Werke lat./dt.* hrsg v. Gerhard Winkler Innsbruck, Tyrolia, Band V 1995. Bevor sie die Kontemplation der Wahrheit erreicht, die der Gipfel der Wertschätzung ist, passiert die Seele drei Vorratskammern. Die erste ist die Kammer der Gewürze, die der Erfahrung der Demut entspricht; die Seele trinkt diesen bitteren Trank und lernt die Disziplin, die „die natürliche Kraft rechter Sitten [...] hervor[lockt]". Die erste Kammer führt in die zweite, die die der Düfte (oder Salböle) ist, in der „[sich] in diensteifriger Bereitschaft die willkommene Sanftmut einer willigen und gleichsam angeborenen *affectio* [regt]" (Band V, p. 333). Schließlich kommt die Seele in die dritte Kammer, die die des Weins und der Gnade ist, die dem, der Autorität über die anderen hat, erlaubt, sich ihrer zu bedienen, aber zugleich den Ruhm zu verachten. Für Bernhard von Clairvaux gibt es ohne Demut keine Barmherzigkeit, die es möglich macht, seinen Nächsten zu lieben, in Frieden in einem Staatswesen zu leben und, wenn man Autorität über die anderen empfangen hat, diese nicht zu missbrauchen, sondern das Gute für die anderen und die Gemeinschaft anzustreben.

12 *Ibid.* Selbst in der dritten Kammer kommt das Individuum nicht wirklich zur Ruhe, denn es fühlt sich von dem Übel betroffen, unter dem die anderen lei-

schätzung durch diese Rückkehr zu sich selbst, die die Demut ist, spendet, bringt das Subjekt dazu, sich dem Bösen, das von Seinesgleichen verübt wird, nicht fremd zu fühlen – was nicht heißen soll, dass es dieses billigen und nicht bekämpfen wird.

Die Demut führt zum Mitleid mit den anderen. Wenn man sich seiner Schwächen und Fehler bewusst ist, betrachtet man die der anderen mit einer Sanftmut, die weder mit Gleichgültigkeit noch mit einer übertriebenen Nachsicht etwas zu tun hat: Sie betrifft vor allem die Weise, wie ich mich an den anderen wende. Untrennbar von der Demut, von der sie eine Frucht ist, charakterisiert die Sanftmut auch mein Verhältnis zu mir selbst und entreißt mich jener Form des Hochmuts, die der Selbsthass ist.[13] Außerdem macht die Demut, mich „inmitten der Ehren zum Verächter der Ehren";[14] sie lehrt, nicht als Herr zu befehlen, sondern „als Knecht" zu handeln,[15] d.h. die Autorität, die uns anvertraut ist, muss als ein Dienst verstanden werden, der den anderen und der Gemeinschaft zu entrichten ist. Ohne Demut weiß das Individuum nicht, was ihm fehlt und missbraucht seine Macht; es ist in der Herrschaft.

Die Demut ist also nicht einfach eine Tugend, sie ist das Fundament aller Tugenden. Ohne sie ist es nicht möglich, das Maß zu erreichen und zu bewahren. Insofern ergänzt Bernhard von Clairvaux die antiken Ethiken, die die Eigenliebe anprangern, ohne die Bedeutung der Demut anzuerkennen. Denn die vier Kardinaltugenden, die Gerechtigkeit, die Klugheit, der Mut und die Mäßigkeit, die jeweils erlauben, das Maß zu suchen, es zu finden, es zu verteidigen und zu gebrauchen, sind ohne die Demut unwirksam.[16] Diese bezeichnet das erste Moment und die Grundlage der Wert-

---

den und dessen sie schuldig sind, schreibt Bernhard von Clairvaux.

13 Bernhard von Clairvaux, *Stufen der Demut und des Stolzes* I, 1. Er zitiert Matthäus 11, 29: „Lernet von mir, denn ich bin gütig und von Herzen demütig."

14 Bernhard von Clairvaux, *De consideratione* II, 8.

15 *Ibid.* III, 2.

16 *Ibid.* I, 11.

schätzung, denn sie reinigt Geist und Herz des Individuums. Sie ist es, die echte Sorge um sich selbst ermöglicht; nicht nur hindert sie das Subjekt daran, sich in den angestrebten Gütern zu irren, die Ehrbezeugungen der Wahrheit, den materiellen Besitz der Gerechtigkeit vorzuziehen, sondern darüber hinaus bereitet sie den Boden für den Erwerb der Gesamtheit der Tugenden und ihren richtigen Gebrauch. Und die Demut ist nicht bloß theoretisch: Sie ist eine existentielle Prüfung, in deren Verlauf das Individuum die Erfahrung seiner Grenzen macht und darunter leidet. Auch führt sie zur Nächstenliebe,[17] während das bloße Erfassen der Wahrheit, solange ihr die Demut nicht vorangeht, nicht notwendig von Mitleid und Empathie begleitet ist.

Diese Rolle der Demut und diese Verbindung von Wahrheit und Nächstenliebe ist in der Wertschätzung wesentlich und unterscheidet diese von der Weise, wie die Vortrefflichkeit des Menschen in den antiken Lehren von der Moral aufgefasst wird. Anstatt die Tugenden für ein für alle Mal erworbene Seinsweisen zu halten, in dem Sinn, dass der Gerechte immer gerecht sein wird und sein Mut niemals zur Tollkühnheit wird, impliziert die Wertschätzung, den Sinn für das Maß zu wahren. Denn wenn die Gerechtigkeit gerecht sein soll, muss ihr die Mäßigkeit ihr Maß aufprägen. „Strebe nicht nach allzu großer Gerechtigkeit, so spricht der Weise."[18] Dieses Maß, das erlaubt, in der Weisheit die Nüchternheit anzustreben (*sapere ad sobrietam*[19]), ist das Wissen darum, was mir fehlt.[20] Deshalb ist die Demut eine Methode, die das Individuum daran erinnert, dass es stets wachsam sein und seinen eigenen Fehlern ins Gesicht sehen muss. Die Wertschätzung zu besitzen, heißt zuerst, sich nicht selbst zu belügen.

---

17 *Id., Stufen der Demut und des Stolzes* III, 6.

18 *Id., De consideratione* I, 10. Bernhard zitiert das Buch Kohelet 7, 16.

19 Römerbrief 12,3: *„Non plus quam oportet sapere, sed sapere ad sobrietam."*

20 Siehe Bernhard von Clairvaux, *Predigt 23 über das Hohelied.*

Allerdings verlangt die Wertschätzung, die eine Weise ist, sich zu sich selbst und den anderen zu verhalten, neben der Demut eine richtige Einschätzung des eigenen Werts. Die Wertschätzung ist zugleich demütig und großmütig. In beiden Fällen geht es darum, sich selbst zu erkennen, aber die Demut entsteht aus der Anerkennung unserer Verfasstheit als gezeugte Wesen, aus der Konfrontation mit unserer Endlichkeit und dem Bewusstsein unserer Grenzen, während die Großmut auf dem gründet, was wir im Lauf der Zeit verwirklicht haben und worauf wir Wert legen. Die Demut geht der Großmut, die eine Tugend ist, voraus; sie bereitet das Subjekt darauf vor, eine richtige Einschätzung seiner selbst zu haben und darüber weder in Hochmut noch in Selbstverachtung zu verfallen.

Die Verbindung zwischen der Anerkennung unserer fleischlichen Verfasstheit und dem Mitleiden mit dem anderen, dessen Unglück uns berührt und der nicht mehr beneidet wird, und der Fähigkeit, die Schönheit der Dinge zu bewundern, findet sich im üblichen Gebrauch des Verbs „wertschätzen" (*considérer*) wieder. Es geht darum, die Dinge und die Lebewesen zu betrachten, indem man ihnen Bedeutung zubilligt. Ein solcher Blick geht von einem selbst aus, aber dieses Selbst ist nicht das Ego, das seine Macht sichern und die Welt erobern will; vielmehr ist es sich seiner Zerbrechlichkeit und seiner Grenzen bewusst, und diese sind ihm nicht bloß Anlässe zum Klagen, denn sie öffnen es für den anderen, der – wie ein Wesen, das nicht transparent ist und sich der Macht entzieht – in seinem Geheimnis wahrgenommen wird.

In der Wertschätzung hängt der Wert, den ich anderen zuerkenne, nicht von meinem Blickpunkt ab. Jemandem Wert zuerkennen, einem menschlichen Wesen oder einem Tier, heißt anzuerkennen, dass es einen eigenen Wert hat, und seine Würde zu garantieren, heißt festzustellen, dass es nicht auf ein Ding oder ein bloßes Mittel reduziert werden darf und seine Existenz die Welt bereichert. Das Subjekt der Wertschätzung ermisst, was die anderen beitragen und spürt gegenüber der Welt ein Gefühl der Dankbarkeit. Man kann sagen, dass es sich nicht aus dem Auge verliert, in dem Sinn, dass es nicht mit den anderen oder mit der Natur verschmilzt und weiß, dass der Wert vom Menschlichen verliehen wird, dass er anthropogen ist. In jedem Fall gibt es zu, dass der Wert nicht anthropozentrisch ist, d.h. von seinen begrenzten und egoistischen Zwecken abhängt.

Ablehnung des Perfektionismus

Die Ethik der Wertschätzung unterscheidet sich insofern von den meisten Tugendethiken, als diese eng mit dem moralischen Perfektionismus verbunden sind. Dieser beruht auf zwei Grundideen. Die erste betrifft das Kriterium des richtigen Handelns: Ich handle richtig, wenn ich mich verhalte, wie es eine tugendhafte Person in einer Situation wie der meinen tun würde. Die zweite Idee besteht in der Behauptung, dass die Suche nach Vollkommenheit grundsätzlich das Ziel unseres Verhaltens ist. Diese Thesen werfen jedoch zwei Schwierigkeiten auf: Man muss bereits gewisse Güter wertschätzen und gewisse Tugenden erwerben wollen, zum Beispiel die Mäßigkeit, um eine mit ihr ausgestattete Person zum Vorbild zu erheben und nachahmen zu wollen. Die Wahl des Vorbilds setzt, anders gesagt, bereits die Tugend voraus. Und wenn man sagt, dass die Vortrefflichkeit das Motiv des Handelns ist, verwechselt man das Motiv einer Handlung mit ihrer Konsequenz. Auch in den eudämonistischen Morallehren ist das Glück nicht das Motiv des Handelns.[21] Denn die Allianz von Glück und Tugend, die der Eudämonismus beschreibt, ist die Konsequenz aus der fortschreitenden Entwicklung der Anlagen und Fähigkeiten, die die Seinsweise einer Person und ihre Affekte verändern. Die Person verwirklicht sich in ihrem tugendhaften Verhalten, aber wenn sie sich so verhält, dann nicht, um glücklich zu sein oder sich sagen zu können, dass sie mit ihrem Handeln tugendhaft ist.

21 In diesem Fall gilt die Kritik Emmanuel Kants in *Grundlegung zur Metaphysik der Sitten*.

Wenn man das Streben nach Vollendung zum Zweck der Ethik erhebt, setzt der Perfektionismus an die erste Stelle, was an zweiter kommen müsste. Umgekehrt steht das Gute, das an erster Stelle stehen müsste, an letzter und wird instrumentalisiert. Diese Konzeption ist besonders problematisch, wenn wir sie auf die Umwelt anwenden, denn sie bedeutet, dass man nur um der eigenen Vollendung willen auf die Ökosysteme und die anderen Lebewesen Rücksicht nimmt.[22] Ein solcher Anthropozentrismus lässt uns an den umweltbezogenen Tugenden und dem, was sie begründet, vorbeigehen, nämlich am Eigenwert der Natur und der anderen Lebewesen, die um ihrer selbst willen respektiert werden sollten, nicht bloß, weil sie uns nützen oder weil dieses Verhalten uns ein besseres Bild von uns selbst spiegeln würde. Mit sich selbst einig zu sein, wenn man vom Eigenwert der anderen Lebensformen überzeugt ist und auf der Ebene seines Lebensstils die Konsequenzen zieht, verschafft sicherlich ein Gefühl der Befriedigung. Es ist jedoch das Wissen um die Bedeutung der Natur, das die Basis der ökologischen Tugenden ist, nicht das egoistische Streben, sich zu perfektionieren.

Die Ethik der Tugenden hält den Charakter für wichtig und versucht, diejenigen Züge zu stärken, die dazu beitragen können, unser Verhältnis zu den anderen Menschen, zur Umwelt und zu den Tieren zu verbessern. Das Ziel, das die innere Transformation anstrebt, ist jedoch nicht, eine beispielhafte Person zu werden. Der moralische Perfektionismus erklärt nicht, was uns in unserem Verhältnis zu uns selbst dabei hilft, unsere intersubjektiven Beziehungen zu verbessern und die Natur und die anderen Lebewesen zu respektieren. Auch fördert er persönliche und egoistische Interessen, wie etwa, wenn man gegen andere Barmherzigkeit übt, um sich von der eigenen Großzügigkeit zu überzeugen. Die Nächsten-

22 Holmes Rolston III, „Environmental Ethics: Half the Truth but Dangerous as a Whole“, in Ronald Sandler und Philip Cafaro (ed.), *Environmental Virtue Ethics*, p. 61–78.

liebe ist dann nur eine Erweiterung der Eigenliebe, „ein Reflex meiner selbst, ein spiegelbildliches Doppel dieses, meines Ichs, das von der Eigenliebe erzeugt wird“[23].

Die Sorge um die Welt

Die Tugendethiken machen aus dem Verhältnis zu sich selbst den Schlüssel für das Verhältnis zu den anderen und zur Welt. Die Frage ist, wie die Sorge um sich zu denken ist, wenn man dem Perfektionismus und sogar dem Egoismus entkommen will.

Bei Platon, im *Ersten Alkibiades* und in der *Apologie des Sokrates*, wird das für die lakedämonische Kultur emblematische Verhalten, dass man sich um sich sorgt, zu einem philosophischen Begriff. Die Sorge um sich *(epimeleia heautou)* ist an die berühmte Devise des „Erkenne dich selbst“ *(gnôthi seauton)* gebunden. Die Selbsterkenntnis hat nur Sinn, wenn man die wahre Bedeutung der Sorge um sich versteht und weiß, worum man sich sorgen muss. Sich um sich sorgen, heißt nicht, sich mit seinem Körper zu beschäftigen oder nach Ehren und Reichtümer zu streben, sondern sich um seine Seele zu kümmern. Man kann sich jedoch um das, was man nicht kennt, nicht sorgen, und man kann seine Seele nur erkennen, wenn man eine andere Seele betrachtet, so wie ein Auge sich nicht selbst sehen kann, außer wenn es sich in einem anderen Auge ansieht und seinen Reflex in der Pupille des anderen erblickt. Man muss also die Seele an der Stelle beobachten, wo die Tugend ist, will sagen man muss auf Weisheit und Gerechtigkeit achten, die die wahren Güter sind[24]. Sich um sich zu sorgen, heißt also, sich zu erkennen, indem man die Güter zu identifizieren weiß, die fähig sind, die Seele zu nähren.

---

23 Vladimir Jankélévitch, *Traité des vertus*, t. 2, *Les vertus et l'amour*, Paris, Flammarion, „Champs Essais“, 1986, p. 191.

24 Platon, *Erster Alkibiades*, 132c–133a.

Wie die medizinischen Metaphern, die man in diesen Texten findet, schon andeuten, ist die Sorge um sich nicht angeboren. Außerdem hat sie wenig zu tun mit dem Kult um die eigene Person oder mit dem Besitz materieller Güter, mit der Gesundheit und nicht einmal mit der Intelligenz, die blenden und der Eigenliebe schmeicheln kann. Der Hauptbeitrag Platons zur Ethik der Tugenden liegt in dem Ziel, das er der Sorge um sich zuweist: Das Individuum, das sich um seine Seele sorgt, strebt weder die Vollendung noch die Ruhe der Seele an, sondern die Gerechtigkeit. Die Sorge um sich ist nicht egoistisch, sondern der Sorge um andere untergeordnet. Der Unterschied zur stoischen Moral, die sich auf das Individuum, das berufen ist, sich von dem zu befreien, was es leiden lässt, konzentriert, ist schlagend und erklärt, welchen Sinn die Wertschätzung der Sorge um sich selbst gibt.

Für die Stoiker dient die Philosophie, die in der Moral kulminiert, dazu, die Seele zu heilen, indem man um sich herum eine „uneinnehmbare Festung“ errichtet, gegen die das Schicksal nichts vermag.[25] Die innere Ruhe, der Wille, nicht mehr oder möglichst wenig zu leiden, erklärt, dass sie eine Technik entwickelt haben, die auf spirituellen Übungen und auf dem Erwerb eines *logos* beruht, der eine Rüstung ist, die dazu dient, die Individuen stärker zu machen.[26] Die stoische Ethik ist eine Lebenskunst, ihr Ziel ist es, besser zu leben oder das Leiden zu vermeiden. Dieses Ziel ist persönlich, ja egoistisch: Man muss sich seiner Leidenschaften entledigen, nicht um fähig zu sein, die anderen zu regieren oder den Staat zu verbessern, sondern um zum „Athleten des Ereignisses“[27] (*„athlèthes de l'événement“*) zu werden. Indem es lernt, zu unter-

25 Seneca *Epistulae morales ad Lucilium Lat./dt.*, Stuttgart, Reclam, 1987ff. Buch X, Brief 82, 5. Marc Aurel, *Selbstbetrachtungen* VIII, 48.

26 Seneca, *Briefe an Lucilius*, XVII/XVIII, Brief 108, 35.

27 Michel Foucault, *Hermeneutik des Subjekts. Vorlesungen am Collège de France, 1973–1984*, übers. v. Ulrike Bokelmann, Suhrkamp, Frankfurt, 2009 , p. 396; der von Pelluchon zitierte Terminus des frz. Originals kommt hier nicht vor: „Der antike Ringer stellt sich den Ereignissen, dem Widerfahrenden“.

scheiden, was von ihm selbst abhängt und was nicht, hört das Individuum auf, der Spielball der äußeren Umstände zu sein.[28] Es flottiert nicht mehr zwischen diversen Entschlüssen, es tritt heraus aus der von Seneca *stultitia*[29] genannten Erregung und wird beständig. Alle diese Anstrengungen können ihm gelegentlich beim richtigen Umgang mit den anderen helfen, aber sie zielen zunächst darauf ab, es dem Zugriff des Leidens zu entziehen.

Die stoische Ethik ist eine Therapie, die darauf abzielt, die Person zur Herrin ihrer selbst zu machen, indem sie ihr hilft, Distanz zur Welt zu gewinnen. Die Abwesenheit von Leiden, die Gelassenheit und selbst die Freude verlaufen über den Rückzug.[30] Die Stoiker lernen, die Wirklichkeit anzunehmen, aber es fehlt ihnen die Liebe zur Welt. Die Stelle, in der Seneca das Leben mit einer Reise in einer Stadt vergleicht, illustriert sehr gut den Nutzen, aber auch die Grenzen dieser Ethik:[31] Wenn man sie überfliegen würde und so hoch wäre, dass man die Welt aus der Distanz betrachtet, dann stellt man fest, dass man unten selbst nur sehr wenig Platz einnimmt und nur sehr kurze Zeit da ist. Wenn man leben will, sagt Seneca, muss man versuchen zu genießen, was die Welt zu bieten hat, und zu vermeiden, allzu sehr unter den Übeln zu leiden, die sich unweigerlich einstellen werden. Die Kontemplation und das Studium der Natur sind nur eine Gelegenheit, sich seines Platzes im Universum bewusst zu werden und sich mit dem zu begnügen, was man hat. Nie verliert der Stoiker sich selbst aus dem Blick. „Ich jedenfalls beschäftige mich mit jenen wichtigeren Problemen und behandle, wodurch die Seele befriedet wird."[32] Wenn er den Blick über die Welt schweifen lässt, dann um besser zu verstehen, was ihn an eine Fülle von Determiniertheiten bindet. Von einer Anerkennung der fleischlichen Verfasstheit ist nicht die Rede. Es kommt

28 Epiktet, *Gespräche*, Buch II, XXXI, 21–22.
29 Seneca, *Briefe an Lucilius*, V, 52, 1–2.
30 *Ibid.* III, 23, 3–6.
31 Seneca, *Consolatio ad Marciam*, XVIII.
32 *Briefe an Lucilius*, VII, 65, 15.

im Gegenteil darauf an, „über alles, was widerfährt und geschieht, heraus[zuragen]“, denn die Tugend setzt voraus, dass man „nicht weiß, woher man kommt“[33].

Dieses Verhältnis zur Welt, zu den anderen und zum eigenen Körper, sowie die Tatsache, dass die Ethik eine Technik ist, die unseren Widerstand gegen die Widrigkeiten des Schicksals stählt, steht der Wertschätzung entgegen. Wie diese richtet sich die stoische Moral zwar an alle, nicht nur an die, die sich politisch betätigen wollen, im Gegensatz zu dem, was Platon im *Ersten Alkibiades* sagt. Außerdem verlangt sie ein ständiges Training, denn man erwirbt die Weisheit nicht ein für allemal. Aber die Wertschätzung impliziert, dass man die Welt nicht als ein Mittel zu seinen Zwecken auffasst, als ein indifferentes Dekor oder einen Ort, den man zu besuchen oder zu verlassen sich entscheidet. Und die Selbsterkenntnis, auf der sie gründet, ist untrennbar von der Berücksichtigung unserer körperlichen und irdischen Verfasstheit, der Berücksichtigung dieses Tons (*ostrakinon skeuos*), aus dem wir gemacht sind. Denn das Ich empfängt seine Selbstheit nicht von sich selbst. Es muss sich zuerst als Menschen wertschätzen, als Wesen aus Fleisch und Blut, das von den äußeren Dingen affiziert wird.

Der Abstand zur Welt, den die Stoiker predigen, die den Schmerz (*dolor*) anerkennen, aber die *aegritudo* (den Kummer)[34] zurückweisen, steht im Gegensatz zu dem Engagement, zu dem die Wertschätzung führt. Diese schließt die gelegentliche Notwendigkeit eines zumindest provisorischen Rückzugs nicht aus, aber der Rückzug darf weder ein Selbstzweck sein, noch geschehen, um sich selbst zu retten. Denn in der Wertschätzung ist die Sorge um sich zugleich eine Sorge um die anderen und um die Welt. Möglich ist das nur, weil die Demut dem Individuum ermöglicht hat, sich von sich

33 *Ibid.*, 66, 6 und siehe 65, 20.

34 Cicero, *Tusculanae disputationes*, III, XI–XIII. Die *aegritudo* bezeichnet den Zustand der Niedergeschlagenheit, die Überwältigung durch den Schmerz. Siehe auch Seneca, *Consolatio ad Marciam*, XIX.

selbst zu trennen, und es tiefgreifend verändert hat: Obwohl das Subjekt der Wertschätzung so wenig ein Held oder ein Heiliger ist wie der stoische Weise oder der aristotelische *phronimos*, muss es sich, anders als von den antiken Morallehren verlangt, seiner selbst entledigt haben, um sich reformieren zu können.

Wie in der antiken Morallehre ist das Verhältnis zu sich selbst der Ausgangspunkt des Verhältnisses zu den anderen, zum Staat und zur Natur, aber das Ziel der Selbsttransformation ist in der Ethik der Wertschätzung nicht die Ataraxie und die Selbstgenügsamkeit. Die negativen Emotionen, von denen die Stoiker sagen, man müsse sich von ihnen befreien, müssen akzeptiert und sogar durchlaufen werden. So sind die Sorge um sich selbst als Sorge für sich, der Gedanke, dass die Seelenruhe oder das Gleichgewicht (*euthymia*) das höchste Gut sei und man das moralische Leiden bekämpfen müsse, weil es das schon existierende Übel durch Affekte wie den Kummer, die Trauer oder die Entrüstung nur verdopple, drei Aspekte der stoischen Ethik, die in unserem Entwurf einer Tugendethik bestritten werden. Diese ist untrennbar von dem Wunsch, die Welt zu bewahren, ja sie wieder instand zu setzen. Das Wissen um die Möglichkeit, dass die Natur, die Institutionen und die Werke zerstört werden und die Lebewesen verschwinden, spielt auf der Ebene der Beziehungen zu den anderen und zur gemeinsamen Welt die Rolle, die die demütige Anerkennung meiner fleischlichen und endlichen Verfasstheit in meinem Verhältnis zu mir selbst spielt. In beiden Fällen wird sich das Individuum des *humus* bewusst, der Erde, die die Bedingung seiner Existenz und der der anderen ist, deren Zerbrechlichkeit es ebenfalls anerkennt.

Lob der Unruhe

Die im Voraus beweinte Zukunft

In einer 1961, also fünfzehn Jahre nach der Atomexplosion in Hiroshima, publizierten Geschichte zeigt Günther Anders, wie Noah auf der Suche nach Personen, die ihm helfen könnten, eine Arche zu bauen und gleichzeitig den Kaddisch zu rezitieren, durch die Stadt läuft. Er trägt Trauer um zahlreiche Verwandte, die aber noch leben oder noch gar nicht geboren sind. „Wenn ich hier vor euch stehe... so weil ein Auftrag an mich ergangen ist. Der Auftrag diesem Schlimmsten zuvorzukommen. Drehe die Zeit um, nimm den Schmerz schon heute vorweg, vergieße die Tränen im voraus!"[35] *Die beweinte Zukunft* bezeugt die für die Ethik bestehende Notwendigkeit, die künftigen Generationen in ihre Rechnungen einzubeziehen. Auch wird die Unvermeidlichkeit der mit der Antizipation der Katastrophe assoziierten Affekte hervorgehoben, wie zum Beispiel der Kummer, aber vor allem die Angst, die eine Angst um die Welt ist, nicht bloß eine um sich selbst. Ohne diese Antizipation des Schlimmsten, durch die die Individuen sich des gewaltigen Risikos bewusst werden, das sie eingegangen sind, und ohne ein Bild, das zeigt, wie eine vernichtete Welt aussähe, würde niemand seine Gewohnheiten ändern.

> Hätte nicht Noah den Mut aufgebracht, zu hadern, Komödie zu spielen, in Sack und Asche zu gehen ... den Totensegen zu sprechen für die noch Lebenden und die noch nicht Geborenen ... nicht nur die Arche wäre niemals gebaut worden, auch wir wären nicht da, seine Ururenkel, und keiner von uns hätte je die Freude gehabt, die Schönheit der wieder ergrünten Natur zu bewundern.[36]

Während der Stoizismus seine Jünger den Abstand lehrt, ist es heute zwingend geboten, dass die Menschen die kollektive Dimension ihrer Existenz wahrnehmen und sich mit den vergangenen, gegenwärtigen und künftigen Generationen verbunden fühlen. Der nukleare Holocaust, den Noah in Günther Anders' Erzählung

---

35 Günther Anders, „Die beweinte Zukunft", in *Die atomare Drohung. Radikale Überlegungen,* München, Beck, 1981, p. 8.

36 *Ibid.*, p. 10.

fürchtet, würde die Lebewesen daran hindern, geboren zu werden, und würde die gemeinsame Welt zerstören. Denn er repräsentiert die Möglichkeit der Auslöschung, nicht bloß das Risiko, Personen und sogar ganze Völker verschwinden zu sehen.[37] Diese Gefahr macht die Menschheit zu einer einzigen und stürzt die Ethik gleich zweifach um: Sie macht aus den gegenwärtigen, vergangenen und künftigen Generationen und der gemeinsamen Welt, will sagen auch aus dem natürlichen und kulturellen Erbe, Gegenstände unserer moralischen Wertschätzung, und sie macht den Rückgriff auf die Affekte, die in der stoischen Ethik als Hindernisse der Selbstbefreiung galten, unumgänglich. Eine Vermittlung durch die Imagination und die Fiktion ist sogar notwendig, wenn die Individuen das Maß der Schäden, die sie anderen zufügen können, einschätzen und zu verantwortlichem Handeln motiviert werden sollen.

In der Tat erstreckt sich unsere technologische Macht weit über die Gegenwart hinaus, und die Zahl der aktuellen und künftigen Opfer übertrifft alles, was wir uns vorstellen können. Besonders evident ist dies bei der Atombombe. Unsere Verantwortung geht über unsere Kapazitäten zur Identifikation mit den Opfern, die noch ungeboren sind oder deren Gesicht wir nicht sehen, hinaus. Unter anderem zerstören wir mit unserer Lebensweise die Ökosysteme, tragen zum Verschwinden bestimmter Arten bei, verschmutzen die Luft, die die anderen atmen, und fügen der Biosphäre gravierende Verletzungen zu, aber all diese verheerenden Schäden, von denen manche zu irreversiblen Verlusten führen, sind nicht immer unmittelbar sichtbar.

In der antiken Welt konnten die Individuen die Wirkung ihrer Handlungen und die Personen, denen sie Schaden zufügten, sehen. Heute wird die Struktur unserer Verantwortung von unseren Technologien und von der Globalisierung bestimmt. Die Produkte, die wir, wie die Pestizide, im Alltag oder in der Landwirtschaft verwen-

---

37 Jonathan Schell, *Das Schicksal der Erde,* übers. v. H. Kober, Gütersloh, Bertelsmann, 1982, p. 208.

den, die Energieressourcen, die wir brauchen, um uns zu wärmen, die Lebensmittel, von denen wir uns ernähren, und die Kleider, die wir kaufen, sie alle haben ihre Auswirkung auf die Umwelt und auf die anderen, seien es Tiere oder Menschen. Sie tragen zur Erderwärmung bei, zur Erosion der Biodiversität, zur Schädigung der Luftqualität und zu den daraus folgenden Gesundheitsproblemen. Aber man kann nicht sagen, dass die Menschen diese Schäden absichtlich erzeugt hätten oder dass es ihr Ziel gewesen wäre, den anderen Böses zu tun. Zudem ist die Fabrikation der Produkte oft delokalisiert: Eine Jeans, die in Paris verkauft wird, kann in Pakistan in einer Fabrik ausgewaschen worden sein, die die in Frankreich gültigen Gesundheits- und Umweltnormen nicht respektiert, und ihr Reißverschluss kann aus einem Unternehmen stammen, das Kinder beschäftigt. Die Schäden, die wir anrichten, entspringen nicht direkt unserem Willen, sondern sind Kollateraleffekte unserer Handlungen. Auf indirekte Weise tragen wir zum Übel bei, und in dem Maß, wie wir Regierungen stützen, die ein System akzeptieren, das Standortverlagerungen und Subunternehmen fördert ohne Regeln zu schaffen, sind wir auch verantwortlich.[38]

Diese Struktur unserer Verantwortung, die an den aktuellen Kontext gebunden ist, bedeutet, dass eine Ethik, die auf die Perfektionierung des Subjekts, auf seine Seelenruhe und auf seine Fähigkeit, die Gegenwart hinzunehmen, ausgerichtet ist, nicht zielführend sein kann. Die Unruhe, die von der Angst ausgeht, „schuldlos schuldig“[39] zu werden und ohne Absicht den anderen erhebliche Schäden zuzufügen, die Sorge, das Böse durch Unterlassung zu tun, weil wir die Gefahr nicht gesehen haben oder sie aus Mutlosigkeit nicht sehen wollten, die Angst, unser Platz an der Sonne könnte sich als Usurpation des Platzes eines anderen erweisen,

38 Iris Marion Young, *Responsibility for Justice*, Oxford, Oxford University Press, 2011, p. 52, 90, 97, 105, 107.

39 Günther Anders, „Off limits für das Gewissen. Der Briefwechsel mit Claude Eatherly“, in: Günther Anders, *Hiroshima ist überall*, München, Beck, 1982, p. 207.

sind Affekte, die unabdingbar sind, um zu einem Bewusstsein unserer Verantwortlichkeit zu gelangen. Diese Affekte sind negativ, in dem Sinn, dass sie schmerzhaft sind und auf unsere Zerbrechlichkeit verweisen, darauf, dass unser Leben und das der anderen bedroht ist, aber sie verpflichten uns, die Augen zu öffnen und zu handeln.

In unserer Zeit ist die Unruhe eine Tugend und die Ruhe egoistisch. Rationalität und Argumentation werden zuweilen benutzt, um das nicht zu Rechtfertigende zu rechtfertigen, wie man jedes Mal sehen kann, wenn die Regierungen, die Unternehmen und die Arbeitgeber beschwichtigende Argumente vorbringen – etwa in dem Sinn, dass die Atomreaktoren völlig unter Kontrolle seien, dass die Kinder, die am anderen Ende der Welt in den Textilfabriken arbeiten, dank dieser Arbeit zu essen hätten, dass die Tiere in der Massentierhaltung nicht leiden würden oder die Verbindung zwischen den massenweise über den Feldern versprühten Pflanzenschutzmitteln und der Explosion der Krebsrate nicht erwiesen sei.

Der Mut, Angst zu haben

Günther Anders hat den heilsamen Charakter von Affekten, die die traditionellen Ethiken als Hindernisse für die Tugend ansahen, insbesondere in seinen Briefen an Claude Eatherly hervorgehoben – den Piloten des *Straight Flash*, des Aufklärungsflugzeugs, das Hiroshima überflog, um zu verifizieren, ob die meteorologischen Bedingungen für den Bombenabwurf am 6. August 1945 günstig waren. Eatherly wurde sich hinterher des Ungeheuerlichen der Tat, zu der er beigetragen hatte, bewusst und wies die Ehren, die ihm die Nation erweisen wollte, zurück. Von Schuldgefühlen zerfressen, wurde er straffällig und verbrachte einige Zeit im Gefängnis, bevor er acht Jahre lang in einem psychiatrischen Hospital interniert wurde. Seine Situation reflektiert, wie Bertrand Russell schreibt, „den selbstmörderischen Wahnsinn unserer Epoche". Obwohl er, wie sein Briefwechsel mit Günther Anders zeigt, geistig gesund war, wurde er bestraft, weil er Reue über seine Teilnahme an einer massenweisen Tötung gezeigt hatte. „Seine Mitwelt war bereit, ihn für seinen Anteil am Massaker zu ehren; als er Reue zeigte, bezog sie freilich Stellung gegen ihn, weil sie in der Tatsache seiner Reue die Verurteilung der Tat erkannte.“[40]

Weil die Vernichtung der Welt und der Menschheit heute eine Möglichkeit ist, nimmt im „Moralkodex im Atomzeitalter“[41] die Bewusstwerdung der äußersten Gefahr und damit die Unruhe eine zentrale Stellung ein. Man muss „den Mut haben, Angst zu haben“ (p. 4) und erkennen, dass diese Gefahr uns betrifft. Das Gefühl der Scham ist, wenn es geteilt wird, das Zeichen unserer Menschlichkeit und unserer Zugehörigkeit zu einer Gemeinschaft. Es bedeutet, dass das Wort „Menschheit“ seinen Sinn nicht ganz verloren hat:[42] Statt das Übel kleinzureden, ermessen manche, was bereits geschehen ist. Darüber hinaus erklärt der Graben, der die Macht unserer Technologien von unserer Fähigkeit, uns ihre Wirkung vorzustellen, trennt, dass unsere Wahrnehmung der Zeit erweitert werden muss. Die Zukunft wirft einen Schatten auf die Gegenwart, und es ist eine verbrecherische Nachlässigkeit, die Fernwirkung unserer Technologien in unserem Handeln weiterhin zu ignorieren.[43]

Während für Epikur, aber auch für Spinoza, die Furcht vor der Zukunft abergläubisch macht und die Leidenschaften erzeugt, die sich der Wahrheit und der Weisheit widersetzen, hält Günther Anders es für die größte Feigheit, sich der Zukunft gewiss zu sein. Eine solche Haltung fördert die Bereitschaft zum Handeln nicht. Sie macht uns glauben, dass jedes Problem einem spezifischen Kompetenzbereich angehört, was, sobald ein Problem auftritt, zu einer Bevorzugung technischer oder militärischer Lösungen führt

40 *Ibid.*, p. 194. Vorwort von Bertrand Russell.
41 „Der Mann auf der Brücke“, in Günther Anders, *Hiroshima ist überall,* p. 18–22, 55s.
42 *Ibid.*, p. 9, 123.
43 *Ibid.*, p. 3.

und die Individuen von jeder Verantwortung befreit. Aufgrund der atomaren Bedrohung sind wir in einer Notsituation und müssen die Ungeduld in Tugend verwandeln.[44] Aus allen diesen Gründen ist Claude Eatherly ein Pionier. Er weigert sich zu sagen, er sei nur ein Rädchen gewesen – darin das genaue Gegenteil von Adolf Eichmann[45] – und „verkündet: Auch was ich nur mitgetan habe, ist von mir getan; meine Verantwortung betrifft durchaus nicht nur meine individuellen Taten, sondern alle meine ‚Mittaten'."[46]

Die Rehabilitierung negativer Affekte wie der Furcht, der Angst und der Scham bedeutet nicht, dass sie uns tugendhaft machen. Gewiss, die Gleichgültigkeit gegenüber dem Los der anderen ist ein Laster. Und um die Konsequenzen zu berücksichtigen, die unsere Taten für andere haben können, reicht die Fähigkeit, aus Pflicht zu handeln, nicht aus, sondern man muss auch um jemanden zittern können, auch um Unbekannte oder um Lebewesen, die der menschlichen Rasse nicht angehören. Keiner kann sich vom Los der Tiere so betroffen fühlen, dass er sich ihres Fleischs enthält, wenn er sich nicht von den ihnen zugefügten Leiden tief verletzt fühlt. Das Leiden ist nicht die Moral, aber es hat eine moralische Bedeutung. Es kann der Auslöser sein, der jemanden handeln lässt, wenn er an die Wirkung seiner Entscheidungen auf die anderen denkt. Allerdings kann dieser Affekt auch Hass gegenüber denen erzeugen, die unsere Emotionen nicht teilen. Mehr noch, das Umwandeln des Leidens für andere in Verantwortlichkeit verlangt nicht nur Mut, sondern beansprucht auch die Gesamtheit der anderen Tugenden, die die Person trotz ihrer Unruhe und Angst ein Gefühl der Erfüllung empfinden lassen, das mit der Gewissheit, ein gutes Leben zu führen, auch wenn es nicht frei von Schmerz ist, zusammenhängt.

---

44 *Ibid.*, p. XV.
45 *Ibid.*, p. 327.
46 *Ibid.*, p. 327.

Der Eudämonismus oder die Tiefe des Glücks

Was heißt es, seine Seele zu ehren?

Der Übergang von der Sorge um sich zum Ehren der Seele, der der Gegenstand des fünften Buches von Platons *Gesetzen* ist, erlaubt eine Neuinterpretation des Begriffs der Pflichten gegen sich selbst, die konsubstantiell mit der Ethik der Tugenden ist. In der Tat impliziert die Wertschätzung wie in den antiken Philosophien, dass die Moral sich nicht nur auf unsere Beziehungen zu den anderen bezieht, sondern, weil sie einen Transformationsprozess des Subjekts bezeichnet, auch auf unser Verhältnis zu uns selbst. Der Begriff der Pflichten gegen sich selbst wirft allerdings zahlreiche Probleme auf. Er setzt einen metaphysischen Hintergrund voraus, der ihn fragil macht: Von Pflicht können wir nur sprechen unter Bezugnahme auf einen Gesetzgeber-Gott.[47] Außerdem beinhaltet die Pflicht die Idee einer Dualität zwischen Vernunft und Gefühl, die in der von der Wertschätzung gemeinten Konstellation der Tugenden nicht präsent ist. Die Weise, wie Platon davon spricht, seine Seele zu ehren, indem man sich für gewisse Güter entscheidet, die uns leiten und uns darüber hinaus veranlassen, uns um die anderen und um die Welt zu sorgen, transformiert jedoch den Begriff der Pflicht gegenüber sich selbst und überwindet diese Schwierigkeiten.

Wenn man die Wahrheit und die Gerechtigkeit hochhält, Güter, von denen keiner wünschen kann, dass sie das Privileg weniger bleiben, kann man nicht neidisch sein, schreibt Platon. Vom lateinischen *invidia* kommend, ist der Neid, französisch *envie,* eine Weise, auf den anderen zu blicken und sich mit ihm zu vergleichen; er deutet an, dass man ausspäht, was der andere tut. Der durch den Erfolg eines Anderen erregte Groll kommt daher, dass man, ohne es zuzugeben, den Wert des anderen anerkennt und

---

47 Gertrude Elizabeth M. Anscombe, „Die Moralphilosphie der Moderne".

nach dem strebt, was er hat. Man muss verstehen, dass es die Liebe zur Wahrheit und zur Gerechtigkeit ist, die erklärt, dass wir mit uns selbst und mit den anderen in Frieden leben. Dagegen schmeichelt die Suche nach Vergnügungen, nach Geld und nach Ehren unserer Eigenliebe und lässt uns die anderen beneiden. Immer ist es das Verhältnis zu sich selbst, das das Verhältnis zu den anderen begründet, und dieses Verhältnis zu sich selbst ist zunächst daran gebunden, dass man vor allem die Wahrheit und die Gerechtigkeit liebt.

Anders als die egoistische Sorge um sich oder das Streben nach Vollkommenheit, das von der Eigenliebe motiviert sein kann, eliminiert die durch die Liebe zur Wahrheit und zur Gerechtigkeit motivierte Tugend von vornherein die traurigen Leidenschaften, wie den Neid, die Undankbarkeit, das Gefühl, zu kurz gekommen oder nicht genug anerkannt zu sein. Die Neigung, „die Schuld für seine jeweiligen Fehler und für die meisten und größten Übel nicht in sich selbst, sondern in anderen [zu suchen]", macht der Großmut Platz.[48] Wir befinden uns nicht in einer Moral der Pflicht, in der man gegen die Unordnung seiner Leidenschaften kämpfen muss, vielmehr ist es die Entscheidung für ein echtes Gut, die unser Verhältnis zu uns selbst und zu den anderen transformiert.

Die Sorge um die Welt ist der Horizont dieser Liebe zur Gerechtigkeit und zur Wahrheit. Nicht nur begeht der, der nach ihr sucht, kein Unrecht, sondern er ist auch imstande, sich um das Unrecht zu kümmern, das von Seinesgleichen begangen worden sein kann.[49] Wer seine Seele ehrt, hat auch den Wunsch, die moralischen Qualitäten, die er besitzt, weiterzugeben: Er bemüht sich, „dem Besseren nach[zustreben], dagegen das Schlechtere, aber der Besserung Fähige eben in diesen Zustand, nämlich den möglichst

48 Platon, *Gesetze*, V, 726b. Platon *Gesetze* übers. und erl. v. Otto Apelt,2 Bde, Leipzig, Meiner 1945 (=1916), Band I, p. 144s..
49 *Ibid.*, 730d.

besten [zu bringen]"[50]. Er hat die richtige Auffassung von sich selbst und von seinem Platz in der Welt und ist bereit, diejenigen, die tugendhafter sind als er, anzuerkennen und zu bewundern, denn wenn er die Wahrheit und die Gerechtigkeit liebt, dient er einer Sache, die größer ist als er. Mit anderen Worten, er ist großmütig.

Die Großmut ist eine Tugend, die sich sowohl dem Hochmut als auch der falschen Bescheidenheit widersetzt. Sie beruht nicht auf der Anerkennung, die man genießt, noch auf der Ehre, wie in der homerischen Moral, sondern auf dem Verhältnis, das das Subjekt zur Wahrheit und zur Gerechtigkeit unterhält. Diese Auffassung der Großmut ist es, die die Ethik der Wertschätzung von Platon übernimmt. Es handelt sich nicht einfach um einen psychologischen Zug, sondern um eine Seinsweise, die das Individuum sich den anderen öffnen lässt, weil seine Devise nicht der Einbehalt ist, sondern die Weitergabe. Das großmütige Individuum weiß, dass es „seinen Kindern [...] ein reiches Maß von Scham- und Ehrgefühl hinterlassen [soll], nicht von Gold"[51]. Diese Idee nimmt in der Wertschätzung, wenn es um die Frage der künftigen Generationen und der gemeinsamen Welt geht, einen tieferen Sinn an, aber schon hier muss die Verbindung hervorgehoben werden, die zwischen den unterschiedlichen Affekten besteht, die von der Liebe zur Gerechtigkeit hervorgerufen werden, die das Ehren der Seele mit der Sorge um die Welt verbindet.

Indem er die Tugend dadurch definiert, dass man seine Seele ehrt, indem man die Wahrheit und die Gerechtigkeit hochhält, gibt Platon dem Begriff der Pflichten gegen sich selbst Konsistenz. Er zeigt, dass die Pflichten gegen andere in einem gerechten Verhältnis zu sich selbst wurzeln, das seinerseits von der Wahl der echten Güter abhängt. Das tugendhafte Individuum liebt nicht seine Indi-

---

50 *Ibid.*, 728c (= Band 1, p. 146).

51 *Ibid.*, 729b. In der von Pelluchon zitierten frz. Übersetzung ist von einem „sens profond du respect" die Rede (*A. d. Ü.*).

vidualität, sondern ein Gut, das unabhängig von ihm ist und dessen allgemeine Verbreitung es wünschen würde. Der Begriff der Pflichten gegenüber sich selbst ist also sinnvoll von dem Augenblick an, da man versteht, dass nicht das eigene Ego im Vordergrund steht, sondern die Menschheit als solche oder die Tugenden, die ein Mensch verkörpern kann. Er verlangt nicht, dass man sich wie bei Kant auf die Dualität eines Subjekts bezieht, das ein sinnliches und egoistisches Individuum ist und zugleich eine sittliche Person, die einer Zweckgemeinschaft angehört. Indem er die Pflichten gegen sich selbst den Pflichten gegen den anderen nachbildet, begründet Kant eine anspruchsvolle Moral: Er verdammt bestimmte Körperverwendungen, die er für menschenunwürdig hält, und den Selbstmord, der zeige, dass der, der seinen Tagen ein Ende setzt, die Person in sich nicht respektiert und auch imstande wäre, jemand anderen zu töten, auch wenn das nicht erwiesen ist. Darum sollte man statt von den Pflichten gegen sich selbst besser vom Ehren der Seele sprechen. Was ein Individuum ausmacht und seinen Charakter bildet, sind die Güter, denen es eine Vorzugsstellung in seinem Leben einräumt und die es strukturieren. Die Wahrheit und die Gerechtigkeit gehören zur Menschheit; wenn es sie ehrt, dient das Individuum einer universalen Sache und tritt hinter ihr zurück, was seiner Existenz eine Dichte gibt, die kein anderes Gut ihr geben könnte.

Zwei Beispiele lassen besser verstehen, in welchem Sinn das Ehren der Seele die Sorge um sich mit der Sorge um die Welt verbindet und die Wertschätzung begründet. Abraham Lincoln trat für die Abschaffung der Sklaverei ein und diente damit einer Sache, die er als Sache der Menschheit auffasste. Er hat die Sklaverei nicht aus persönlichem Ehrgeiz bekämpft, sondern weil die Ausbeutung der Schwarzen illegitim und mit der in der Unabhängigkeitserklärung proklamierten Gleichheit der Menschen und der Moral unvereinbar war. Und jeder, der die von Robert Badinter am 28. September 1981 vor der Nationalversammlung gehaltene Rede gehört hat, versteht, dass er, wenn er die Abschaffung der Todesstrafe verlangt, nicht berühmt werden will, sondern sich bemüht, die richtigen Worte zu finden, um die politischen Repräsentanten zu überzeugen. Er wird zum Wortführer einer Wahrheit, von der er sagt, dass sie im Edelsten wurzelt, was unsere Tradition enthält. Wie Abraham Lincoln stellt er seine ganze Intelligenz und seine ganze Eloquenz in den Dienst einer Wahrheit, die jeder nachfühlen kann, vorausgesetzt, dass er gewillt ist, einen universalen Blickpunkt einzunehmen und die Gerechtigkeit hochzuhalten, statt der Versuchung der Rache und des Hasses zu erliegen.

Es gibt also eine moralische und intellektuelle Einheit der Tugend: Man braucht die Tugenden des Charakters, um zur Weisheit zu gelangen, und umgekehrt ist diese notwendig zum Erwerb der Tugenden des Charakters.[52] Die Liebe zur Wahrheit transformiert die Person in ihrer Gesamtheit, in ihrem Verhalten, ihren Gedanken, ihren Emotionen und ihren Affekten. Der Intellektualismus Platons, also die Idee, wonach die Intelligenz oder das Schauen des Wahren und Gerechten den Charakter der Individuen definiert, ist in diesem Sinn zu interpretieren. Und sobald man verstanden hat, dass die Liebe zur Wahrheit und zur Gerechtigkeit das Verhältnis des Individuums zu sich selbst ändert, indem sie es unfähig zur Eigenliebe, zum Neid und zur Missgunst macht und ihm den Mut gibt, im Sinn der Tugend zu handeln, versteht man, dass Platon schreiben konnte: „Niemand ist willentlich böse."

Offenkundig kann jedoch das Böse auch absichtlich getan werden. Die Person, die sich der Ungerechtigkeit schuldig macht, ihren Nächsten beraubt oder verrät, weiß durchaus, dass sie schlecht handelt, und im Allgemeinen ist ihr Handeln wohlüberlegt und geplant. Wenn er sagt, dass keiner „willentlich böse" ist, meint Platon, dass das böse Individuum sich im Gut täuscht.[53] Es wäre falsch, diese These für naiv zu halten, denn sie bedeutet, dass man, wenn man Güter wie das Geld, den Ruhm oder die Lüste des Körpers

52 Platon, *Gorgias,* 507a–c.
53 *Id., Gesetze,* V, 731.

liebt, weder wirklich gerecht sein noch dauerhaft und unter allen Umständen das Gute tun kann. Wer die Wahrheit und die Gerechtigkeit nicht liebt, ist nicht gut und tut das Gute nur zufällig. Er ist für seine Taten verantwortlich, insofern er sich bewusst ist, dem anderen zu schaden, wenn er schlecht handelt, aber er ist auch zu bedauern, denn sein Verhalten erklärt sich durch seine Unkenntnis der wahren Güter. Ständig fragt er sich, was die anderen von ihm denken, und lebt, anders als das Subjekt der Wertschätzung, in Aufregung. Eine gerechte Handlung führt er nicht aus Liebe zur Gerechtigkeit aus, sondern weil sein Erfolg bei den anderen seiner Eigenliebe schmeichelt. Ein solcher Mensch ist nicht vertrauenswürdig: Er wird ungerechte Taten verüben, wenn er dadurch seine Macht oder seinen Reichtum steigern kann. Niemals zufrieden mit dem, was es bekommt, oder in der Meinung, dass die anderen allzu begütert sind, wird er diese ihres Besitzes zu berauben versuchen und die Personen von Wert fliehen, sei es, weil er sie nicht erkennt, sei es weil er sie fürchtet.

Man wird das Porträt des Tyrannen erkannt haben.[54] Dieser ist der Spiegel einer Gesellschaft, die falsche Güter wertschätzt und für die höchsten Funktionen des Staates dominante Personen auswählt. In einem solchen Kontext suchen alle den Ruhm und nehmen Anstoß am Erfolg des anderen, niemand handelt im Zeichen eines Ideals von Gerechtigkeit mit jener Standhaftigkeit und jenem guten Willen, von dem Platon in Verbindung mit dem Philosophen spricht.[55] Außerdem ist die Vortrefflichkeit, d.h. die moralische und intellektuelle Einheit, die sich im Mut, der Klugheit, der Großmut, der Milde und allen anderen in der *Nikomachischen Ethik* beschriebenen seelischen und geistigen Tugenden manifestiert, unentbehrlich, um einen Staat weise zu regieren. Diese Vortrefflichkeit schließt weder den Schmerz noch die Verwundbarkeit

54 *Ibid.*, 728b–c. Siehe auch Xenophon, *Hieron* oder *Traktat über die Tyrannis*, V, 1–2, in Leo Strauss, *Über Tyrannis*, Neuwied, Luchterhand, p. 19.

55 Platon, *Gorgias*, 487a. Siehe auch *Geseze*, V, 730.

aus, wie man an Abraham Lincoln sieht, der ein Leben voller Prüfungen führte und an Depressionen litt.

Die Tugend ist unvereinbar mit der Verhärtung des Herzens, die mit dem Bedürfnis nach Herrschaft einhergeht und die Lebewesen unfähig zum Mitleid macht. Darüber hinaus ist die Abwesenheit von Unruhe im technologischen und ökologischen Kontext von heute ein Zeichen moralischer Indifferenz. Die Tugend reicht nicht aus, das Glück zu verschaffen, das auch von äußeren Ursachen abhängt. Dennoch spürt eine Person, die ein gutes Leben führt, ein Gefühl der Erfüllung und versinkt deshalb, wenn sie von schmerzlichen Ereignissen getroffen wird, nicht endgültig im Kummer. So verwirklicht ein tugendhaftes Wesen die Allianz zwischen dem Guten und dem Glück, die man Eudämonismus nennt.

Gutes Leben und glückliches Leben

Jede Ethik der Tugenden ist ein Eudämonismus, die Ethik der Wertschätzung wie die anderen. Doch man muss verstehen, dass das Glück, von dem die Rede ist, sich von der Befriedigung unterscheidet. Aristoteles klärt uns hierüber auf, wenn er schreibt, dass das Glück eine Aktivität der Seele ist, die der Verwirklichung einer Tugend entspricht.[56] Untrennbar von einem tiefen Gefühl der Fülle, verdankt sich das Glück nicht dem Erfolg, den man bei anderen findet, noch den Vorteilen, die sich mit dem Besitz bestimmter Güter verbinden, wie Gesundheit, Ehre, Macht, Geld oder Schönheit, sondern es begleitet ein Leben, das der Tugend konform ist. Eine tugendhafte Person spürt eine Art von Erfüllung, wenn sie das Gute tut. Dieses erscheint ihr nicht wie ein Zwang, selbst wenn das Opfer gewisser Vergnügungen verlangt wird, denn es resultiert aus einer bewussten Entscheidung, die der Person eine moralische und psychische Einheit sowie eine gewisse Stabilität verleiht.

56 Aristoteles, *Nikomachische Ethik,* I, 13, 1102a 5.

Die Lust als Befriedigung oder Genuss (*enjoyment*) und selbst die Zufriedenheit (*gladness*), die aus dem Gefühl kommt, dass die Dinge gut verlaufen, genügen nicht zur Definition des Eudämonismus.[57] Die Freude ist es, die das Wesen eines guten Lebens ausmacht und sich von den Lüsten, die von den äußeren Gütern abhängen und kontingent sind, unterscheidet. Sie kann mit einem längeren Leiden vereinbar sein, wie es der Fall ist, wenn die äußeren Umstände die Befriedigung vereiteln oder die erhofften Ergebnisse auf sich warten lassen. Um dieses Paradox zu verstehen, erinnere man sich, dass das Glück eine Tiefe hat: Es ist nicht bloß eine Sache der guten Laune oder angenehmer Beschäftigungen, sondern reicht bis in die geheimen Gedanken hinein, die jeder über sich oder über sein Leben in sich trägt.[58]

Verstanden als ein dauerhafter Zustand von Fülle, setzt das Glück eine gewisse Reife voraus, die mit dem Erwerb moralischer Züge, die die Person transformiert haben, verbunden ist. Aristoteles besteht auf der Wichtigkeit der Zeit und also des Alters in dieser Konzeption: „Auch möchte niemand leben, wenn er immer nur den Verstand eines Kindes haben und alles, was den Kindern Freude macht, im höchsten Maße genießen solle."[59] Das Glück eines Erwachsenen ist nicht mit der Sorglosigkeit gleichzusetzen, selbst wenn es für ein glückliches Leben hilfreich ist, wenn man seine Schmerzen relativieren kann. Ein glückliches Leben ist nicht unbedingt ein gutes Leben, dagegen ist ein gutes Leben immer auch ein glückliches, denn die die tugendhafte Person kennt die Freude. Diese ist keine partielle Fröhlichkeit, die mit einem Ereignis verbunden ist, das in einem Lebensbereich, wie dem Beruf, der Liebe oder der Familie, aufgetreten ist, sondern sie drückt das allgemeine Verhältnis einer Person zur Welt aus und ist vom Lauf der Ereignisse unabhängig.

57 Philippa Foot, *Die Natur des Guten*, p. 112–114.

58 *Ibid.*, p. 115, 116ss., 129s.

59 Aristoteles, *Nikomachische Ethik*, X, 3, 1174a 1–3.

Man muss sich günstiger Umstände erfreuen, des *daimon*, um das Vergnügen und die Freude gleichzeitig zu genießen. Der Eudämonismus verweist auf das Verhältnis eines jeden zur Wahrheit und zur Gerechtigkeit, aber wir bedürfen auch äußerer Güter, wenn das Leben zugleich gut und glücklich sein soll. In gewissen Fällen handeln die Individuen gut und haben das Gefühl der Erfüllung, wenn sie einer gerechten Sache dienen, aber sie haben weder die Chance, die Ergebnisse ihrer Anstrengungen zu sehen, noch die Zeit, die Freuden des Lebens zu genießen. Ein Passus aus Philippa Foots *Die Natur des Guten* illustriert dies: Sie erwähnt die Briefe, die junge Deutsche, die sich den Nazis widersetzt haben, vor ihrer Erschießung an ihre Familie schrieben.[60] Man spürt einen tiefen Frieden, selbst wenn sie ihre Trauer darüber äußern, die Welt verlassen zu müssen, ohne ihre Kinder aufwachsen zu sehen. Auf der einen Seite wird ihr Glück geopfert, auf der anderen sagen sie, dass sie nichts bereuen, und in diesem Sinn haben sie ihr Glück eben nicht geopfert. Sie wissen, dass das Glück unter diesen Umständen unerreichbar war, denn sie hätten nicht leben und so tun können, als ob in ihrem Land nichts Fürchterliches vor sich ginge. Es existiert also „ein Glück, das nur der gute Mensch erreichen kann, aber durch einen der schlimmen Zufälle des Lebens kann dieses Glück außerhalb der Reichweite auch der besten Menschen liegen"[61].

Das gute Leben ist weder unbedingt ein angenehmes noch ein ruhiges Leben, aber es ist untrennbar von einer gewissen Selbsterfüllung. Dieser Punkt ist wesentlich für jede Ethik der Tugenden, und Philippa Foot hebt dies mit Recht hervor. Dennoch wirft ihre naturalistische Interpretation des Eudämonismus ein schweres Problem auf. Für sie heißt gut leben, in Übereinstimmung mit einem Gut zu leben, das wie ein natürliches Gut, ein „Wohltun" be-

60 Helmut Gollwitzer, Käthe Kuhn und Reinhold Schneider (ed.), *Du hast mich heimgesucht bei Nacht. Abschiedsbriefe und Aufzeichnungen des Widerstandes 1933–1945*, München, Kaiser 1954; zit. von Philippa Foot, *Die Natur des Guten*, p. 126.

61 *Ibid.*, p. 130.

schrieben wird *(benefit)*, und zwar eines, das derselben Ordnung angehört wie das, was gut für eine Spezies oder einen Organismus ist.[62] Aber was die Briefe der jungen Deutschen, denen sie ihre Hochachtung bezeugt, zeigen, ist eben, dass der Eudämonismus sich auf keine starre Vision der menschlichen Natur noch auf ein natürliches Gut gründet. Das Gut, das das gute Leben determiniert, hat eine universale Dimension: Diese Personen werden das Leben verlieren, nicht weil sie unsinnige Risiken wie zu schnelles Fahren eingegangen wären, sondern weil sie gegen die Nazibarbarei und gegen die Entmenschlichung gekämpft haben. Dieses Gut hat nichts zu tun mit natürlichen oder biologischen Fakten; es handelt sich um ein Gerechtigkeitsideal, das an die Prinzipien gebunden ist, denen sich diese Menschen verpflichtet fühlen. Der Glücksbegriff, von dem man im Eudämonismus spricht, setzt, mit anderen Worten, die bewusste Wahl bestimmter Güter voraus, das heißt er beruht auf der Verantwortlichkeit der Akteure, nicht auf dem Naturalismus.

Der Universalismus heute

Die Ablehnung des Naturalismus

Für Philippa Foot ist ein gutes menschliches Wesen ein gutes Exemplar seiner Gattung, das heißt es besitzt die Charakteristika, die ihm helfen, sich an die Lebensweise und an die Umwelt der Art, der es angehört, anzupassen.[63] Sie greift den platonischen Vergleich auf zwischen der Tugend und dem Sehen, das die Funktion des Auges ist: So wie dieses Auge versagt, wenn es kein Sehen ermöglicht, so ist das Laster ein Geburtsfehler, eine Funktionsstörung. Die Tugend oder die Vortrefflichkeit dagegen ist das Leben gemäß einem natürlichen Gut. Dieser Naturalismus verkennt je-

62 *Ibid.*, p. 125.
63 *Ibid.*, p. 53, 56s., 60s., 63s., 69, 74s.

doch die Singularität jedes Einzelnen, die Alterität, die Tatsache, dass der andere nicht ein Exemplar einer Gattung, in diesem Fall der menschlichen ist, sondern dass er jede Gattung und jedes Konzept transzendiert, dass er, wie Levinas sagt, ein Antlitz hat. Der Naturalismus stellt ausgehend von einer Tatsache eine Norm auf und spricht sich darüber hinaus für eine normalisierende Sicht des Lebens aus, wobei er die Formbarkeit und die Auto-Normativität des Menschen verkennt. Dieses Denken zeigt Analogien zu dem, das dabei endet, das Nicht-Normale als Anomalie zu denken.

Wenn man, so zeigt Georges Canguilhem in *Das Normale und das Pathologische*, die Krankheit als Anomalie denkt und sich auf die Defizite konzentriert, unter denen eine Person leidet, versteht man jedoch nicht, dass das Pathologische nicht die Absenz von Normen ist, sondern eine „veränderte Lebensweise" bezeichnet und eine „vorwärtstreibende Kraft" sein kann.[64] Die organischen Funktionsstörungen, wie Müdigkeit, ja sogar die mit der Krankheit einhergehenden Behinderungen, zwingen den Kranken, nach anderen Normen zu leben, was ihm aber, indem er tut, was für ihn Sinn hat, nicht die Möglichkeit nimmt, sich zu entfalten und zu existieren. Indem man also eine Norm, die immer ein von einer Gesellschaft zu einer bestimmten Epoche gefälltes Werturteil ist, mit einem Faktum verwechselt, erhebt man einen Durchschnitt zum Ideal. Man unterstellt, es gebe nur eine einzige Weise, gut zu leben oder bei guter Gesundheit zu sein, und jede Abweichung von dieser an der Naturbeobachtung, der Gewohnheit oder den sozialen Konventionen ausgerichteten Norm wird als anormal beurteilt, als ob man sie unbedingt korrigieren oder unterdrücken müsste.

Diese Verwechslung zwischen Norm und Faktum, die dazu neigt, die Normativität auf ein homogenes und starres Bild des Lebens zu gründen, findet sich auch in Philippa Foots Ethik der

---

64 Georges Canguilhem, *Das Normale und das Pathologische*, Berlin, August, 1974, p. 57, 139, 155.

Tugenden. Sicherlich gibt es zwischen den von den Individuen gewählten Gütern und mithin zwischen den Lebensweisen, die also nicht denselben Wert haben, Unterschiede. Es gibt auch Situationen, die objektiv die Möglichkeiten des Individuums einschränken, wie es im Endstadium eines Krebses oder einer neurodegenerativen Pathologie der Fall ist. Es ist jedoch Sache eines jeden, die Grenzen festzulegen, jenseits derer das Leben keinen Sinn mehr hat. Die Ablehnung des Relativismus und die Idee, dass es Kriterien des Guten gibt, bedeutet nicht, dass es nur eine alleinige und einzige Weise zu leben und zu existieren gäbe. Schließlich ist auch der Vergleich zwischen Tugend und Gesundheit, Laster und Krankheit problematisch. Denn die Tugend, die ein moralisches Gut ist, gründet nicht auf der Biologie. Sie ist das Objekt einer moralischen Bewertung und drückt aus, was eine Person sich zu ehren entscheidet. Es handelt sich um eine Entscheidung, nicht um ein Faktum, das sich, selbst wenn es, wie im Fall des Gesundheitszustandes, sozial determiniert ist, auf die Beschreibung und die Beobachtung stützt.

Für Platon und Aristoteles bezeichnet die Tugend ein Gut, das ehrenwert, nicht bloß lobenswert oder gar für die Person profitabel ist.[65] Während die Gesundheit ein erstrebenswertes Gut ist, also etwas, das man vernünftigerweise anstrebt, das aber auch für andere Güter nützlich sein kann, und die Intelligenz wiederum ein lobenswertes, das man bewundern kann, hat die Tugend einen Wert an sich und ist nicht abhängig davon, was sie den sie besitzenden Individuen verschafft. Sie ist also den anderen Gütern, die bloß relativ sind, überlegen. Aristoteles schließt daraus, dass das Glück eine vollendete Tugend und eine erfüllte Existenz verlangt: Die Güter, die das Glück ausmachen, sind vollendet und ehrenhaft. Es existiert also eine Objektivität des Guten. Jedenfalls darf die gute Handlung nicht abhängig von einer Natur oder einem Wesen

65 Platon, *Gesetze*, V, 726a, und Aristoteles, *Nikomachische Ethik* I, 12, 1101b 10–1102a.

des Menschen, das die Norm wäre, gedacht werden. Wenn die Tugend eine Erziehung, Vorbilder und Zeit verlangt, dann weil man sich im Guten leicht irren und dieses nicht aus der Beobachtung der Natur oder der menschlichen Psychologie ableiten kann. Wie wir anlässlich des Unterschieds zwischen der Ethik der Wertschätzung und den stoischen Morallehren gezeigt haben, ist die Tugend nicht einfach eine Seelenmedizin, mit deren Hilfe man Ruhe finden könnte. Sie verlangt ein Engagement zugunsten der Gerechtigkeit und der Welt, was der Tatsache, dass eine Form mentaler Hygiene notwendig ist, die das Individuum von gewissen Charakterzügen befreit, die die Entfaltung der Tugenden behindern, keinen Abbruch tut. So kann man, wenn man sagt, dass ein „moralischer Fehler wie ein natürlicher Fehler ist", dass „der Lügner wie ein Wolf ist, der nicht mit seiner Meute jagen kann", nicht verstehen, was Platon sagt, wenn er schreibt: Niemand ist willentlich böse. Der Naturalismus, der die Unmenschlichkeit des Menschen verbirgt, kann auch nicht erklären, warum das bösartige Individuum niemals glücklich ist. Weil es falschen Gütern huldigt, herrscht in seinem Inneren Unordnung, und es ist unfähig, mit sich selbst ins Reine zu kommen oder in einem gerechten Staat Frieden zu finden. Statt die Normativität auf den Begriff des natürlichen Guts zu gründen, hängen die Tugend oder ihr Fehlen von der Wahl ab, die wir treffen. Diese letztere zeigt, woran uns etwas liegt, genau wie unsere Emotionen unsere Wertungen oder unsere moralischen Urteile spiegeln – wie wir bemerken können, wenn wir auf ihre kognitive Dimension achten.[66] Mit anderen Worten, diese Entscheidungen verweisen auf die Verantwortlichkeit eines jeden, auf seine Autonomie, und sie werden auch vor den anderen getroffen. Der von Ricœur benutzte Begriff *attestation*, der in *Das Selbst als ein anderer* die Verbindung zwischen **Bezeugung*, **Zeuge* und

66 Die Emotionen spielen für die Erziehung bei Platon eine fundamentale Rolle, wie Olivier Renaut zeigt, *Platon, la médiation des émotions. L'Éducation du thymos dans les Dialogues,* Paris, Vrin, 2014.

**Überzeugung* hervorhebt,[67] drückt besser als der Bezug auf die natürliche Wohltat und die Metapher des organischen Funktionierens aus, wovon in der Tugend die Rede ist. Also: Da die Tugend untrennbar ist vom Begriff der bewusst getroffenen Wahl und der Verantwortlichkeit eines jeden, wendet sich der Eudämonismus gegen den Naturalismus.

Menschliche Natur und Condition humaine

Der Rückgriff auf den Begriff der menschlichen Natur ist die andere Schwäche der aristotelisch inspirierten Tugendethiken. Es ist legitim, wenn man der aristotelischen Ethik vorwirft, die Verwundbarkeit und die zugleich biologische, affektive und soziale Interdependenz der Menschen nicht genügend in Rechnung zu stellen.[68] Zur besseren Charakterisierung der der Wertschätzung eigenen Konstellation der Tugenden muss man vom Körper und unserer Abhängigkeit von den materiellen Bedingungen der Existenz ausgehen, wobei ein solcher Ausgangspunkt und das von ihm implizierte menschlich-tierische Kontinuum weder die Rede von einer menschlichen Natur, noch die Übernahme der fundamentalistischen Problematik rechtfertigt, die für das naturalistische und essentialistische Konzept der Moral charakteristisch ist.[69]

---

67 Paul Ricœur, *Das Selbst als ein anderer,* übers. v. J. Greisch, bearb. v. Th. Bedorf und B. Schaaff, Paderborn, Fink, 2005, p. 348s., 421 und 428.

68 Diese Kritik übt Alasdair MacIntyre, *Dependent Rational Animals. Why Human Beings Need Virtues,* Chicago, Open Court, 1999. Dt. *Die Anerkennung der Abhängigkeit. Über menschliche Tugenden,* Hamburg, Rotbuch, 2001. Martha C. Nussbaum ermöglicht eine Nuancierung, indem sie die Bedeutung des Begriffs *daimon* in der aristotelischen Ethik hervorhebt. Siehe *The Fragility of Goodness. Luck and Ethics in Greek Tragedy and Philosophy,* Cambridge, Cambridge University Press, 2001.

69 Das ist der Einwand, der sich gegen Alasdair MacIntyre erheben lässt. Obwohl er es für unmöglich hält, einen nirgends verorteten Standpunkt einzunehmen und behauptet, sich um die Traditionen, die die Quellen der Moralität sind und an denen Kritik erlaubt ist (*Der Verlust der Tugend,* Frankfurt, Suhrkamp, 1995), nicht zu kümmern, verficht er in *Dependent Rational Animals,* p. 8, 60,

Der Begriff der Verwundbarkeit hat eine kritische Funktion, insofern er dazu führt, das Ideal der Selbstgenügsamkeit, worauf sich der Begriff der Autonomie oft beschränkt, durch eine Konzeption zu ersetzen, die der Interdependenz mehr Raum lässt und die Körperlichkeit des Subjekts ernst nimmt. Das bedeutet weder, dass die Natur die Moral begründet, noch dass man eine Philosophie der Existenz, die die *Condition humaine* zum Gegenstand hat, mit einer essentialistischen Doktrin verwechseln sollte. Die Phänomenologie der Nicht-Konstitution, die für die Philosophie der Körperlichkeit, auf die wir uns stützen,[70] charakteristisch ist, beschreibt Phänomene, die dem Bewusstsein insofern entgehen, als dieses sich als nicht-sinngebend erweist – sei es weil es die Phänomene, die es betreffen, wie die Müdigkeit, den Schmerz oder den Tod, nicht beherrscht, sei es, weil deren Inhalt über unsere Vorstellung und die der anderen hinausgeht. Und auch wenn wir die Körperlichkeit des Subjekts denken, meinen wir wirklich alles, wovon wir leben und was auch unser Leben nährt. Die Strukturen der Existenz, die sich aus diesen Beschreibungen ableiten, lassen die Bedeutung der Passivität, der Lust, der Räumlichkeit und der Geburt sichtbar werden, die die Intersubjektivität im Herzen des Subjekts entstehen lässt. Die Subjektivität und die Sozialität werden dann anders gedacht als in den Philosophien der Freiheit.

Wenn man die Existenz im Licht der Rezeptivität und nicht bloß in dem des Projekts begreift und zeigt, dass das Subjekt, sobald es isst oder den Raum einnimmt, immer schon in Bezug zu den anderen, den früheren, gegenwärtigen und künftigen menschlichen und nichtmenschlichen Wesen steht, erfasst man die *Condition humaine* auf neue Weise. Das Subjekt ist nicht nur durch seine Freiheit, sondern auch durch seine Verantwortung definiert. Und

---

wo er die Referenz auf den Körper bei Merleau-Ponty in den von ihm vertretenen Thomismus integriert, den Standpunkt der Natur.

70 Diese Philosophie der Körperlichkeit wird entwickelt in *Éléments pour une éthique de la vulnérabilité* und in *Les Nourritures. Philosophie du corps politique.*

der Körper ist der Ausgangspunkt seines Bezugs zur Welt. Schließlich wird der Mensch nicht als ein Individuum gedacht, das von den anderen und vom geographischen und sozialen Milieu, in dem es lebt, abgeschnitten wäre, sondern seine Existenz hat eine Dichte, die an seine Zugehörigkeit zur gemeinsamen Welt gebunden ist, der gemeinsamen Welt, die ihn bei seiner Geburt aufnimmt und seinen individuellen Tod überlebt. Wenn man diese Strukturen der Existenz zur Kenntnis nimmt, wird klar, dass die modernen und zeitgenössischen westlichen Philosophien, die vor allem Philosophien der Freiheit sind, sich auf die individuelle Dimension der Existenz konzentrieren und die Ethik und die Politik auf die Beziehungen zwischen den gegenwärtigen menschlichen Wesen beschränken.

Eine Philosophie der Existenz, die die *Condition humaine* ausgehend von Beschreibungen universaler Phänomene wie dem Tod, dem Hunger, der Geburt, der Räumlichkeit, dem Schmerz, der Lust, dem Schlaf und der Atmung erklärt, ist niemals essentialistisch, selbst wenn sie wichtige ethische und politische Implikationen hat. Das fleischliche und relationale Subjekt, das sie in den Vordergrund rückt, verlangt, dass die Zwecke des Politischen nicht auf die Sicherheit und die Reduktion unfairer Ungleichheiten beschränkt bleiben und aus dem Schutz der Biosphäre, der Sorge um die Lebensbedingungen der künftigen Generationen und der Tiere neue Staatspflichten erwachsen.[71] Die Strukturen der Existenz oder Existenzialien bieten universalisierbare Orientierungen. Es handelt sich jedoch weder um Metaphysik im Sinne Martin Heideggers, will sagen um einen Diskurs, der die menschliche Natur definieren will, noch um einen Versuch, ausgehend von einer essentialistischen Konzeption eine moralische und politische Ordnung zu gründen. Es soll nicht behauptet werden, dass Normen auf biologischen Fakten beruhen, sondern es geht darum, der abs-

---

71 Siehe den zweiten Teil von *Les Nourritures. Philosophie du corps politique*, Kap. 1.

trakten und desinkarnierten Konzeption des Individuums, die den gegenwärtigen moralischen und politischen Theorien zugrunde liegt, eine Konzeption des in seiner Körperlichkeit gedachten Subjekts entgegenzusetzen. Diese Verankerung der Ethik in einer Philosophie der Existenz unterscheidet sich vom naturalistischen Sophismus, den die analytischen Philosophen und Georges Canguilhem angeprangert haben. Sie bedeutet auch, dass die moralische und politische Philosophie sich nicht auf eine Weltsicht oder auf Werte beschränkt, die nichts weiter sind als Subjektivierungen, die einzig vom Blickpunkt der Individuen, ihren Vorlieben und Abneigungen, abhängen.[72]

Weil sie die Hauptzüge ihres Moralkonzepts mit ihm teilt, schreibt sich die Ethik der Wertschätzung in das platonisch und aristotelisch inspirierte Erbe der Ethik der Tugenden ein, was sie von den zeitgenössischen, die Rückkehr zu Aristoteles propagierenden Philosophien trennt, ist die Ablehnung des Perfektionismus und des Naturalismus. Diese doppelte Ablehnung erklärt auch, dass sie nicht von einer metaphysischen Konzeption des Menschen und der Welt, von einer Kosmologie, einer Teleologie oder gar einer starren Vorstellung von einem gelungenen Leben abhängig ist, sondern sich auf eine Philosophie der Existenz stützt, die ein reflektiertes Gleichgewicht zwischen Universalismus und Historizität vertritt. Die Ethik der Wertschätzung liefert keine Rezepte für ein gutes Leben, ist sie doch per definitionem untrennbar von der Anerkennung des intrinsischen Wertes der Lebewesen, von der Achtung ihrer Alterität und der Anerkennung der Diversität der Lebensformen und Kulturen. Und der Schlüssel des Verhältnisses zu den anderen und der Sorge um die Welt ist die Subjektivität, nicht die Tradition.

72 *Ibid.*, p. 247.

Kapitel 2: Ein Individuationsprozess

So glaube ich, dass die wahre edle Gesinnung, welche den Menschen sich so hoch, als es zulässig ist, achten lässt, einmal aus der Einsicht besteht, dass ihm nichts so eigen ist als diese freie Macht über seinen Willen, und dass er für nichts gelobt oder getadelt werden kann, als für dessen guten oder schlechten Gebrauch; zweitens daraus, dass er in sich den festen und beharrlichen Entschluss fühlt, einen guten Gebrauch davon zu machen, d. h. dass es ihm niemals an dem freien Willen fehlen soll, alles, was er für das Beste hält, zu unternehmen und auszuführen, d. h. vollkommen der Tugend zu folgen.

René Descartes, *Über die Leidenschaften der Seele*

Die Großmut

Warum Descartes?

Das Besondere der Ethik der Wertschätzung besteht darin, aus dem Verhältnis zu sich selbst den Schlüssel für das Verhältnis zum anderen und zur Natur zu machen; sie beschreibt den Subjektivierungsprozess, der notwendig ist, wenn die Individuen auf persönlicher und kollektiver Ebene die bestmöglichen Entscheidungen treffen sollen. Die Frage ist, was dieses Selbst oder dieses Subjekt ist, das die Sorge um die anderen und um die Umwelt in sein Leben-Wollen mit einbezieht. Wir werden sehen, dass es sich nicht nur durch sein Verhältnis zur Wahrheit und zur Gerechtigkeit definiert und die Ethik der Wertschätzung sich von den antiken Morallehren insofern unterscheidet, als sie auch eine Philosophie der Liebe ist.

Diese Ethik beschreitet einen schmalen Grat zwischen dem antiken Intellektualismus, in dem sich die Tugend auf die Wahl der wahren Güter gründet, und den zeitgenössischen Ethiken, die im Sinne der Ethik des *care* behaupten, dass eine gesunde Beziehung zum anderen und zur Welt von der Zuneigung abhängt, die uns in unserer Kindheit zuteil geworden ist, und von dem Gefühl der inneren Sicherheit, das sie uns verschafft. Die Ethik der Wertschätzung bleibt der antiken Inspiration treu, ohne darum die sozialen Determinismen, die Rolle der Triebe und der von der Psychoanalyse aufgedeckten Projektionsmechanismen zu verkennen.[73] Indem sie jedoch zeigt, dass das Wohlwollen, die Mäßigung oder der Mut keine psychologischen Züge sind, die (einzig) an die Natur eines Menschen gebunden und nicht bloß das Ergebnis seiner Erziehung und seiner Geschichte sind, sondern aus einem Verhältnis zu sich selbst erwachsen, setzt sie sich auch von der Weise ab, wie die Ethiken des *care* die Subjektivität denken. Die innere Transformation, die stattfindet, wenn man die Wertschätzung praktiziert, muss dem Subjekt auch dabei helfen, gewisse affektive Bindungen zu lösen oder sich von der Last der sozialen Determinismen zu befreien. Sie bedeutet, dass unsere Identität sich nicht allein durch unsere Relationen konstituiert, sondern dass wir aufgefordert sind, bei unseren persönlichen Entscheidungen den Anteil von Einsamkeit, den die Freiheit impliziert, auf uns zu nehmen. Darum steht die Ethik der Wertschätzung, trotz ihres Bestehens auf der Zerbrechlichkeit des Körpers, an diesem Punkt den Alten näher als den zeitgenössischen Morallehren. Sie gehört Athen und dem Christentum zugleich an und zeigt die Anstrengung, die wir uns selbst schuldig sind – die Anstrengung, nicht nur uns neu zu formen und uns um die Welt zu sorgen, sondern auch die, die es kostet, frei zu sein.

Wenn René Descartes eine unumgängliche Referenz ist, die dabei hilft, die Ethik der Wertschätzung in der Geschichte der

73 Dieser Punkt wird in Kap. 5 ausgeführt werden.

Philosophie Kontur annehmen zu lassen, dann weil er diese antike Filiation deutlich macht und zugleich die Notwendigkeit zeigt, die aristotelische Moral und den Stoizismus durch eine Philosophie der Liebe zu ergänzen. *Über die Leidenschaften der Seele,* das aus der Freiheit die Bedingung der Tugend macht, verortet sich in einer Tradition, nach der der Mensch sich von dem, was ihn knechtet und von der Tugend fernhält, befreien muss. Nichtsdestoweniger führt die cartesische Meditation über die Liebe, die weniger eine Leidenschaft, wie das Begehren, als einen Umsturz der Subjektivität meint, zu einer genaueren Bezeichnung dessen, was die Wertschätzung von den antiken Morallehren unterscheidet. Diese sehen die menschlichen Beziehungen als wesentlich an für die Erfüllung des Menschen, aber seine Selbstheit wird als Rückkehr zu sich selbst aufgefasst, nicht als das Verhältnis zu sich selbst, das über den anderen ermöglicht wird. Descartes erlaubt uns, in eine bis dahin auf die Wahl eines Guten gegründete Ethik die Idee eines relationalen Subjekts einzubringen, ohne sich jedoch der Ethik des *care* anzuschließen, die den Akzent auf das von den Individuen empfundene Liebesbedürfnis und nicht auf die von diesem bewirkte Transformation des Selbst verlegt. Indem er die Liebe als Seinsweise denkt, lädt uns Descartes ein, die Freiheit mit der Interdependenz, die Tapferkeit (Seelenstärke) mit der Intersubjektivität zu versöhnen, statt, wie die Alten, die ersteren überzubewerten, oder, wie die Ethik des *care,* die letzteren.

Schließlich macht Descartes aus der Großmut eine der Grundlagen der Großzügigkeit, obwohl er, anders als Aristoteles, den Wert der tugendhaften Demut anerkennt. Wir haben im vorigen Kapitel gezeigt, dass die Demut empfahl, in der Arbeit nie und nimmer nachzulassen, und uns den Weg zur Wertschätzung ebnete. Die Großmut jedoch, die von einer höheren Stufe innerer Freiheit zeugt und dem Subjekt ein gewisses Selbstvertrauen vermittelt, ist ebenfalls grundlegend. Sie ist eine der konstitutiven Tugenden der Wertschätzung und sogar einer ihrer Grundpfeiler. Die Seelengröße, die einer Person mit richtiger Selbsteinschätzung eigen ist, erlaubt ihr, sich in eine ambitionierte, als ehrenhaft erachtete Unternehmung einzubringen, der sie sich gewachsen fühlt, weil sie der Entmutigung nicht nachgibt. Ihre Großmut erklärt auch, dass sie handelt, ohne sich korrumpieren zu lassen oder ihr moralisches Empfinden zu verraten. Anders als der Dünkel und jede Form von Hochmut und Eitelkeit, ist die Großmut die Bedingung der Freiheit und eines wohlwollenden und gerechten Verhältnisses zum anderen. So unterstreicht Descartes, wenn er von Großzügigkeit spricht, zu Recht die Verbindung, die zwischen dem Verhältnis zu sich und dem Verhältnis zum anderen, zwischen der inneren Freiheit und der Öffnung auf die Welt, zwischen der Seelenstärke oder dem Mut und der Milde, zwischen der Ausdauer und der Fähigkeit besteht, die anderen oder die Natur zu bewundern.

Die Großzügigkeit

Die Bedeutung der Tugend der Großmut im sozialen Leben sollte man nie unterschätzen. Denn sie setzt voraus, dass man, statt alles von den anderen oder von der Welt zu erwarten, sich erst bemüht, sich selbst umzuformen, indem man seine Wünsche neu orientiert oder seine Fehler korrigiert und so ungerechten Zorn oder Ressentiments vermeidet. Descartes' Moral ist jedoch nicht nur deshalb von hohem Interesse, weil sie dem Individuum gebietet, seine Wünsche zu regulieren und die unerfüllbaren unter ihnen nicht weiter zu verfolgen. Wichtig in seiner Definition der Großzügigkeit ist vor allem, dass sie zuallererst eine Frage der Seelengröße und erst dann eine des Muts oder der Tapferkeit ist. Dieser Appell, eine große und großzügige Seele zu haben und also einen Autosubjektivierungsprozess einzuleiten, der es erlaubt, eine gewisse Souveränität über sich selbst zu erwerben, ist auf moralischer und politischer Ebene entscheidend.

Die antiken und die modernen autoritären Regime begünstigen stets die mittelmäßigen Lebewesen mit einer kleinen Seele *(mikropsychia)*.[74] Diese stellen keine Forderungen, weil sie keine Achtung vor sich selbst und kein Bewusstsein von der Gerechtigkeit haben, die ihnen zusteht. Oder vielmehr, sie fordern alles, weil sie nicht wissen, was sie wollen und ihre Meinungen, ihre Wünsche und ihr Urteil sowohl über die Dinge wie über sich selbst von den Tagesmoden abhängen. Auch sind sie nie zufrieden mit dem, was sie haben; immer brauchen sie neue Dinge und empfinden die Frustration als ein Unrecht. In beiden Fällen sind diese Individuen mit einer kleinen Seele leicht zu manipulieren; empfindlich für den Druck der Meinungen, sind sie empfänglich für extreme Ideologien und drohen, von Massenbewegungen mitgerissen zu werden. Es fehlt ihnen an Seelengröße und an dem Mut, der nötig ist, um der politischen Gewalt zu widerstehen. Es ist „eine dringende, grundlegende und politisch unabdingbare Aufgabe [...] eine Ethik des Selbst zu begründen, wenn es denn wahr ist, daß es keinen anderen, ersten und letzten, Punkt des Widerstandes gegen die politische Macht gibt als die Beziehung seiner selbst zu sich"[75]. Diesen Gedanken, der es Michel Foucault erlaubte, auf der Aktualität des Stoizismus zu bestehen, wenden wir auf Descartes an, dessen Moral der Großzügigkeit, die heute besonders aktuell ist, sich von der stoischen Weisheit unterscheidet.

Wenn die Freiheit das Fundament der Großzügigkeit ist und wenn diese den Erwerb einer Souveränität über sich selbst voraussetzt, dann nicht primär, um eine Überwältigung durch die Leidenschaften zu vermeiden. Die Freiheit besteht nicht darin, seine Leidenschaften zu beherrschen, sondern darin, einen guten Gebrauch von ihnen zu machen.[76] Außerdem ist dasjenige Handeln, das sich nach festen Urteilen richtet und sich den Bewegungen des Körpers,

74 Aristoteles, *Politik*, V, 11, 1314a, 16–17.

75 Michel Foucault, *Hermeneutik des Subjekts*, Frankfurt, Suhrkamp, 2009, p. 313.

76 René Descartes, *Über die Leidenschaften der Seele*, dt. v. Arthur Buchenau, Leipzig 1911, Erster Teil, § 40, 41, 44. Siehe auch § 42, wo Descartes sagt, dass die Leidenschaften zwar die größten Übel hervorbringen, aber der Existenz auch Sinn und Geschmack verleihen.

zu denen die Leidenschaften uns antreiben, widersetzt, nicht der höchste Grad der Freiheit. Jemanden, wenn man zornig ist, nicht zu schlagen oder das blinde Verliebtsein zu vermeiden, wenn die betreffende Person unseren tiefsten Sehnsüchten nicht entspricht, zeugt von Tapferkeit (Seelenstärke), zeugt davon, dass man gewohnt ist, seinen Willen seinem Urteil unterzuordnen. Wenn man allerdings meint, die Tugend bestehe darin, Kontrolle über sich auszuüben, und wenn die Erfüllung eines Begehrens nicht in unserer Macht steht, sich sogar des Wunschs zu enthalten, dann ist damit nicht erklärt, was die Seelengröße ist oder woher der Mut kommt.

Die Vorschrift, die gebietet, das Gute zu tun, das von einem selbst abhängt, findet sich in der *Abhandlung über die Methode* und in *Über die Leidenschaften der Seele* sowie in Descartes' Korrespondenz, aber sie bezeichnet keine Technik, um dem Individuum Leiden zu ersparen. Die Unterscheidung zwischen dem, was von mir, und dem, was nicht von mir abhängt, ist stoischer Provenienz, und der Brief an Elisabeth vom 4. August 1645 beginnt mit der Bezugnahme auf Senecas Buch *De vita beata*. Wenn man jedoch diese Moral der Selbstbegrenzung nicht auf die Großzügigkeit gründet, versteht man ihren Sinn nicht, und sie fällt der an den Stoizismus gerichteten Kritik anheim, die besagt, dass eine solche Vorschrift uns weder zur Weltliebe führen noch das Individuum ermächtigen kann, für den Dienst an einer edlen Sache Risiken einzugehen.

Die beiden anderen Regeln, die in der *Abhandlung über die Methode*[77] und in dem oben erwähnten Brief an Elisabeth stehen, überzeugen uns, dass alles von der Großzügigkeit abhängt. Die erste Regel fordert das Individuum auf, dass es „sich immer so gut wie möglich bemühe, sich seines Geistes zu bedienen, um zu wissen, was [es] in allen Lebenssituationen tun bzw. nicht tun soll"[78]. Descartes verweist

77 *Id., Abhandlung über die Methode,* Teil III.

78 *Id., Brief an Elisabeth vom 4. August 1645* in *Der Briefwechsel mit Elisabeth von der Pfalz* frz./dt., übers. v. I. Wienand, O. Ribordy und B. Wirz, Hamburg, Meiner, 2015, p. 103.

jeden auf den Gebrauch seiner Urteilskraft und sogar auf die Kenntnis dessen, was für ihn zu einem bestimmten Zeitpunkt unter diesen oder jenen Umständen gut ist. Die zweite Regel empfiehlt ihm, „eine feste und beständige Entschlossenheit [zu haben], alles auszuführen, was ihm die Vernunft raten wird, ohne daß seine Leidenschaften oder seine Begehren ihn davon abhalten“[79]. Dieser Entschluss, der dabei hilft, eine Handlung auszuführen, die man als gut erachtet, und ein Projekt nicht unter dem Vorwand aufzugeben, dass der Erfolg ausbleibt, unterstreicht ebenfalls die Bedeutung des persönlichen Urteils. Wenn dieses letztere sich auf die Vernunft gründen muss, dann weil es letztlich auf dem Gebiet der Moral keine andere Autorität gibt als das eigene Urteil. Die Tugend setzt die Hinnahme einer solchen Einsamkeit sowie eine geistige Unabhängigkeit voraus, die es erlaubt, sich der Vernunft anzuvertrauen.

Es gibt keine Rezepte, um sich in den jeweiligen oft unvorhersehbaren Umständen des Lebens richtig zu verhalten. Innerlich frei zu sein, ist umso notwendiger, als die Vernunft uns weder zum Guten an sich noch zur Genauigkeit Zugang schafft; das Gebiet der Moral ist das Gebiet des Wahrscheinlichen. Man muss also unterscheiden können, was gut oder vielmehr was das Bessere ist. Wir müssen allein entscheiden, was wir aus unserem Leben machen wollen, und selbst in den Krisen, die wir durchmachen, ist es immer unsere Selbstheit, die auf dem Spiel steht, nicht die Identität eines anderen. Darum muss man sich selbst erkennen und sich nicht dem Verdikt der öffentlichen Meinung unterwerfen. Unter dieser Bedingung beschreitet man beständig den als gut erkannten Weg. Ohne diese Tapferkeit ist das Individuum nur mutig, wenn es Erfolg hat oder wenn die anderen sein Unternehmen stützen, es besitzt die Tugend des Muts also nicht.

Die Tapferkeit darf nicht verwechselt werden mit der moralischen Stärke, die man wie bei Kant als die Willensanstrengung definieren kann, mit der man die sich der Pflicht widersetzenden

---

79 *Ibid.*

Neigungen beherrscht. Es geht hier nicht darum, gewisse Wünsche zu unterdrücken, sondern darum, was man will und wer man ist, damit man nicht grundlos von seiner Bahn abweicht. Wenn man glaubt, dass man auf dem falschen Weg ist, schließt die Tapferkeit einen Wechsel der Ansicht nicht aus; sie impliziert jedoch, dass das Fehlen von Resultaten kein hinreichender Grund ist, um ein Vorhaben abzubrechen. Die Tapferkeit beruht auf einem Verhältnis zu sich selbst und zur Wahrheit, das einem erlaubt, seiner Vernunft zu folgen und seinem Urteil zu vertrauen, d.h. sie beruht auf der Großmut. Aus diesem Grund hat sie nichts zu tun mit dem Eigensinn. Zur Illustration dieser Tapferkeit, die aus der Großmut kommt und großzügig macht, kann man Levinas' Metapher vom Bewusstsein als einer „nach allen Winden offenen Laubhütte" heranziehen, in der die Menschlichkeit des menschlichen Seins insbesondere in den finstersten Perioden der Geschichte Obdach finden kann.[80] Denn in den „entscheidenden Augenblicken, in denen sich die Hinfälligkeit so vieler Werte erweist", kann man nur auf das Bewusstsein derer zählen, die an eine Rückkehr dieser Werte glauben und alles tun, um sie zu garantieren.[81]

So konstituieren die Tapferkeit, die den Mut und die Ausdauer einschließt, und die Seelengröße oder Großmut, die bedeutet, dass ich mich kenne und mich nach dem Gebrauch beurteile, den ich von meinem Willen mache, die Großzügigkeit. Diese ist zusammen mit der Demut das Fundament der Wertschätzung. Aber während die Demut den Geist und das Herz reinigt, wie Bernhard von Clairvaux sagt, und erlaubt, sich zu erkennen und durch Überwinden des Haupthindernisses, nämlich des Hochmuts, die Situationen einzuschätzen, gibt die Großzügigkeit dem Individuum Selbstachtung und hilft ihm, die Aufgaben, die es sich gestellt hat, zu erfüllen und kalkulierte Risiken einzugehen. Sich selbst vertrauend,

80 Emmanuel Levinas, „Namenlos", in *Eigennamen*, München/Wien, Carl Hanser, 1988, p. 101.
81 *Ibid.*

kann es sich den anderen zuwenden, ohne alles von ihnen zu verlangen oder um ihre Anerkennung zu betteln; weil es frei ist, tritt es ihnen wohlwollend gegenüber.

Bemerkenswert ist, dass bei Descartes die Demut aus der Seelengröße folgt. In der Wertschätzung dagegen existiert die Demut unabhängig von der Seelengröße, und anders als diese ist sie keine Tugend, sondern eine Methode. Für Descartes wird die Großmut im Laufe eines Subjektivierungsprozesses erworben, der Zeit beanspruchen kann, aber einzig von einem selbst abhängt. Darüber hinaus verleiht sie dem Subjekt eine Stabilität, die definitiv ist. In der Ethik der Wertschätzung wird diese geistige Unabhängigkeit, die erklärt, dass die Selbstachtung an den Gebrauch des Willens gebunden ist, durch die notwendige Konfrontation mit den anderen, insbesondere bei der Arbeit, auf die Probe gestellt. Und oft ist es dem Subjekt erst am Ende eines langen Weges der Anerkennung, der ihm erlaubt hat, sich zu beweisen, möglich, auf autonome Weise zu denken und zu handeln, ohne systematisch jemand anderem gefallen zu wollen.[82] Im Übrigen ist niemand gefeit gegen die Verwandlung der Seelengröße in Dünkel und der Tapferkeit in Verwegenheit, es sei denn er bleibt wachsam und hat ein Auge auf seine Schwächen und seine Neigung zu Hochmut und Eitelkeit. Jedenfalls gibt es, selbst wenn wir nicht unter allen Umständen großmütig sind, keine Wertschätzung ohne Großmut.

So ist die Demut in der Ethik der Wertschätzung die erste Etappe auf dem Weg zu einer richtigen Erkenntnis des Selbst und zu der Gesamtheit der moralischen und intellektuellen Tugenden, also auch zur Großmut. Sie ist auch und vor allem das, was dem Subjekt erlaubt, das Maß zu bewahren, während bei Descartes der Mensch aufgrund seines Großmuts zur Demut fähig ist. Für ihn ist

82 Dieser Punkt wird im Kap. 4 anlässlich des Verhältnisses zwischen Anerkennung und Wertschätzung sowie der Rolle untersucht, die die Arbeit in diesem von sozialen, ökonomischen und politischen Bedingungen abhängigen Subjektivierungsprozess spielt.

das großzügige Individuum großmütig, und es ist weder hochmütig noch missgünstig, weil die Achtung, die es vor sich selbst hat, auf dem Gebrauch beruht, den es von seinem Willen macht. Aber weil dieses Gut allen zugänglich ist, erkennt er an, dass auch die anderen einen guten Gebrauch von ihrem freien Willen machen können. Darum schreibt Descartes, dass die Großzügigen „höflich, gefällig und dienstbereit gegenüber jedermann [sind]. Dabei sind sie vollkommen Herr über ihre Leidenschaften, besonders über das Begehren, die Eifersucht und den Neid“[83].

Schließlich sind die Großmut und der Mut, ohne die es den Menschen schwerfällt, den autoritären Formen der Macht und der Ansteckung durch das Böse zu widerstehen, auch in den liberalen Demokratien wesentlich. Die Fähigkeit, sich selbst zu regieren, seine Wünsche zu begrenzen und seine Selbsteinschätzung auf die Werte zu gründen, für die man einsteht, ist besonders im aktuellen Kontext wertvoll, wo zahlreiche Verlockungen, die Reklame, die sozialen Netzwerke, aber auch die Arbeitsbedingungen die Identität der Individuen, die sozusagen permanent unter dem Blick eines anderen leben, in Frage stellen. Ausdauer und sogar Optimismus sind ebenfalls erforderlich, wenn man den Ökonomismus bekämpfen und versuchen will, durch seine Lebensweise und sein Engagement für ein Entwicklungsmodell einzutreten, das ökologisch nachhaltig und gegenüber Menschen und Tieren gerechter ist. Ohne Seelengröße und selbst ohne Weitsicht kann man dem Defätismus nicht widerstehen und die ökonomistische Ordnung der Welt bekämpfen.

Dieser Wille, das ökonomische Modell zu verändern, widerspricht nur scheinbar der Lehre von Descartes, wenn man verstanden hat, dass seine Moral der Großzügigkeit die Individuen nicht dazu anhält, sich um ihr Gärtchen zu kümmern und auf bessere Tage zu warten, sondern von ihnen verlangt, anspruchsvoll gegen sich selbst zu sein. Übertragen auf die politische Ebene ist diese Idee mit einem Lob der Autonomie gleichbedeutend, die die mora-

83 *Über die Leidenschaften der Seele*, § 156.

lische Selbstheit voraussetzt und annimmt, dass man weiß, was das eigene Handeln begründet und welche Güter man wertschätzt. Ohne Seelengröße und ohne Seelenstärke (Tapferkeit) werden die Bürger nicht für die Gerechtigkeit kämpfen, sondern nur für ihre persönlichen Interessen, ohne ihr Handlungspotential weiter zu entwickeln. Sie werden alles von den öffentlichen Gewalten erwarten, werden zwischen Zorn und Attentismus schwanken und den Staat, der oft unter dem Druck privater Gruppen steht, über die Zukunft entscheiden lassen. Aus all diesen Gründen gibt es keine Wertschätzung ohne Großzügigkeit.

Die Bewunderung

Die Bedingung für ein gesundes, von Gleichgültigkeit und Herrschaft gleich weit entferntes Verhältnis zu den anderen ist die Freiheit, die auf der höchsten Stufe ihrer Vollendung die Großzügigkeit ist. Das Verhältnis zum Selbst begründet die intersubjektiven Tugenden, die jedoch nicht nur im Lichte der Emotionen und der Leidenschaften verstanden werden; sie entspringen einem Verhältnis zu sich selbst, das von dem Entschluss abhängt, sich vernunftgemäß zu verhalten, und dem Selbstvertrauen, das ein solcher Entschluss erzeugt. Die Großzügigkeit unterstreicht auch, wie wichtig die Qualität der Beziehung zum anderen ist, die diese Tugend herzustellen erlaubt. Wenn die Großzügigkeit beim Selbst beginnt, verbreitet sie sich wie die Wertschätzung. Darum ist das großzügige Individuum zur Bewunderung fähig.

Es ist die Großzügigkeit, die unsere Fähigkeit bestimmt, an der Existenz Geschmack zu finden, und die dabei Emotionen wie die Bewunderung hervorruft, die auf unsere Weise zu leben und die Welt zu betrachten, zurückwirken. Die Bewunderung ist eine der sechs ursprünglichen Leidenschaften bei Descartes. Sie nimmt sogar den ersten Platz ein, noch vor der Liebe, dem Hass, dem Begehren, der Freude und der Traurigkeit, und findet sich in den anderen Leidenschaften wieder. Weil wir von einem Objekt überrascht sein können, „ehe wir noch wissen, ob der Gegenstand für uns passt oder nicht [...] so dürfte wohl die Bewunderung die erste der Leidenschaften sein. Sie hat auch kein Gegenteil“[84].

Aristoteles hat die Bewunderung (*ad-mirare*) unberücksichtigt gelassen. Sie ist nicht dasselbe wie das Erstaunen, obwohl dieses ihr auslösendes Element ist. „Das Bewundern ist eine plötzliche Überraschung der Seele, welche mit Aufmerksamkeit die Gegenstände betrachten lässt, die der Seele selten und außerordentlich erscheinen.“[85] In der Bewunderung ist das Urteil über das, was das Erstaunen erregt, zugleich objektiv und subjektiv. Gewiss darf man weder blasiert noch zu selbstbezogen sein, um bewundern und bemerken zu können, was selten und ungewöhnlich ist, einschließlich der natürlichen und geläufigen Dinge. Dennoch kommt das kognitive Element, das in dieser dauerhaften Emotion enthalten ist, auch aus dem Objekt: Man bewundert, was bewundernswürdig ist. Eine Person oder ein Tier zu bewundern, heißt ihre Würde anzuerkennen und ihre Existenz als eine Gnade wahrzunehmen. Wenn ein großzügiges Individuum, das sie nicht in Neid verwandelt, Bewunderung empfindet, mündet diese in Dankbarkeit.

Anders als die Achtung, die sich von ihr unterscheidet, schließt die Wertschätzung die Bewunderung ein.[86] Allerdings ist in der Ethik der Wertschätzung die Bewunderung keine Leidenschaft, sondern eine Fähigkeit, die eine Weise des Mit-den-anderen-und-mit-der-Welt-Seins ausdrückt, was besonders klar wird, wenn man nach der Beziehung fragt, die die Menschen zu den Tieren unterhalten. Um sie bewundern zu können, muss man ihre Alterität lieben und sie nicht als mindere Wesen oder als Mittel im Dienst unserer Zwecke ansehen. Die Bewunderung, die wir empfinden,

---

84 *Über die Leidenschaften der Seele* § 53. Artur Buchenau, der deutsche Übersetzer, spricht von Verwunderung. Hier wird, im Sinne der Verfasserin, der Ausdruck Bewunderung benutzt (*Anm. d. Ü.*).

85 *Über die Leidenschaften der Seele,* § 70.

86 Der Unterschied zwischen Wertschätzung und Achtung wird im Kap. 6 näher untersucht werden.

kommt nicht nur von ihrer Schönheit oder ihrer Kraft, sondern wurzelt tiefer, denn sie verlangt mehr als Großzügigkeit und verweist auf die Wertschätzung. Diese verläuft über das Bewusstsein des fleischlichen Bandes, das uns mit den anderen fühlenden Wesen vereint und unsere Solidarität mit ihnen unterstreicht, was erklärt, dass wir, wenn wir sie bewundern, keinerlei Lust haben, sie zu fangen oder zu unterwerfen.

Ein Jäger kann Seelengröße und sogar Tapferkeit haben, falls man noch sagen kann, dass die Jagd in unserem Land Mut verlangt. Er kann zweifellos ein guter Familienvater und ein guter Bürger und sogar, wie Descartes, ein gewaltiger Philosoph sein. Aber wenn er gerne Tiere tötet, obwohl er nicht zu jagen braucht, um sich zu nähren, oder wenn er die Corrida liebt, schließt ihn das von der Wertschätzung aus. Denn diese macht, wie wir im nächsten Kapitel anlässlich der Verwundbarkeit und der Erfahrung des Inkommensurablen, das sie definiert, sehen werden, die Herrschaft über andere Lebewesen unmöglich. Nicht nur impliziert das Verhältnis zu sich, das die Wertschätzung charakterisiert, dass man sich nicht mehr als Herrn der Erde denkt, der über die anderen Kreaturen alle Rechte hat, sondern es fordert, mehr noch, zu einer Huldigung an die Schönheit auf, fordert, ihr zu dienen statt sie zu knechten, sie zu lieben statt sie zu zerstören.

Das Subjekt der Wertschätzung kann kein Vergnügen dabei empfinden, einen Tiger, einen Elefanten oder ein Zebra in einem Käfig eingeschlossen oder als Spektakel vorgeführt zu sehen. Um das Spektakel eines wilden Tiers zu genießen, das gefangen gehalten und wie in den Zirkussen und Delfinarien gezwungen wird, gegen ein wenig Nahrung Kunststücke vorzuführen, muss man sich seines guten Rechts derartig gewiss sein, dass man das Leiden des anderen gar nicht mehr merkt oder, wie die Aficionados meinen, dass neben dem Sinn, den die Corrida für sie hat, nichts anderes ins Gewicht fällt. Man kann ein Tier im Käfig bewundern, aber die Bewunderung ist in diesem Fall oberflächlich. Die Wertschätzung widersetzt sich jeder dominierenden Haltung, weil sie zugleich auf Demut und Großmut beruht und wesentlich an ein vertieftes Verständnis unserer fleischlichen Verfasstheit und an die Verwundbarkeit, die wir mit den anderen Wesen aus Fleisch und Blut gemeinsam haben, gebunden ist. Sie lässt uns die nicht-charismatischen Wesen, wie die Fliegen, nicht geringschätzen, sondern ihre Schönheit anerkennen und bewundern. Sie vertreibt das perverse Vergnügen an Spektakeln, die Tiere zeigen, die nur zur Befriedigung der Publikumsneugier da sind und über die man sich bisweilen lustig macht, indem man ihre Integrität und ihre Würde antastet. Dieses aus der Herrschaft herrührende Vergnügen hat nichts zu tun mit der tiefen Freude, die man in der Bewunderung empfindet, wenn sie in der Wertschätzung wurzelt und eine Fähigkeit, nicht einen vorübergehenden Zustand, bezeichnet. Ein Wesen zu bewundern, ist dann untrennbar von dem Vergnügen, es sich gemäß seinen eigenen Normen entfalten zu sehen. Die Bewunderung fordert zur Liebe auf, weil sie aus der als eine Seinsweise und als ein Existenzial aufgefassten Liebe herkommt.

Die Liebe als Existenzial

Die Umkehrung der Subjektivität

Die Ethik der Wertschätzung impliziert einen Individuationsprozess, der an das Verhältnis zum anderen gebunden ist, will sagen, der andere ist nicht bloß der, der mir, wie in der Beziehung des Meisters zum Schüler oder im Staat, erlaubt, mein Potential zu entwickeln; er ist konstitutiv für meine Identität. Diese vollendet sich in einer Bewegung, die nicht selbstreferentiell ist, und unterscheidet sich auch von der Dezentrierung des Selbst, wie sie der Verantwortlichkeit eigen ist. Ein solcher Individuationsprozess, der über eine Umkehrung der Subjektivität verläuft, kulminiert in der Liebe – verstanden nicht als eine Emotion, sondern als Struktur der Existenz. Genau das ist es, worum es in der cartesischen Konzeption der Liebe geht.

Anders als das bloße Begehren ist die Liebe eine Bewegung, „durch welche man sich ohne weiteres mit dem, was man liebt, verbunden erachtet; so dass man dabei die Vorstellung eines Ganzen hat, von dem man selber der eine und das Geliebte der andere Teil ist“[87]. Statt alles auf mich zu beziehen, fühle ich mich eins mit dem anderen und bilde ein Ganzes mit ihm. Descartes' Bestehen auf dem Willen, der die Gegenwart betrifft, und nicht auf dem Begehren, das sich auf die Zukunft bezieht und besitzergreifend machen kann, bedeutet, dass die Liebe eine spezifische Intentionalität ist und einen Teil Rationalität enthält. Um den Sinn der Liebe zu verstehen, muss man das Subjekt sehen, das sie empfindet, nicht das Objekt. Wie bei Jankélévitch sind es nicht die Qualitäten des anderen, die erklären, dass ich liebe, sondern die Liebe selbst hat einen moralischen Sinn.[88] Lieben heißt, von vornherein das Gute des anderen als das meine ansehen.

Die zweite Eigentümlichkeit von Descartes' Konzeption liegt darin, dass es eine wesentliche Einheit der Liebe gibt und zwischen *eros* oder der Leidenschaft, *philia* oder der Freundschaft, und *agape* oder der aufopfernden Liebe keine radikale Unterscheidung möglich ist. So sind auch die Nahrungsmittel, der Vogel, der Baum, Gott, gleichermaßen Gegenstände unserer Liebe. Es gibt auch mehr oder weniger gemischte Formen der Liebe.[89] Je reiner die Liebe ist, desto weniger ist sie mit anderen Leidenschaften vermischt, wie dem Ehrgeiz oder dem Besitzwunsch. Darum ist für Descartes die Liebe eines guten Vaters zu seinen Kindern die perfekteste Illustration der Liebe. Der Vater sucht das Gute für seine Kinder mit größerer Sorgfalt als sein eigenes, denn „in seinen Gedanken bilden sie ein Ganzes, dessen besserer Teil nicht er ist; oft zieht er ihren Vorteil seinem eigenen vor und scheut sich nicht, sich für sie

87 *Ibid.*, § 80.

88 Vladimir Jankélévitch, *Traité des vertus*, Bd. 2, *Les vertus de l'amour*, p. 173: „Zu lieben ist moralisch, egal wer der Geliebte ist, selbst dann, wenn der Geliebte nicht liebenswert ist.“

89 René Descartes, *Über die Leidenschaften der Seele*, § 81, 82.

zu opfern“[90]. Dieses Beispiel zeigt zugleich das großzügige Wesen der Liebe, die wächst und sich verbreitet und nicht geringer ist, wenn sie sich auf mehrere Personen richtet.

Die Liebe ist eine Emotion, die an die Begegnung mit einem Wesen oder einer Sache, deren Existenz sie am Leben hält, gebunden ist. Sie verändert das Subjekt, das sein Gravitationszentrum nicht mehr bloß in sich selbst hat und sich als Teil eines Ganzen erfährt. Weit davon entfernt, eine bloße Ausstrahlung des Egoismus zu sein, impliziert die Ausrichtung auf den anderen, mit der die Liebe beginnt, von vornherein eine Dezentrierung des Subjekts. Ist daraus zu schließen, dass ein Subjekt, dessen Selbstheit außerhalb seiner selbst liegt und das in sein Herz, in seinen Willen und sein Leben-Wollen, die Sorge um das Glück und die Existenz eines anderen integriert, schon in der Ethik ist?

Die Liebe impliziert die Verantwortlichkeit, d.h., das Verhältnis zu sich selbst und die Freiheit werden bestimmt vom Verhältnis zum anderen, ja durch die bloße Existenz des anderen, der ein Teil von mir ist. Allerdings ist die Liebe mehr als die Verantwortlichkeit. Zwar macht sie verantwortlich, aber die Verantwortlichkeit kann ohne die Liebe existieren, die die Präsenz des anderen oder der anderen verlangt. Gemeinsam haben sie, dass sie die Wesen individualisieren, aber verwechseln darf man sie nicht, denn die Verantwortlichkeit setzt, insbesondere wenn ich die Wesen, für die ich verantwortlich bin, nicht persönlich kenne,[91] eine Verlagerung des Subjekts voraus, während die Liebe eine Umkehrung der Subjektivität ist.

In beiden Fällen konstituieren die Bedürfnisse des anderen und meine Antwort auf seinen Appell meine Selbstheit. Es handelt sich jedes Mal um eine Bewegung hin zum anderen. Allerdings werde ich in der Verantwortlichkeit vom anderen als Geisel genommen,

90 *Ibid.*, § 82.

91 Wir denken an die künftigen Generationen, an die anderen Arten, an die Personen, die wir schädigen durch die Verschmutzung oder den Kauf von Produkten, die unter Missachtung der sozialen oder ökologischen Normen hergestellt wurden.

will sagen, selbst wenn ich für seinen Appell taub bleibe, kann ich mich der Verantwortung nicht entziehen. In der Liebe dagegen bleibe ich frei, selbst wenn ich eine intensive Emotion und eine unwiderstehliche Anziehung empfinde. Wenn sie tief ist, ist die Liebe die Erfahrung einer intensiven Bindung und zugleich einer großen Freiheit. Sie bezeichnet eine andere Seinsweise der Freiheit, eine andere Weise, wie das Subjekt seine Existenz spürt, sein Mit-der-Welt-und-mit-den-anderen-Sein. Darum sprechen wir von Umkehrung der Subjektivität: Es handelt sich nicht um eine bloße Verlagerung, um ein Heraustreten aus sich oder um eine Umwälzung, wo, was oben war, jetzt unten wäre, sondern um eine vom anderen ausgehende Öffnung seiner selbst und eine Vertiefung des Subjekts, das in seinem Herzen und in seinem Fleisch diese Präsenz eines anderen oder sogar der anderen empfindet.

In der Liebe gehe ich nicht nur auf den anderen zu, der transzendent ist oder dessen Alterität unzugänglich bleibt, sondern ich werde von innen bewegt, bin innerlich betroffen von dem, was ihm geschieht und was auch mir geschieht. Weil wir sie als Umkehrung der Subjektivität und als Vertiefung unserer fleischlichen Verfasstheit, unserer Verwundbarkeit denken, enthält die Liebe in sich das Versprechen einer Ausweitung auf die anderen Lebewesen und kann synonym sein mit Wertschätzung.[92] Mit anderen

92 Die als Existenzial aufgefasste Liebe führt zwar zur Liebe zu anderen Lebewesen und gehört in diesem Sinn schon der Wertschätzung an. Aber es stimmt auch, dass wir unsere Neigung zumeist auf ein paar Lebewesen beschränken und die Liebe in Wirklichkeit nur selten in die Wertschätzung mündet, denn diese setzt die gemeinsame Welt als den Horizont unserer Gedanken und Taten voraus und ist durch die Transdeszendenz geprägt. Wie man im nächsten Kapitel sehen wird, ist die Transdeszendenz die Erfahrung des Inkommensurablen, demgegenüber das Subjekt sich als endlich empfindet, und sie verläuft über eine Vertiefung des Selbst, die in das Bewusstsein des Bandes zwischen den Generationen und allen Lebewesen mündet. Die Liebe kann ein Weg der Transdeszendenz sein, aber wir werden sie vor allem mit anderen, gängigeren Erfahrungen illustrieren, besonders mit denen, in denen das Subjekt die Erfahrung seiner Passivität macht.

Worten, die Wertschätzung ist die Liebe, insofern diese ein Existenzial und ihr Horizont die gemeinsame Welt ist.

Die Liebe als Verherrlichung der Welt

Nicht unserem Bedürfnis, zu lieben und geliebt zu werden, sondern der Tatsache, dass die Liebe das Subjekt verändert, der von ihr ermöglichten Präsenz in der Welt sowie den Emotionen, für die sie empfänglich macht, muss unsere Aufmerksamkeit gelten. Wieder ist es Descartes, der den Weg weist, wenn er schreibt:

> Obgleich wir uns nichts von dem vorstellen können, was in Gott ist, der den Gegenstand unserer Liebe bildet, können wir uns doch unsere Liebe selbst vorstellen, die darin besteht, dass wir uns mit irgendeinem Gegenstand vereinigen, d.h. uns im Hinblick auf Gott als einen sehr kleinen Teil der gesamten Unermesslichkeit der von ihm geschaffenen Dinge betrachten wollen.[93]

Die meiste Zeit fühlen wir weder diese Gemeinschaft mit den anderen Wesen noch die Zugehörigkeit zu einem großen Universum, haben wir doch nur eine partielle Wahrnehmung von uns selbst und denken und leben nur, indem wir unsere Empfindungen und Gefühle auf unser Ego beziehen und uns vorstellen, alles was existiert, müsse unseren persönlichen Interessen dienen. Wir lieben mit einem oberflächlichen Teil von uns selbst und also auf oberflächliche Weise. Das nimmt unseren Emotionen nichts von ihrer Intensität. Im Gegenteil, unsere innere Leere kann den exklusiven und leidenschaftlichen Charakter unserer Verbindungen erklären und das Entstehen negativer Emotionen wie der Eifersucht begünstigen. Und so verleitet auch die Liebe, die wir für ein Lebewe-

93 René Descartes, Brief an Chanut vom 1. Februar 1647, in *Briefe 1629–1650*, hrsg., eingel. und mit Anm. versehen von Max Bense, übers. von Fritz Baumgart, Köln, Staufen-Verl., 1949, p. 375.

sen oder für die uns Nahestehenden empfinden, oft dazu, sie zu sehen, als ob sie die Gesamtheit des Universums bildeten, was erklärt, dass die Gesamtheit der Lebenden und die gemeinsame Welt nicht in die Sphäre unserer Wertschätzung gelangen.

Zu sagen, dass die Berufung der Liebe darin besteht, sich auf die anderen Kreaturen auszudehnen, heißt nicht, dass wir von der Individualität eines Wesens abstrahieren müssten. Im Gegenteil, die Liebe individualisiert den, der liebt, und den, der geliebt wird. Sie führt weder zum Mystizismus noch zur Verschmelzung mit der Schöpfung. Außerdem sind unsere menschlichen Affekte nicht wie bei Malebranche einfach ein Sprungbrett zur Gottesliebe, als ob Gott und die Liebe zum Ganzen höher stünden als die Verbundenheit, die wir für einen anderen Sterblichen empfinden. Wenn Descartes schreibt, dass Gott das Objekt unserer reinsten Liebe sein kann, will er sagen, dass die Liebe einen Subjektivierungsprozess bezeichnet, der uns erlauben kann, unsere Zugehörigkeit zu einer alle Lebewesen versammelnden Gemeinschaft anzuerkennen und zu fühlen.

Dass wir in der Liebe fühlen, dass wir nur ein Teil des Universums sind, gibt uns eine Vorstellung von unserer Kleinheit und unterstreicht zugleich die Getrenntheit der Lebewesen voneinander.[94] In der Tat ist das Gefühl, durch seinen Körper eng an einen anderen gebunden zu sein, unlösbar mit der Anerkennung der Getrenntheit der Lebewesen voneinander verbunden sowie mit der Furcht, der andere könnte sterben. Und auch wenn wir unsere Zuneigung und unsere Liebe auf ein paar Menschen beschränken, ist diese subjektive Erfahrung der Welt und des Mit-und-für-den-anderen-Seins bereits die Erfahrung der Welt, nicht nur, weil es keine menschliche Liebe gibt, die außerhalb einer Gesellschaft und einer Epoche gelebt würde, sondern auch weil die Liebe durch die mit ihr verbundene Vertiefung des Selbst die Möglichkeit der Ausweitung auf die anderen sterblichen, aus Fleisch und Blut beste-

94 *Id.*, Brief an Elisabeth vom 15. September 1645.

henden Lebewesen enthält. Darum ist die Liebe bereits Wertschätzung oder ein Weg zu ihr. Umgekehrt erfüllt die Wertschätzung das Versprechen der Liebe, die zur Feier der Welt wird.

Niemand hat besser als Franz von Assisi dieses großzügige Wesen der Liebe auszudrücken gewusst, die sich an alle Kreaturen wendet und über die Erfahrung ihrer Verwundbarkeit verläuft. In seinem *Sonnengesang* spricht er von Schwester Sonne und von Bruder Mond. Die Liebe ist als Produkt einer inneren Transformation gedacht, die das Verhältnis zu sich selbst, die Annahme der eigenen irdischen und fleischlichen Verfasstheit und die Anerkennung einer Schicksalsgemeinschaft betrifft, die von allen Lebewesen geteilt wird und an den Tod gebunden ist, den Franz von Assisi als „Bruder" (wörtlich „Schwester") bezeichnet. Diese Auffassung von der Liebe und der Subjektivität setzt nicht unbedingt den Glauben voraus, aber sie verlangt, dass sich die Ethik an die Ontologie anlehnt.

Um den Sinn der Nächstenliebe zu verstehen, die keine Moral der Pflicht oder ein Gebot bezeichnet und weder mit der Leidenschaft noch mit der Liebe zu Seinesgleichen zu tun hat, sondern, wie in der Parabel vom barmherzigen Samariter, sich auf den ersten Besten bezieht, muss man die Ethik auf eine erweiterte Konzeption der Subjektivität gründen. Seinen Nächsten wie sich selbst zu lieben, heißt nicht, ihn so sehr zu lieben wie sich selbst, sondern ihn als einen Teil des eigenen Selbst zu lieben, den anderen in sich selbst aufzunehmen, auch den Fremden oder den Feind. Diese Liebe, die in einer erweiterten Subjektivität wurzelt, kann nicht chauvinistisch sein oder sich auf die Wesen unserer Spezies beschränken.

Die Erweiterung des Subjekts

Erkenntnis und Freude

Wie in den eudämonistischen Morallehren und wie bei Descartes ist die Tugend bei Spinoza untrennbar von einer gewissen Form von Erfüllung und Zufriedenheit. Das Gute widerspricht dem Nützlichen oder dem, was dem Individuum zuträglich ist, nicht: Es steigert seine Macht und macht seine Existenz intensiver. Weit entfernt, sich dem Wohl des Individuums zu widersetzen, installiert sich die Tugend im Herzen seines *conatus* selbst, will sagen seines Wunsches zu leben. Sie ist untrennbar von einem sich ausdehnenden Glück und verbindet die Liebe mit der Erkenntnis.

Eine solche Ethik verlangt vom Subjekt keinen Heroismus, sondern eine Veränderung im Umgang mit seiner Affektivität. Diese Selbsttransformation, die das Ergebnis der Erkenntnis und der Einwirkung der Vernunft auf die Affekte ist, betrifft die Gesamtheit der Person, denn es treten neue Affekte auf, und die Einbildungskraft selbst partizipiert an der Neuorganisation des psychischen Funktionierens und erweitert allmählich das Subjekt.

Zu Beginn von Buch fünf seiner *Ethik* beschreibt Spinoza diese Aktion der Vernunft, die einem Individuum dabei hilft, sich von den Übeln, die es aufgrund der Störung der Affekte erleidet, zu befreien.[95] Am Anfang sind wir alle von negativen Affekten beherrscht, denen Spinoza den Namen Passionen gibt, um ihren entfremdenden Charakter, die Tatsache, dass sie uns der Freiheit berauben und uns unglücklich machen, zu unterstreichen. Von negativen Affekten beherrscht, sind wir Beute des Neids, und selbst unsere Liebesbeziehungen sind verzerrt und flüchtig, weil wir dazu neigen, das Objekt unserer Liebe zum Absolutum zu erhöhen. Wir verehren es, wenn es sich unseren Wünschen fügt, wir sehen es als die einzige Ursache unseres Glücks, und wenn es sich entfernt, beschuldigen wir es, die Quelle all unseres Unglücks zu

95 Baruch (Benedictus de) Spinoza, *Ethik in geometrischer Ordnung dargestellt*, lat./dt., Hamburg, Meiner, 2015⁴, Buch V. Man kann das Buch V in zwei Teile teilen und annehmen, dass der erste Teil, der bis zur Liebe zu Gott geht, die Sätze 1 bis 20 umfasst, während mit Satz 21 der zweite Teil beginnt, in dem Spinoza über die intellektuelle Liebe Gottes spricht. Siehe Pierre Macherey, *Introduction à l'Éthique de Spinoza. La 5e partie, les voies de la libération*, Paris, PUF, 1997.

sein, und hassen es. Aber diese negativen Affekte spiegeln eine falsche Denkweise.

Die Erkenntnis von alledem, was unsere Leidenschaften bestimmt, und unsere Bereitschaft, sie nicht auf ein einziges Wesen, sondern auf eine Gesamtheit von Ursachen zurückzuführen, verändert unsere Wahrnehmung von den Dingen und von uns selbst. Indem man einen Affekt auf mehrere Ursachen zurückführt und sich selbst als einen Teil des Ganzen wahrnimmt, bereichert man sein affektives Engagement, und die Freude, zu existieren, intensiviert sich.[96] Wenn das Individuum die Welt von einem Standpunkt ansieht, der nicht akzidentiell und partiell, sondern global und notwendig ist, wertschätzt es immer mehr Dinge auf einmal. Diese Dynamik der Einbildungskraft stärkt die Aktivität der Seele und macht sie widerstandsfähiger. Am Ende dieses Prozesses erscheint ein Affekt, der fähig ist, das ganze Feld unseres Gefühlslebens einzunehmen: die Liebe zu Gott (*amor erga Deum*). Er meint das Verständnis und die Liebe zur Wirklichkeit insgesamt, nicht die Anhänglichkeit an diese oder jene ihrer Teile.[97] Alles, was ihr widerfährt, verbindet die Seele mit der Idee Gottes oder des Ganzen, darum ist die Seele freudig. Nicht nur vollzieht sich eine bewusste Annahme der von ihr als notwendig vorgestellten Ereignisse, sondern darüber hinaus erzeugt diese Erkenntnis ein wachsendes Gefühl von Überschwang. Für Spinoza ist Gott kein Wesen und kann mit allem, kann mit der in jedem Individuum vorhandenen schöpferischen Kraft identifiziert werden. So gesehen, versteht man, dass das Subjekt, indem es seinen Blickpunkt auf die Wirklichkeit, die es umgibt, erweitert, sich als einen Teil des Ganzen wahrnimmt und sich dessen bewusst wird, was es mit den anderen Menschen vereint, ihnen, die ebenfalls „mit demselben Band der Liebe mit Gott verbunden sind“[98].

---

96 Baruch Spinoza, *Ethik*, V, Sätze 10 bis 14.
97 *Ibid.*, Sätze 15 und 16.
98 *Ibid.*, Satz 20.

Die Selbstbefreiung, die erlaubt, von der Knechtschaft zu einem Zustand größerer innerer Freiheit zu gelangen, ist die erste Etappe des Individuationsprozesses, der zur intellektuellen Liebe Gottes (*amor intellectualis Dei*) führt, von der am Ende von Buch fünf der *Ethik* die Rede ist.[99] Diese erste Etappe, die dem Individuum hilft, sich seiner traurigen Leidenschaften zu entledigen, besteht weder in der Beherrschung der Emotionen und Affekte durch eine Willensanstrengung noch in ihrer Eliminierung, sondern in einer Modifizierung. Mit der Erweiterung des Subjekts, das sie hervorbringt, produziert die Erkenntnis der Ursachen genauer gesagt positive Affekte, die den Umgang mit dem inneren Leben verändern. Weil das Subjekt die Dinge aus der Distanz sieht, statt sich von diesem oder jenem, was ihre Wirklichkeit an Einzelheiten mit sich führt, beeindrucken oder verblüffen zu lassen, steigert sich seine Aktivität, und es erweitern sich seine Anliegen und seine Grundinteressen. Deshalb beruht die Liebe zu Gott, die ein Affekt ist, der das Gefühlsleben vereinheitlicht, auf der Vorstellung eines allen menschlichen Wesen gemeinsamen Gutes, die dazu berufen ist, sich in eine kollektive Praxis zu verwandeln, die eine Verbindung zwischen Ethik und Politik herstellt.[100] Die ethische Vervollkommnung des Individuums geht einher mit seiner Vereinigung mit anderen Individuen, mit denen es sich solidarisch fühlt, so dass es sich als Mitglied einer Gemeinschaft von dasselbe Ziel verfolgenden Individuen denken kann.

Die Liebe ist ein sekundärer Affekt: Sie wird geschaffen durch die Erweiterung des Subjekts und durch die Dynamik, mit der die Bilder der Dinge auf ein einziges zurückgeführt werden. Die Erkenntnis erzeugt diesen Affekt, durch den die Seele sich dezentriert und erweitert, sie verlässt die private und begrenzte Welt ihrer primären Affekte und interessiert sich für andere Objekte. Alle Gefühle werden durch diesen positiven Affekt verklärt, der die

99 *Ibid.*, Satz 33.
100 *Ibid.*, Satz 20.

Liebe zu Gott ist, und zugleich die Frucht der Allianz oder der Verbindung, die zwischen der Einbildungskraft und der Kraft zur Erkenntnis besteht. Die Erkenntnis der Ursachen und das Bewusstsein, dass die anderen einen Teil des Ganzen bilden, vergrößern die Daseinskraft des Subjekts, will sagen, seine Aktivität und zugleich seinen Wunsch zu leben. Die Erkenntnis verwandelt sich in Liebe. Denn man kann das Wirkliche nicht wahrhaft verstehen (*intelligere*), ohne es zu lieben (*amare*).[101] Die intellektuelle Liebe zu Gott ist dieses intuitive Verständnis des Realen, das erlaubt, vom Ganzen ausgehend das Einzelne zu sehen und zu lieben. Man geht von der Zufriedenheit oder *acquiescentia*, die die Einwirkung der Erkenntnis auf die Affektivität misst, weiter zur Freude (*laetitia*), die von der Veränderungskraft dieser vom Verständnis des Ganzen herkommenden Liebe Zeugnis ablegt.

Während eine partielle Freude (*titillatio*) nur einen Teil der Seele betrifft und auf ein einzelnes Objekt beschränkt bleibt, betrifft die umfassende Freude (*hilaritas*) das Subjekt in seiner Totalität, also auch in der körperlichen Dimension seiner Existenz. Geboren wird sie aus einer Wahrnehmung der Welt vom Ganzen her. Für die *hilaritas* ist charakteristisch, dass, anders als wir normalerweise annehmen, wenn wir ein Ereignis als freudig qualifizieren und den rein subjektiven Charakter dieses Gefühls unterstellen, zwischen der Emotion und der Welt keine Trennung besteht.[102] Sie ist das Ergebnis eines Prozesses, der die Selbsterkenntnis, die Kenntnis der Welt und die vollkommene Transformation der eigenen Affektivität miteinander verbindet. Auch beschreibt sie keinen Seelenzustand, sondern die Weise, wie die Welt, wenn man sie mit erweitertem Blick betrachtet, wahrgenommen und empfunden wird. Untrennbar vom Verständnis des Ganzen, nimmt das Selbstbewusstsein an, dass man sich als einen Teil der Natur begreift,

101 *Ibid.*, Satz 32s.

102 Arne Næss, *Life's Philosophy. Reason and Feeling in a Deeper World,* Athens, Georgia, The University of Georgia Press, 2002, p. 171–175.

wodurch wiederum das Ich und seine Beziehungen zu den anderen und zur Welt sich tiefgehend verwandelt finden.

Die Ökosophie

Indem er die Verbindung hervorhebt, die zwischen unserer Interpretation des Realen, unserer Selbstwahrnehmung innerhalb der Natur und der Welt und unseren Emotionen, also auch zwischen unseren Wertungen und unserem Verhalten besteht, hat Arne Næss das Denken von Spinoza in zeitgenössische Begriffe übersetzt. So spricht er von Ökosophie: Es handelt sich nicht bloß um eine ökologische Bewusstwerdung, sondern um ein gelebtes Wissen, das von der Erkenntnis unserer Interaktion mit den anderen Lebewesen und der Umwelt zur Nüchternheit führt, will sagen zu einer Weise ökologisch verantwortlichen und erfüllten Lebens.

Die Ökosophie ist eine „philosophische Weltsicht oder ein philosophisches System, das von den Lebensbedingungen in der Ökosphäre ausgeht“[103]. Wie bei Spinoza ändert das vertiefte Verständnis des Bandes, das uns mit den anderen Lebensformen vereint, unsere Wahrnehmung von uns selbst, unser Verhältnis zu den anderen und der Natur, unsere Ethik und unsere Politik. Es macht die Begrenztheit unserer anthropozentrischen Vorstellungen sichtbar. Die Ökosophie generiert positive Affekte wie die Freude, die Dankbarkeit und die Bewunderung, die weder Seelenzustände noch Leidenschaften sind, sondern eben das Ergebnis dieser neuen Wahrnehmung unserer selbst und der Realität. Das Gefühl der Selbstverwirklichung, das wir verspüren, wenn wir die Natur betrachten und schützen, lässt Bestrebungen entstehen, die uns die Qualität der Quantität vorziehen und uns auf die Anhäufung weiterer materieller Güter verzichten lassen.

---

103 Arne Næss, *Ecology, Community and Lifestyle,* Cambridge, Cambridge University Press, 1995, p. 38: „So an ecosophy becomes a philosophical worldview or system inspired by the conditions of life in the ecosphere.“

Im Verlauf dieses Individuationsprozesses verschwindet der Wunsch sich durchzusetzen, indem man den anderen vernichtet und die Natur und die anderen Lebewesen wie Ressourcen behandelt, aus denen man das Maximum an Profit herausholen kann. Darum ist diese Form der Subjektivierung mit der Wertschätzung verwandt. Die Schönheit der Natur und die Entfaltung der anderen Lebensformen werden als aktiver Teil unseres eigenen Wohlergehens und unserer Entfaltung empfunden. Der Schutz der Natur, die Solidarität mit anderen und die Gesamtheit der Charakterzüge, die sich der Herrschaft widersetzen, stehen in diesem Kontext jedoch nicht einfach für das friedliebende Naturell eines Individuums, sondern für einen Individuationsprozess. So konkretisiert sich die Verbindung, die zwischen Selbstverwirklichung und Gewaltlosigkeit besteht, zwischen der Macht zu handeln (*power to*) und dem Verschwinden des Willens, Macht über andere auszuüben (*power over*).[104]

Wenn wir bedenken, dass die anderen Lebensformen Teile von uns selbst sind, identifizieren wir uns mit ihnen.[105] Diese Identifikation, die die Subjektivität transformiert, ist keine Weise, uns auf die Natur und die anderen Lebewesen zu projizieren,[106] sondern sie nimmt an, dass wir, ohne die Distanz zwischen ihnen und uns zu leugnen, unsere Interaktionen mit ihnen ebenso wie unsere Abhängigkeit von der Biosphäre verstehen. Diese Weise, die Erkenntnis mit der Affektivität zu verbinden, führt zu einer Weisheit des Die-Erde-Bewohnens, einer Ökosophie. Der ökologische Ansatz,

104 *Id., Life's Philosophy,* p. 173–174.

105 Arne Næss, „Identification as a Source of Deep Ecological Attitudes“, in: Michael Tobias (ed.), *Deep Ecology,* San Diego, Avant Books, 1985. Siehe auch eine ins Französische übersetzte Sammlung seiner Texte: *Une écosophie pour la vie. Itroduction à l'écologie profonde,* übers. v. N. Mubalegh und P. Madelin, Paris, Seuil, 2017, p. 91–96, p. 281–325; Espen Gamlund, „Who has moral status in the Environment? A Spinozist Answer“, *The Trumpeter,* vol. 23, 1, 2007.

106 Christian Diehm, „Arne Næss, Val Plumwood, and Deep Ecological Subjectivity. A Contribution to the 'Deep Ecology-Ecofeminism Debate'“, *Ethics and Environment,* 7, Nr. 1, 2002, p. 25–28.

der daraus folgt, hat nichts Strafendes, wie es der Fall ist, wenn die moralischen Gebote, die uns daran erinnern, dass wir nüchtern sein und unseren Abfall trennen müssen, als Zwänge erlebt werden. Es geht auch nicht darum, ausgehend von abstrakten Prinzipien wie dem Respekt vor der Natur oder dem Schutz der Biodiversität ökologische Normen zu formulieren. Diese Normen sind mit einem tiefen Verständnis unserer Verbundenheit mit den anderen Lebensformen verbunden, und auch sie werden vom Subjekt verkörpert. Der Abstand zwischen Theorie und Praxis, Denken und Handeln, Rationalität und Emotion, Pflicht und Glück verringert sich oder verschwindet, um einer Form von Eudämonismus Platz zu machen, die darin besteht, dass der Mensch, wenn er die Natur schützt und sein Konsumverhalten ändert, ein Gefühl von Erfüllung empfindet.

So schützt der Mensch nicht die Natur, um sich zu verwirklichen; er verwirklicht sich, indem er die Natur schützt. Der Individuationsprozess, der das Subjekt veranlasst, die Sorge um die anderen und die Natur in die Sorge um sich selbst einzubeziehen, erklärt, dass es keine Ethik der Tugenden gibt, die von den anderen, um die intersubjektiven Beziehungen zentrierten Ethiken getrennt wäre. Da die Erweiterung des Subjekts Konsequenzen für alle seine Beziehungen zu den anderen hat, wäre es Willkür, unsere Beziehungen zu den als Individuen wahrgenommenen Tieren aus dieser Weisheit des Die-Erde-Bewohnens auszuschließen. Das ist der Grund, warum die Ethik der Wertschätzung, anders als die Næss'sche Philosophie der Umwelt, die Ökologie nicht von der Sache der Tiere trennt.

Die Ökosophie ist keine einheitliche Doktrin, die sich bei allen durchsetzen muss. Jeder muss seine eigene entwickeln. Arne Næss leugnet nicht, dass gewisse Erkenntnisse und gewisse Begriffe, wie der intrinsische Wert der Natur oder die Gleichheit der Kulturen und Lebensformen, für alle nützliche Orientierungen liefern können. Die Normen sind jedoch nicht der Ausgangspunkt der Ethik. Diese muss sich an ein tieferes Verständnis von uns selbst und unseres Verhältnisses zur Natur, das eine ontologische Dimension enthält, aber immer auf den von Spinoza beschriebenen Individuationsprozess zurückverweist, anlehnen. Wenn es diesen Weg zurückgelegt hat, kann das Individuum seine eigene Ökosophie darlegen, die sich in Prinzipien oder Normen, die das individuelle und kollektive Handeln orientieren können, ausdrücken wird.[107]

Die Ökosophie stützt sich auf philosophische und wissenschaftliche Erkenntnisse; sie ist also rational, selbst wenn die Erkenntnis, wie wir gesehen haben, eine affektive Dimension besitzt oder auf unsere Affekte einwirkt. Allerdings fußt die Ethik nicht auf der Wissenschaft oder der Philosophie; sie beruht in erster Linie auf der Erfahrung, die das Subjekt von der Welt und sich selbst hat, auf seinen intellektuellen Vorstellungen, seinen Werten und Emotionen. Es ist unsere subjektive Einschätzung der Dinge, also das, was wir die Werte nennen und was eher Bewertungen sind, das unserem Verhalten gegenüber der Umwelt zugrunde liegt. Die Umweltnormen wiederum hängen ab von unseren Vermutungen und unseren Hypothesen hinsichtlich der innerhalb der Biosphäre existierenden Interdependenzrelationen.[108] Darum ist es wichtig, die intellektuellen Prinzipien zu klären, die unseren ökologischen Positionen zugrunde liegen und sich in unseren Werturteilen, unseren Emotionen und unserem Verhalten ausdrücken. „Die Klärung der ontologischen Unterschiede", schreibt Arne Næss, „kann auf bedeutsame Weise zur Klärung der politischen Unterschiede und ihres ethischen Fundaments beitragen"[109]. Die Argumente, die für die Einschränkung unserer Konsumgewohnheiten sprechen, reichen nicht hin, die Menschen zu einer Änderung ihres Lebensstils zu bringen. Darum müssen wir die ontologischen Konzeptio-

107 Næss nennt seine persönliche Ökosophie „Ökosophie T"; sie versteht sie als eine den anderen angebotene Möglichkeit, Ethik und Politik nach ihrem Verständnis des menschlichen Verhältnisses zur Natur zu verbinden.

108 Arne Næss, *Ecology, Community and Lifestyle*, p. 66/67.

109 *Ibid.*, p. 67: „Clarification of differences in ontology may contribute significantly to the clarification of different policies and their ethical basis."

nen, die unsere Werte und Normen bedingen und mit *unserem* Verständnis von uns selbst und von unserem In-der-Natur-Sein verbunden sind, explizit machen. Indem wir auf die Emotionen achten, die uns zum Handeln drängen und Taten und Werte miteinander verbinden, können wir uns der Weise, wie wir das Reale interpretieren, besser bewusst werden.[110]

Die negativen Emotionen

Wenn wir die Konsequenzen aus dem ziehen, was über die Verbindung zwischen dem Verhältnis zum Selbst und dem sekundären Charakter der Affekte gesagt wurde, verstehen wir, dass die *hybris* und die Gewalt kein Schicksal sind. Zweifellos sind die sozialen und ökonomischen Bedingungen für die Explosion von Gewalt bestimmend, aber die wichtigsten Hindernisse beim Übergang zu einem anderen Entwicklungsmodell, zum Wiederaufbau von Demokratie und Frieden kommen aus uns. Meist beharren wir auf unserem Standpunkt und nehmen nur selten einen erweiterten Blickpunkt ein, der uns erlauben würde, mit anderen in einen Dialog zu treten und uns mit anderen über Dinge zu verständigen, die die Gesellschaft spalten, wie die Tierhaltung, die Produktion und die Verteilung landwirtschaftlicher Produkte, die Organisation der Arbeit. Nur selten formulieren wir die Vorstellungen, die unseren ideologischen Stellungnahmen und unserem ökologischen Verhalten zugrunde liegen. Wir verhalten uns die meiste Zeit, als ob die anderen Lebewesen nur Mittel für unsere Zwecke wären, und schaffen es nicht, uns von unseren traurigen Passionen zu befreien. Da wir nicht einmal die erste Etappe des von Spinoza beschriebenen Individuationsprozesses absolvieren, haben wir auch nicht den Grad an innerer Freiheit, der zur Ausübung unserer Handlungsmacht erforderlich wäre. Darum haben wir Furcht vor dem anderen und werden versucht von Herrschaft und Gewalt.

110 *Ibid.*, p. 63–67.

Aus all diesen Gründen ist es wichtig, eine Ethik zu erarbeiten, die die Personen auf den Weg der Wertschätzung verweist, selbst wenn sie nicht bis zu jener Selbstverwirklichung gelangen, von der Spinoza am Ende der *Ethik* spricht. Einer der Zugänge zur Wertschätzung besteht darin, auf die kognitive Dimension seiner Emotionen zu achten, um das moralische Urteil, das sie enthalten, zu erkennen. Eine solche Haltung, die allen möglich ist, hilft dabei, konstruktivere Beziehungen zu den anderen herzustellen und in der gemeinsamen Diskussion („*délibération*") nach Lösungen zu suchen, die für die Gemeinschaft sinnvoll sein könnten. Wenn man sich selbst besser kennt und zu seinen unmittelbaren Reaktionen Distanz hält, gelingt es einem eher, Unterwürfigkeit wie Herrschsucht gleichermaßen zu vermeiden, und kann man hoffen, die Gewalt hinter sich zu lassen. Von Ausnahmen abgesehen, wo sie der einzige Ausweg ist, der erlaubt, einer Situation der Dominanz, die jede Diskussion untersagt, ein Ende zu machen, ist die Gewalt das Ergebnis unserer Unfähigkeit, unsere Emotionen zu verstehen.

Diese Einsicht in unsere Emotionen ist besonders wichtig, wenn sie negativ sind. Gewiss, Spinoza sagt, dass die negativen Affekte, wie Neid, Eifersucht, Ressentiment, Hass, nicht auf einer echten Kenntnis von sich selbst beruhen. Man kann jedoch den zumindest instrumentalen Wert der Traurigkeit, der Furcht oder der Scham anerkennen. Vielleicht ist es unmöglich, sich zu verändern, ohne diese negativen Emotionen durchzumachen, die uns über die Fehler, unter denen wir leiden, und über das, was wir korrigieren müssen, die Augen zu öffnen. Darum müssen wir sie aufmerksam betrachten – ohne uns ihnen zu unterwerfen, aber auch ohne sie, wie Spinoza dies tut, mit Ignoranz gleichzusetzen.

Die Bedeutung, die der Demut zugestanden wird, impliziert, dass man sich allein durch Wissen nicht von seinen Illusionen freimachen kann. Das Wissen erlaubt dem Subjekt, zu wachsen und sich zu vollenden, ohne es nötig zu haben, andere zu dominieren, aber es hilft ihm nicht, unter allen Umständen in der Wertschätzung zu verbleiben. Anders als die Glückseligkeit bei Spinoza, ist die Wertschätzung niemals definitiv erworben, und das Subjekt muss stets an sie erinnert werden. Es muss sich daran gewöhnen, die Wege der Wertschätzung zu benutzen, das jedoch im Wissen, dass man leicht vom Wege abkommt, besonders in unserer Welt, die zahlreiche Zerstreuungsmöglichkeiten bietet, die Konkurrenz begünstigt und die Konsumsucht fördert. Wir müssen immer wachsam bleiben, damit unsere Taten unseren Werten entsprechen, und damit wir, ohne die anderen zu dominieren, handlungsfähig bleiben. Darum grenzt sich die Ethik der Wertschätzung vom Denken Spinozas ab, der in diesem Punkt den antiken Morallehren nähersteht.

Zwar ist es wahr, dass man durch die Erweiterung seines Blickpunkts zu seinen individuellen Interessen Distanz gewinnt, aber es ist es keineswegs sicher, dass man sich von der Furcht und dem Tod so leicht verabschieden kann, wie Spinoza meint.[111] Es ist nicht einmal sicher, dass man es sollte. Eine auf ein relationales Subjekt gegründete Ethik gebietet sicherlich, sich dafür zu interessieren, was man den anderen übergibt und welche Konsequenzen das eigene Handeln für die gemeinsame Welt hat, statt in dem Gedanken zu leben, der eigene Tod sei das Ende der Welt.[112] In diesem Sinn hat Spinoza recht. Wenn allerdings die Angst um das eigene Leben relativiert werden soll, dann haben die Angst um die Welt ebenso wie die Sorge, das Böse zu tun, nicht nur einen direkten oder indirekten Sinn, sondern sind unter anderem Bedingungen für die Verantwortlichkeit. Und auch wenn die Ethik der Wertschätzung nicht mit einer Technik verwechselt werden darf, die dem Subjekt hilft, sich der Todesfurcht zu entziehen, dann schließt das nicht aus, dass die Endlichkeit und die Bewusstwerdung des Prekären der Existenz eine bestimmende Rolle in dem Reifungsprozess spielen, der zum Verschwinden der Herrschaft führt. Man muss also präzisieren, welche Rolle die Verwundbarkeit und das Verhältnis, das ein jeder zum Tod unterhält, in der Praxis der Wertschätzung genau spielen.

---

111 Spinoza, *Ethik*, V Satz 38.

112 Corine Pelluchon, *Les Nourritures.*, p. 76–77, 314, 347–348.

Zweiter Teil:
Praktiken der Wertschätzung

Kapitel 3: Transdeszendenz, Verwundbarkeit und gemeinsame Welt

Der Tod ist nicht Vernichtung, sondern notwendige Frage, damit diese Beziehung zum Unendlichen oder der Zeit entsteht.

Emmanuel Levinas, *Gott, der Tod und die Zeit*

Das Inkommensurable und die Transdeszendenz[1]

Klugheit und Wertschätzung

Kann man die Kunst des Maßes besitzen, wenn man nicht die Erfahrung der Inkommensurabilität macht? Ist das Individuum dank seiner Seinsweisen und seiner Charakterzüge das Prinzip des

---

1 Dieser Begriff findet sich bei Jean Wahl, der ihn von der Transaszendenz oder dem Aufstieg zu einem Jenseits, zur Transzendenz, unterscheidet. Die Transdeszendenz beschreibt eine Abstiegsbewegung in die Tiefen des Ich und der Natur. Es handelt sich nicht um einen Abstieg ins Finstere, wie bei Levinas, der anlässlich der Kunst davon spricht, wenn er sagt, dass diese nicht das Wesen der Dinge offenbart, sondern den phantomartigen Schatten des Wirklichen erforscht („Die Wirklichkeit und ihr Schatten"), in *Die Unvorhersehbarkeiten der Geschichte*, Freiburg/München, Alber, 2006. Wie für Wahl hat die Transdeszendenz in diesem Werk keinen negativen Sinn. Sie meint mehr eine Vertiefung als einen Abstieg, selbst wenn sie über das Vorsprachliche verläuft. Die Selbsterkenntnis öffnet sich auf das Bewusstsein, einer gemeinsamen Welt anzugehören, die die Gesamtheit der Generationen umfasst und unsere Schicksalsgemeinschaft mit den anderen Lebewesen demonstriert. Gestützt auf die Erfahrung unserer Verwundbarkeit und auf unser Fühlen, ja sogar auf die archaischen Schichten des Psychismus, wird dieses Bewusstsein, der gemeinsamen Welt anzugehören, zu einem gelebten Wissen, das zu einem zukunftsorientierten, auf unsere Nachkommen gerichteten Handeln führt.

Maßes, oder muss man anerkennen, dass es kein Maß gibt ohne ein Inkommensurables, im Verhältnis zu dem das Subjekt sich als endlich denkt? Was ist in diesem Fall dieses Inkommensurable? Diese Fragen zeigen deutlich den Gegensatz zwischen der aristotelischen Lehre von der Klugheit und dem Begriff der Wertschätzung, wie ihn Bernhard von Clairvaux denkt, für den das Verhältnis zu Gott die Grundlage einer richtigen Einstellung zu sich selbst und zu den anderen darstellt. Aber auch wenn wir wie er meinen, dass die Wertschätzung die Erfahrung des Inkommensurablen voraussetzt, beruht sie für uns doch nicht auf dem Glauben, sondern auf der gemeinsamen Welt, die als Horizont der Taten und Gedanken einer Person aufgefasst wird. Wenn wir zeigen, dass die Wertschätzung anders als die Klugheit keine Tugend ist, sondern gleichsam der Gewölbeschlussstein aller Tugenden, wenn wir zeigen, dass sie eine Struktur der Existenz bezeichnet, die an eine gewisse Weise, die Zeit zu „konfigurieren", und an die Transdeszendenz gebunden ist, können wir verstehen, welchen Platz unser Verhältnis zum Tod in dieser Ethik einnimmt.

Indem er die Klugheit als eine intellektuelle Tugend bezeichnet und nicht als eine moralische, die sich auf die Suche nach angemessenen Mitteln für einen bestimmten Zweck beschränken würde, nimmt Aristoteles den Einwand Kants vorweg, der die Klugheit der Sittlichkeit gegenüberstellt. Die *phronesis* ist weder die Geschicklichkeit eines Menschen, „auf andere Einfluss zu haben, um sie zu seinen Absichten zu gebrauchen", noch die „Einsicht, alle diese Absichten zu seinem eigenen dauernden Vorteil zu vereinigen"[2]. Sie kann auch nicht mit der Umsicht gleichgesetzt werden, das heißt mit der Vorsicht, die denjenigen charakterisiert, der denkt, bevor er handelt. Es handelt sich um eine Figur der Wahrheit, wie sie sich in der Praxis ergibt.[3] Mit

2 Immanuel Kant, *Grundlegung zur Metaphysik der Sitten,* (= AK IV, 416) hrsg. v. Karl Vorländer, Hamburg, Meiner, 1959.

3 Emmanuel Martineau, „Prudence et considération, un dessein philosophique de Saint Bernard de Clairvaux", *Les Études philosophiques,* Nr. 1, 1980, p. 27.

anderen Worten, der kluge Mensch wählt nicht nur die Mittel, die am besten an die Situation angepasst sind, sondern er stellt uns auch die Zwecke vor Augen, wie Thomas von Aquin sagt, wenn er von der *praestitutio* spricht.[4] Indem er eine kluge Handlung ausführt, projiziert der *phronimos* ununterbrochen wie in einem hellen Licht vor uns das, was wir sein und was wir tun sollen. Das Mittel ist auch der Zweck, der durch die Tugend des klugen Menschen gesichert ist.

Allerdings bleibt die aristotelische Lehre von der Klugheit rätselhaft. Aristoteles sagt, dass man klug sein muss, um mäßig, mutig und gerecht zu sein, aber er zeigt nicht, wie man klug wird, außer dass man sich an Personen orientiert, die diese Tugend besitzen, und so die Gewohnheit annimmt, klug zu handeln. Auch bleibt die Frage offen, wie eine intellektuelle Tugend *energeia,* Aktivität oder Akt werden kann. Das in den vorigen Kapiteln über die Demut Gesagte hat uns verständlich gemacht, warum die Klugheit und die gute Deliberation nicht hinreichen, „die Gefühle [zu zügeln], das Handeln [zu lenken], die Übertreibungen [zu verbessern], die Sittlichkeit [aufzubauen] und dem Leben Ehrbarkeit und Ordnung [zu geben]"[5]. Im Folgenden soll gezeigt werden, dass die Wertschätzung die Klugheit miteinschließt und begründet.

Die Wertschätzung ist nicht so sehr das Ergreifen des günstigen Moments als die Erfahrung dessen, was hier und jetzt die drei Zeitstufen, d.h. die Vergangenheit, die Gegenwart und die Zukunft, zusammenhält. Diese Zusammenführung, die zugleich eine Öffnung aufs Reale ist, erklärt, dass das Subjekt der Wertschätzung die Gegenwart beachtet, vorausschauend ist und zugleich die Erinnerung an das Gewesene bewahrt. Weil es einen Gesamtüberblick hat, der die Einzelheiten der Situation umfasst, kann es wissen, was zu tun ist, und die Konsequenzen des Handelns und der Ent-

---

4 *Ibid.*, S. 31 f. Emmanuel Martineau zitiert Thomas von Aquin, *Summa theologica*, I, *a* II *ae*, 66, 3, *ad* 3m.

5 Bernhard von Clairvaux, *De consideratione,* I, 8, p. 649.

scheidung vorwegnehmen.[6] Was ihm jedoch erlaubt, die Zeit oder vielmehr die Zeitlichkeit zu konfigurieren, ist die Erfahrung des Inkommensurablen.

Die Wertschätzung charakterisiert das Verhältnis zu sich selbst, insofern es durch die Erfahrung des Inkommensurablen, das bei Bernhard von Clairvaux auf die Transzendenz verweist, vermittelt ist. Für uns handelt es sich um die gemeinsame Welt: Bestehend aus der Gesamtheit der Generationen und der Lebenden, ist sie quasi eine Transzendenz in der Immanenz und impliziert das Verständnis unserer Verbindung mit den anderen Lebewesen. In der Wertschätzung geht das Individuum von sich aus und kehrt zu sich zurück, aber die Erfahrung des Inkommensurablen, die vom Bewusstsein seiner Endlichkeit untrennbar ist, dezentriert es und geht über sein individuelles Leben hinaus. Darum kann man nicht sagen, dass die Wertschätzung die heideggersche Sorge vorwegnimmt.[7] Denn nicht die Sorge um sich selbst, verstanden als der Wunsch, seine Authentizität zu behaupten, teilt dem Individuum die Kunst des Maßes mit, die ihm hilft, die Situationen einzuschätzen und die Zukunft zu antizipieren, d.h. zu wissen, wie es sich gegenüber den anderen verhalten soll. Um das Maß zu wahren, muss man sich jedoch auf das Inkommensurable beziehen. Dieses Inkommensurable, das uns erst erlauben kann, die Zeit zu konfigurieren und so die Zukunft aufzuschließen, ist jedoch nicht unser eigener Tod, denn dieser führt uns lediglich zu uns selbst zurück. Die Wertschätzung bedeutet dagegen, dass das Subjekt sich einer Wahrheit öffnet, die es selbst übersteigt – der göttlichen

6 *Ibid.*, p. 647: „Das ist nämlich der wichtigste Bestandteil der Besinnung. Was ist denn zu allem so nützlich wie sie, die sich in ihrer hilfreichen Vorstellung sogar die Aufgaben des tätigen Lebens zu eigen macht, sie im voraus durchgeht (*praeagendo*) und notwendigen Handlungen plant (*praeordinando*)?"

7 Es ist Emmanuel Martineau „Prudence et considération, un dessein philosophique de saint Bernard de Clairvaux", in *Les Études philosophiques*, n° 1, 1980, S. 23–45, der am Schluss aus Bernhard von Clairvaux einen Vorläufer Heideggers macht (S. 41–44).

Transzendenz oder unserer Nachkommenschaft und der gemeinsamen Welt.

Die Zeitlichkeit, die der Wertschätzung eigen ist, ist also nicht mit der heideggerschen *Ekstase* verwandt. Die Antizipation, derer das Subjekt der Wertschätzung fähig ist, kommt weder aus dem Gefühl der Dringlichkeit, das auf der Furcht beruhen würde, zum Vollbringen dessen, was ihm am Herzen liegt, keine Zeit mehr zu haben, noch aus dem Bewusstsein seines Todes. Der Horizont des Subjekts der Wertschätzung ist das Unendliche: Gott für Bernhard von Clairvaux, die gemeinsame Welt, „die Nabelverknüpfung der Lebenden"[8], in unserer Ethik. Dieser Bezug auf das Unendliche, das das Subjekt nicht messen kann, das aber seinem Leben Dichte und Sinn gibt, hilft ihm, in allem das Maß zu wahren, sich hier und jetzt so gut wie möglich zu positionieren und entsprechend zu handeln. Der Bezug auf das Inkommensurable ermöglicht ihm eine Beurteilung der Situationen aus der nötigen Höhe und dem nötigen Abstand und fordert ihn zur Selbstkorrektur auf. Nicht eine Wahrheit relativ zum Selbst (oder zum *Dasein*) begründet das Verhältnis zur Zeit, sondern der Bezug zur gemeinsamen Welt und zur Gesamtheit der Generationen verleiht seiner Existenz, wie Hannah Arendt sagte, eine Art irdischer Unsterblichkeit. Unser eigener Tod ist nicht die Zukunft, von der ausgehend wir uns wieder fassen könnten, sondern die Zukunft der gemeinsamen Welt wird durch diesen Bezug auf das Inkommensurable und selbst durch das Verhältnis, das wir zu unserem eigenen Tod haben, erschlossen, was bedeutet, dass das Bewusstsein unserer Sterblichkeit den Wunsch bei uns wecken kann, eine bewohnbare Welt weiterzugeben.

---

8 „la liaison ombilicale des vivants" – Wir übernehmen diesen Ausdruck von Paul Ricœur, *Philosophie de la Volonté: I. Le volontaire et l'involontaire*, Paris, „Points Essais", 2009, p. 543. (Die deutsche Übersetzung von D. Creutz spricht von „nabelschnurförmiger Verbindung", p. 506. *A.d.Ü.*).

Die Wertschätzung als Transdeszendenz

Die gute Deliberation erlaubt uns nicht, dauerhaft in unserem Konsumverhalten, in der Verteilung der Reichtümer und der Ehren unter uns und im Umgang mit den anderen Spezies dauerhaft den Sinn für das Maß zu bewahren. Die Moral, die Ökonomie und die Politik verlangen ein Unterscheidungsvermögen, das ein Abwägen der Affekte erfordert, das mehr ist als das Vermeiden von Exzess und Mangel. Dieses innere Auge, mit dem das Subjekt sich selbst überprüft und die Welt einschätzt, leitet es an, jedes Ding auf kluge, gerechte und billige Weise zu untersuchen; es lernt, seinen Wert einzuschätzen und es je nach dem, was es ist,[9] zu behandeln. Das Unterscheidungsvermögen verlangt von uns die Anstrengung, unsere Vorstellungen zu sammeln und zu korrigieren, indem wir Geist und Herz reinigen; was aber einer Person hilft, diese richtige Einschätzung (*aestimatio*) von sich selbst und der Welt zu haben und den Machtmissbrauch zu vermeiden, ist ihr Verhältnis zum Inkommensurablen.

Das ist der Sinn der Unterscheidung, die Bernhard von Clairvaux zwischen drei Arten von Wertschätzung trifft:[10] die dispensative (*dispensativa*), die sich um die Bedürfnisse des Körpers und der politischen Gemeinschaft kümmert und Sinne und materielle Realitäten zum Wohle aller einsetzt – was dem familiären, sozialen und politischen Leben entspricht; die aestimative (*aestimatio*), die auf das Urteilsvermögen und den Sinn für die Grenze verweist; und die spekulative (*speculativa*), die er mit der Kontemplation Gottes, will sagen mit der Kenntnis der offenbarten Wahrheiten und der Herstellung eines persönlichen Verhältnisses zur Transzendenz gleichsetzt. Bedingung für das richtige Verhältnis zu sich

9 Bernhard von Clairvaux, *De consideratione,* I, 8.; III, 2. S. auch Ignatius von Loyola, *Geistliche Übungen,* Würzburg (Echter) 2006[4]. und Paulus, *Erster Brief an die Korinther* 12, 10.

10 Bernhard von Clairvaux, *De consideratione* V, 4.

selbst, zu den anderen und zur Natur aber ist die Wertschätzung, die „eine innere Kraft und den Wesenskern aller Tugenden [bildet]“[11], die im persönlichen, sozialen und politischen Leben das richtige Handeln bestimmt.

Diese drei Arten von Wertschätzung bezeichnen nicht drei getrennte Bereiche der Existenz, wie die Ökonomie und die Politik, die moralische Reflexion, die Spiritualität oder das Verhältnis zu dem, was uns übersteigt. Die Wertschätzung ist für das richtige Verhalten auf allen Gebieten unentbehrlich, doch darüber hinaus darf auch keine Art vernachlässigt oder verachtet werden, im Gegensatz zu dem, was die gegenwärtigen Morallehren propagieren, wenn sie die Überlegenheit der Spekulation über das Handeln und des politischen Lebens über das Familienleben behaupten. Es handelt sich nicht um eine Dialektik, als ob man nacheinander von einer Etappe zur nächsten fortschritte, wobei die letzte die Synthese aus den beiden vorigen wäre und diese unterdrückte, indem sie, wie in der hegelschen *Aufhebung,* über sie hinausginge. Jedes Gebiet hat seinen eigenen Wert, und die Wertschätzung vollzieht sich überall in unseren Aktivitäten, und seien es die niedrigsten, in vollem Sinn.

Das politische Handeln und die Ökonomie sind jedoch orientierungslos und unsere Kenntnis der Welt und unserer selbst fehlgeleitet, wenn uns die Erfahrung des Inkommensurablen fehlt, das allein maßgebend ist.[12] So ist die dritte Art von Wertschätzung der Horizont und das Fundament der beiden anderen. Sie ist das, was die Wertschätzung von den anderen Morallehren unterscheidet, seien sie antik, modern oder zeitgenössisch. Ohne diese Erfahrung einer Realität, die mich transzendiert, und meine Wahrnehmung von mir selbst und von der Welt sowie mein Verhalten von innen her verändert, gibt es keine Wertschätzung. Bernhard von Clair-

---

11 *Ibid.* I, 11, p. 653.

12 *Ibid.* V, 4: „Wenn die erste Art von Wertschätzung nicht durch die letzte orientiert wird, sät sie, ohne etwas zu ernten.“

vaux beschreibt diese Erfahrung des Inkommensurablen durch einen Aufstieg zu einem Gott, zu dem er eine affektive Bindung unterhält. Wir unsererseits denken die Wertschätzung als „Transdeszendenz".

Statt als „Transaszendenz" verstanden zu werden, als eine Bewegung von unten nach oben, durch die das Individuum ein Verhältnis mit dem herstellt, was über ihm ist, verläuft die Wertschätzung in diesem Buch über die Erfahrung unserer Verwundbarkeit und über die daraus erwachsende vertiefte Kenntnis unserer selbst. Wenn wir unser Fühlen in seiner pathischen, an die affektiven Dispositionen und archaischen Schichten unserer Psyche gebundenen Dimension erkunden und unsere Passivität spüren, haben wir Zugang zu etwas, das diesseits der Sprache liegt, und fühlen, was wir mit den anderen, menschlichen oder nicht-menschlichen Lebewesen gemeinsam haben. Die Wertschätzung bezeichnet weder einen Aufstieg noch eine Kontemplation, die uns Zugang zum Wesen der Dinge verschafft, sondern ein tiefes Verständnis der Solidarität, die uns mit den anderen Lebewesen vereint; sie klärt unser Verhältnis zu dem, was um uns ist, und zu denen, die mit uns sind.

Die Verbindung zwischen Rationalität und Affektivität ist also in der Ethik der Wertschätzung und in der Spiritualität Bernhards von Clairvaux nicht dasselbe: Die Transaszendenz impliziert, dass die Vernunft sich auf das bezieht, was jenseits von ihr ist, während die Transdeszendenz das erforscht, was vor ihr liegt. Allerdings ist in beiden Fällen von einer Erkenntnis die Rede, die auch eine Weisheit ist (*sapientia*), was heißt, dass sie einen Geschmack hat (*sapor*) und an einen Affekt gebunden ist oder selbst ein Affekt wird. Sie erlaubt nicht nur, das Gute zu erkennen, sondern auch den Wunsch zu hegen, es zu vollbringen.[13] Schließlich ist die Transdeszendenz kein Eintauchen in die Nacht oder in die Schwärze des Seins. Sie ist die Erfahrung unserer Schicksalsgemeinschaft mit den anderen

13 *Ibid.* Das verweist auf die Unterscheidung, die Bernhard von Clairvaux zwischen Wissen und Verstehen trifft.

menschlichen und nicht-menschlichen Lebewesen, und sie ist untrennbar von dem Wunsch, für sie Sorge zu tragen und den künftigen Generationen eine bewohnbare Welt zu übergeben.

Es gibt durchaus, wie bei Bernhard von Clairvaux, eine Bewegung und eine Progression; sie beziehen sich auf den Individuationsprozess und die Weise, die Zeit zu konfigurieren, von der oben die Rede war. Der Begriff der Transdeszendenz erlaubt jedenfalls, den Übergang von der Bewusstwerdung zum gelebten Wissen und zur Aktion zu begreifen. Er entspricht dem Augenblick, in dem das, was wir von der Interdependenz mit den anderen Menschen und mit den Tieren wissen, uns tiefgreifend umformt. Die biologischen Kenntnisse, die Ökologie und die Verhaltensforschung können uns dazu anregen, unseren Lebensstil zu verändern, uns um die künftigen Generationen zu sorgen und uns zu engagieren, um unsere Mitbürger davon zu überzeugen, dass es eine Frage der Gerechtigkeit ist, die Sache der Tiere zu berücksichtigen. Aber dieses Wissen, das in den ersten beiden Arten der Wertschätzung vorhanden ist, wird zur Weisheit erst in der dritten, wenn es unsere Weise, uns zu fühlen und die Welt wahrzunehmen tiefgreifend verändert hat. In diesem Augenblick werden die Zukunft des Planeten, die gemeinsame Welt und der Kampf gegen die Misshandlung der Tiere zu Anliegen, die sich im Herzen des Individuums festsetzen. Dann ist es nicht mehr möglich, das Subjekt von seinem Engagement zu trennen. Das gelebte Wissen führt zur Aktion, und diese ist auf das Leben und auf die Zukunft ausgerichtet.

Was uns zum Verständnis der gemeinsamen Welt und der „Nabelverknüpfung der Lebenden“ Zugang verschafft, ist die Vertiefung unserer selbst, insofern wir aus Fleisch und Blut bestehende, fühlende Wesen sind. Wenn wir Zugang finden zu dem, was diesseits der Rationalität ist und auf der Ebene des Fühlens liegt, das ein Mit-der-Welt-und-den-anderen-Sein ist, erfassen wir, was uns an den anderen, ans Leben und an die Erde bindet, und fühlen eine enge Nähe zu den Tieren, die uns erlaubt, sie wahrhaft als Gefährten willkommen zu heißen. Die Empfindungen, aber auch die Affekte, die Angst, der Schrecken, das Mitleid, die Lust, sie alle verstellen den Blick auf das Reale, das nicht unbedingt viel mit den Kategorien zu tun haben muss, die wir im Recht und im sozialen Leben verwenden. Diese Empfindungen und diese Affekte helfen uns, zu spüren, was uns an die anderen und an die Natur bindet, und gewisse Grenzen, die zwischen den Menschen und den Tieren, den sozialen Gruppen und den Gattungen gezogen sind, niederzureißen. Alles was infra-verbal ist, sei es die Kommunikation mit Unseresgleichen und mit den Tieren oder die Weise, wie wir uns empfinden, verschafft uns Zugang zu einer Wahrheit, die nicht, wie in den offenbarten Religionen jenseits des Realen liegt, sondern uns dem nähert, was auch Teil unseres Lebens ist und was die Rationalität nur allzu oft vernachlässigt oder karikiert.

Diese Untersuchung hat nichts Irrationales oder Mystisches. Sie berührt jedoch tiefe Schichten der Psyche, eben die, die in unserem Verhältnis zu den Tieren und immer dann im Spiel sind, wenn wir die Erfahrung des Schmerzes, des Leidens, der Krankheit machen oder mit dem Tod konfrontiert sind. Die Transdeszendenz bezeichnet die der Wertschätzung eigene Vertiefungs- und Transformationsbewegung des Selbst, und es ist sein eigenes Fleisch, in dem das Subjekt die Erfahrung des Inkommensurablen macht. Darum sollen hier gewisse Situationen untersucht werden, in denen das Subjekt durch seine Endlichkeit und seine Passivität dieser Erfahrung ausgesetzt ist, und es soll gezeigt werden, in welchem Sinne sie ihm den Weg zu einem tieferen Verständnis der gemeinsamen Welt ebnen können.

Der Sinn des Todes und die gemeinsame Welt

Die Ethik oder die Durchquerung des Unmöglichen

Der Versuch, die Rolle zu verstehen, die der Tod in unserem Verhältnis zu uns selbst und den anderen spielt, heißt zu fragen, welchen Sinn er dem menschlichen Abenteuer mitteilt: Ist er Vernichtung und Gewissheit oder ist er eine Frage ohne Antwort, die in die Gabe des Selbst mündet und sich auf die gemeinsame Welt hin öffnet?

Um den Sinn des Todes zu denken, muss man zuallererst anerkennen, was er an radikaler Preisgabe mit sich bringt. Mein Tod, der der einzige Tod ist, dessen Erfahrung ich indirekt mache, nämlich der Tod des anderen, dessen, der meinem Ruf nicht mehr antwortet, drückt die unheilbare Kluft aus, der wir alle ausgesetzt sind. Diese Kluft ist das Zeichen unserer Passivität. Die Weigerung, den Tod zu befrieden und zu banalisieren, zwingt dazu, die Endlichkeit, deren unwiderleglicher Beweis er ist, ernst zu nehmen: Sich sterblich zu wissen, bedeutet, sich nicht als den einzigen Ursprung des Sinns zu setzen. Gewiss, auch die Geburt zeugt von den Grenzen des Ich: Jeder von uns empfängt, wenn er geboren wird, sein Sein von anderen Menschen. Indessen konfrontiert der Bezug zum Tod das Subjekt nicht nur mit dem, was sich seiner Herrschaft und, wie die Geburt, seiner Erinnerung entzieht, sondern auch mit dem, was, indem es seinem Leben eine Grenze setzt, zugleich gewiss und nicht darstellbar ist. Man muss also darauf insistieren, dass er eine radikale Depossedierung und eine Enteignung ist.[14]

Der Tod ist eine Gewissheit, aber vor allem ist er das Unbekannte, ja das Unmögliche.[15] Dieses Wort übersetzt hier etwas, das als nicht aneigenbar erlebt wird, obwohl es stattfinden kann und muss: Statt mir den Horizont zu verschaffen, von dem ausgehend ich mich wieder fassen könnte, erscheint mir die Möglichkeit meines Todes als eine Unmöglichkeit; der Tod zerreißt den Faden der Intentionalität, in der die Welt, die anderen und ich einem Bewusstsein gegeben sind. Der Tod, der in seiner Härte, in seiner Gewalt oder seiner Schärfe gedacht wird als das, was weder verstanden noch verbal antizipiert werden kann, ist keine Möglich-

14 Jacques Derrida, *Aporien. Sterben – Auf die „Grenzen der Wahrheit" gefasst sein,* übers. v. M. Wetzel, Fink, München, 1998, p. 124.

15 *Ibid.*, p. 112ss.

keit, auf die ich mich beziehen kann. Unsere Relation zu unserem Tod wie zu dem des anderen ist eine Relation zu dem, was nicht von uns kommt, dem Nicht-Objekt, in Bezug worauf „das Subjekt nicht mehr Subjekt ist“[16].

Selbst in der Angst bleibt der Tod ungedacht. Er erscheint nicht als eine Möglichkeit, auch nicht als die Möglichkeit der Unmöglichkeit der Existenz, als die Möglichkeit, dass ich nicht mehr da bin oder als die Möglichkeit meines Endes, sondern als eine Aporie: eine Frage ohne Antwort und eine unüberwindbare Grenze, die nur als solche anerkannt, die passiv durchgemacht, erlitten werden kann.[17] Dieser Gedanke, dass der Tod weniger die Möglichkeit der Unmöglichkeit meiner Existenz als eine Unmöglichkeit von Möglichkeit ist, etwas, was meiner Erfahrung und selbst meinem Denken widersteht, impliziert, dass der Tod kein Individuationsprinzip sein kann.

Alles hängt davon ab, wie man auf die Frage antwortet: Was bedeutet „sterben können“? Den Tod als eine Gewissheit zu denken, führt dazu, wie Heidegger zu sagen, dass das Bewusstsein unserer Sterblichkeit uns unserem eigensten Seinkönnen entgegen wirft. In diesem Fall ist der Tod eine Seinsweise, die dem *Dasein* erlaubt, in der Angst der Singularität und der Totalität der Existenz innezuwerden.[18] Allerdings hat diese Konzeption nur Sinn, wenn man den Tod als Vernichtung und die Subjektivität als Sorge um sich statt als Sorge um andere und die Welt denkt. Wenn man, statt die Zeit vom eigenen Tod her zu denken, den Tod von der gemeinsamen Welt her denkt, will sagen auch ausgehend von anderen und den natürlichen und kulturellen Werken, die diese gemeinsame Welt bilden, ist er nicht Vernichtung. Die Hoffnung, das zu verwirklichen, was noch nicht ist, und eine bewohnbare

---

16 Emmanuel Levinas, *Die Zeit und der Andere,* übers. und mit einem Nachwort versehen von L. Wenzler, Hamburg, Meiner, 1984, p. 43.

17 *Ibid.* und Emmanuel Levinas, *Gott, der Tod und die Zeit,* aus dem Frz. von A. Nettling und V. Wasel, Wien, Passagen, p. 49.

18 Martin Heidegger, *Sein und Zeit,* Tübingen, Niemeyer 1984[15] § 46, 47, 50.

Welt weiterzugeben, wird die Angst und den Skandal des Todes nicht verschwinden lassen, aber sie kann Zeugnis dafür sein, dass sein Sinn ausgehend von einem Engagement in der Welt und nicht bloß vom Selbst her verstanden werden muss.

Der Sinn des Todes hängt von dem Sinn ab, den man der Subjektivität gibt. Umgekehrt erneuert der Tod, wenn man ihn in dem betrachtet, was in ihm der Intentionalität entgeht, die Weise, wie man die Subjektivität und die Zeit begreift. Grundlage der mit dem Tod verbundenen Emotion – der Unruhe oder des Kummers – ist nicht die Vorstellungskraft. Der Tod ist immer eine Überraschung; er bietet sich nicht als solcher unserem Verständnis an, nicht einmal in Form einer Antizipation. Die Sterblichkeit des Menschen, „meine Sterblichkeit, mein Verdammtsein zum Tode, meine Zeit, die im Sterben liegt, mein[en] Tod, der keine Möglichkeit der Unmöglichkeit darstellt, sondern reiner Raub [...] ist“[19], ernst zu nehmen, bedeutet, sich dem nicht-anzueignenden Charakter des Todes und seiner Aporie zu stellen. Dennoch macht diese unüberschreitbare Grenze aus dem menschlichen Abenteuer keinen bloßen Nichtsinn, keinen Non-sens, kein Nichts, das dem Sein bloß entgegengesetzt wäre. Die Aporie verweist auf etwas Positives, einen Sinn, der mir nur dann zugänglich sein kann, wenn ich zuvor auf die Beherrschung des Unbeherrschbaren verzichtet habe. Mein Tod, schreibt Levinas, „ermöglicht“ als Aporie „die Grundlosigkeit meiner Verantwortung für den anderen“, die immer „die Verantwortung eines Sterblichen für einen Sterblichen“ ist. Der Tod kann uns sehen lassen, dass der Sinn der Existenz nicht die Rückkehr zu sich selbst ist, sondern die Antwort auf den anderen, die Verantwortlichkeit. Was jedoch voraussetzt, dass man akzeptiert, dieses Unmögliche zu durchqueren und sogar, wie man sehen wird, keine Furcht vor seiner eigenen Verwundbarkeit zu haben.

19 Emmanuel Levinas, *Gott, der Tod und die Zeit*, p. 128. Dort auch das folgende Zitat.

So ist das Nichtwissen vom Tod die Bedingung der Ethik als das einer Grenze Ausgesetztsein, als Verantwortlichkeit, die nicht einfach oder wesentlich als Schuldfähigkeit eines freien Subjekts interpretierbar ist. Die Konfrontation mit dem Tod als Unmöglichem lehrt das Subjekt auch, was die Ethizität der Ethik ist, lehrt den tiefen Sinn der Verantwortlichkeit. Eine Entscheidung zu fällen, verlangt immer die Durchquerung des Unmöglichen, verlangt zu urteilen, aber ohne zu meinen, dass man alle Karten in der Hand hält, und ohne vorzugeben, man könne nicht anders handeln. Wenn die Demut, die von der Erinnerung an die eigene Verfasstheit des Gezeugtseins untrennbar ist, das Subjekt auf die Wertschätzung vorbereitet, dann lehrt es die Konfrontation mit dem Tod als Aporie, die Wertschätzung zu praktizieren. So verhält es sich z.B. in der Politik und in der Medizin, wo das Subjekt verpflichtet ist, zwischen gleich wichtigen Gütern zu wählen und Entscheidungen zu treffen, die für die anderen irreversible Konsequenzen haben werden. Die Ethik ist immer die Probe des Unmöglichen; sie ist die Durchquerung des Unmöglichen.

So öffne ich mich, wenn ich mich einer unüberschreitbaren Grenze stelle, die mein Tod ist, einem Sinn der Existenz, der nicht mehr bloß von der Sorge um mich selbst definiert ist. Ich lebe und ich sterbe nicht bloß für mich;[20] meine Sterblichkeit macht, dass ich mich von dem, was dem anderen wegen der Unfertigkeit und der Zerbrechlichkeit seiner Existenz widerfährt, betroffen fühle. Mein Tod ist nicht das Ende der Welt, und zugleich begegne ich dem Tod im Gesicht des anderen aus der Tiefe meiner Endlichkeit. Weil ich sterblich bin und mein Tod in seiner Gewaltsamkeit gedacht worden ist, kann er in der interpersonalen Ordnung eine Bedeutung annehmen. Das Verhältnis zum Tod als Aporie öffnet den Weg ins Leben, in eine stets unvorhersehbare Zukunft, die andere gestalten werden.

---

20 Paulus, *Brief an die Römer* 14, 7: „Keiner von uns lebt für sich selbst, und keiner stirbt für sich selbst."

Die „Nabelverknüpfung" der Lebenden

Die Zukunft bezeichnet die Zeit, die mich überholt; sie ist eingelassen in eine größere Zeit, die aus allen Menschen und aus allen Lebenden besteht. Die gesamte Menschheit wird so zu einem „ungeheuren, neben jedem von uns hingaloppierenden Heere; vor uns und hinter uns in hinreißendem Vorstoß, fähig, alle Hindernisse zu überreiten und die größten Widerstände zu überwinden – vielleicht sogar den Tod"[21]. Weil das Leben der anderen auf das meine übergreift, heißt „sterben" sterben für;[22] nicht im Sinne des Sich-Opferns oder dem, „dem andern sein Sterben ab[zu]nehmen"[23], sondern in dem, bereit zu sein, sein Leben für die anderen zu geben, etwas weiterzugeben, ohne den anderen eine die Zukunft festlegende Ideologie aufzwingen zu wollen, die Zukunft offen zu lassen, sie den anderen zurückzugeben. Der Tod als Geduld und als Aporie führt zur „Nabelverknüpfung", die die Lebenden untereinander verbindet und die das Unendliche ist, gemessen an dem sich die Endlichkeit eines Subjekts erweist, dessen Sorge um die gemeinsame Welt eine Seinsweise, ein Existential ist. Die Drohung des Todes führt zum Leben zurück, zur Anerkennung des Werts des Lebens. Sie gibt ihm Tiefe, weil jedes Leben, selbst das bescheidenste, an das der anderen gebunden ist. Nur ein Sterblicher kann die Unruhe spüren, die zugleich der Lebenswunsch, die Furcht vor dem Tode und das Durchquertwerden von anderen Leben als seinem eigenen ist – weil er geboren ist, sein Leben gibt und sich selbst nicht genügen kann.

Es ist nicht sicher, dass der Mensch das einzige Wesen ist, das weiß, dass es sterben wird, und wie wir sahen, hat diese Gewissheit

---

21 Henri Bergson, *Schöpferische Entwicklung*, zit. v. Emmanuel Levinas, *Gott, der Tod und die Zeit*, p. 65.

22 Emmanuel Levinas, „Sterben für...", in *Zwischen uns. Versuche über das Denken an den Anderen*, München, Hanser, 1995, 239–251.

23 Martin Heidegger, *Sein und Zeit*, § 47, zit. v. Emmanuel Levinas, *Gott, der Tod und die Zeit*, p. 49.

keinen Inhalt, hat nichts, was man sich aneignen könnte; sie begründet kein Wissen von sich selbst. Allerdings ist der Mensch das einzige Lebewesen, das für die anderen verantwortlich sein kann, in dem Sinn, dass es fähig ist, nicht nur an die zu denken, die ihm nahestehen oder mit ihm verwandt sind, sondern auch an die, die fern von ihm leben, an die künftigen Generationen und an die anderen Arten. Für das Subjekt der Wertschätzung heißt „leben" leben für, heißt die eigene Zerbrechlichkeit spüren, heißt alle die Anstrengungen zu ermessen, die nötig sind, um zu überleben und sich bewusst zu sein, wie schnell zusammenstürzen kann, was in Jahren aufgebaut und gepflegt wurde. Das Verhältnis zum Tod als Aporie und als Angst, will sagen als Unruhe, die nicht bloß Angst um mich ist, sondern Angst um die Welt, gründet auf einem Unendlichen, das nichts zu tun hat mit dem Nichts, von dem Heidegger spricht. Von der gemeinsamen Welt und der die Lebendigen verbindenden Nabelschnur als Unendlichem zu sprechen, im Verhältnis zu dem unsere Endlichkeit Sinn hat, heißt weder, das Leben zu sakralisieren, noch einen bio-zentristischen oder öko-zentristischen Standpunkt einzunehmen, als ob das Ganze wichtiger wäre als die Teile. Vielmehr geht es darum, dass man, indem man den Wert jedes Dings im Lichte dieses Unendlichen einschätzt, anerkennt, dass es Schlimmeres gibt als den Tod: „Und man sollte nicht voreilig zu dem Schluß gelangen, nur das Nichts sei furchtbar [...], ohne sich zu fragen worin das Furchtbare und das Gefürchtete liegen."[24]

Was am meisten zu fürchten ist, ist die Auflösung jedes Sinns, die Reduzierung des anderen auf Dasselbe, die Verdinglichung der menschlichen und nicht-menschlichen Lebewesen, die Entpersönlichung, der Schrecken einer Existenz, die jeder Subjektivität bar und in eine anonyme Nacht gestürzt ist. Es ist der Schrecken des *es gibt*, das weder das Nichts noch der Tod, sondern eine „[Nacht] am hellichten Tage" ist, in der man weder sterben, noch sich „in

24 Emmanuel Levinas, *Gott, der Tod und die Zeit*, p. 20.

seine Schale zurückziehen" kann und an eine ausweglose Existenz gefesselt ist.[25] Der Schrecken des *es gibt*, von dem Levinas in *Vom Sein zum Seienden* spricht, das er 1947 nach seiner Gefangenschaft im Stalag Fallingbostel publizierte, ist weder die Angst vor dem Nichts, noch die vor meinem eigenen Tod, sondern es geht um „jenen unpersönlichen, anonymen, dennoch unauslöschlichen ‚Verzehr' des Seins"[26]. Der Schrecken des *es gibt* ist reiner Schrecken: Das Bewusstsein und die Subjektivität sind schon verschwunden, und es gibt niemanden mehr, ihnen nachzutrauern. Die Wesen sind nur noch Dinge, und ihre Formen haben sich aufgelöst. Nichts antwortet, und dieses Schweigen ist erschreckend. Es gibt keinen Sinn, keine mögliche Erzählung mehr: „Sogar das, was man das Ich nennt, ist von der Nacht überflutet."[27] Nichts nähert sich, nichts kommt, sondern man lebt in einer permanenten und unbestimmten Unsicherheit. Das *es gibt* bedeutet die Unmöglichkeit, einer anonymen und entpersönlichten Existenz zu entfliehen.

Der Schrecken des *es gibt* bezeichnet nicht die Verlassenheit des in eine Welt Geworfenseins, noch die ursprüngliche Faktizität der Existenz, sondern die Negation der Subjektivität. Die Erfahrung der Konzentrationslager und in verschiedenen Abstufungen all jene Versuche der Reduktion des Anderen auf Dasselbe, welche die Akte der Barbarei und die Kriegsverbrechen ja sind, illustrieren diesen Schrecken des *es gibt*. Auch die Tiere durchleiden diese Nacht bei hellem Tag, diesen Schrecken und diesen Leidensweg, wenn sie in unangemessene Verschläge gestopft werden, in der Massentierhaltung zu einem Höllenleben verdammt sind, in Käfige eingesperrt und im Zirkus und in Delfinarien gefangengehalten werden. Der Schrecken ist die dominierende Emotion, er beraubt

25 *Id., Vom Sein zum Seienden*, übers. von A. M. Krewani und W. N. Krewani, Freiburg, Alber, 1997, p. 69–72.

26 *Ibid.*, p. 69s.

27 *Ibid.*, p. 70.

sie ihrer Individualität und bestimmt sie zu einer unpersönlichen Wachsamkeit und einem permanenten Unwohlsein, dem erst der Tod ein Ende macht.

Das *es gibt* ist in der Welt von heute allgegenwärtig. Jedermann spürt es, obwohl keiner genau sagen kann, was vorgeht. Die Erinnerung an die Totalitarismen des letzten Jahrhunderts liefert ein paar Hinweise. Sie erlauben uns nicht, sich vorzustellen, was passieren könnte, aber sie erlauben, sich dessen bewusst zu werden, was auf dem Spiel steht: der Respekt vor der Alterität, das Willkommenheißen des Unbekannten, des Neuankömmlings, derer, die nicht vorgesehen waren, die Freiheit, die Fähigkeit, sich überraschen zu lassen, die Ethik, deren Voraussetzung das Dem-Anderen-ausgesetzt-Sein ist. Der Nihilismus, so wie er sich heute in der Missachtung der anderen Lebewesen, in der Entsubjektivierung und dem Zur-Ware-Werden der Lebewesen manifestiert, macht das Verschwinden all dessen möglich, woran uns liegt, den Zusammenbruch der Demokratien, die Auflösung der Kulturen und den Sinnverlust der Existenz.

Der Sinn meiner Sterblichkeit öffnet mich für die gemeinsame Welt und gebietet mir, alles für ihre Bewahrung zu tun. Aber indem die Wertschätzung sich auf die fleischliche Erfahrung des Inkommensurablen stützt, zeigt sie mir auch, wie ich im Sinne dieses Ziels zu handeln habe. Es geht darum, den Sinn für die Alterität zu entwickeln, die zuerst eine Alterität in mir ist, weil ich sie in meinem Fleisch spüre, weil sie diese Kluft ist, deren unheilbaren Charakter mir die Sterblichkeit vor Augen führt, und weil sie das Fundament für meine Verantwortlichkeit für jemand anderen ist. Es gibt keine Wertschätzung ohne dieses Verhältnis zu sich selbst, das ein Verhältnis zur Alterität in mir ist, zu meiner Verwundbarkeit als Zerbrechlichkeit (Verwundbarkeit des Subjekts, erfasst in seiner Körperlichkeit und seinen Grenzen) und als Verantwortlichkeit (Verwundbarkeit für den anderen). Darum ist die Erfahrung, die das Subjekt von sich selbst als verwundbares Subjekt macht, eine fundamentale Etappe, die zur Wertschätzung als Transdeszendenz führen kann. Sie schärft die Sensibilität des Subjekts für das, was es an die anderen menschlichen und nicht-menschlichen Lebewesen bindet. Umgekehrt hängt die Weise, wie wir die Erde bewohnen, die anderen wertschätzen und unserer Macht Grenzen setzen, vom Annehmen unserer Verwundbarkeit ab.

Die Subjektivität als Verwundbarkeit

Die Passivität und das Pathische

Die Erfahrung seiner Verwundbarkeit, die das Subjekt macht, ist für die Wertschätzung konstitutiv. In dieser Ethik leitet sich die sich allmählich vollziehende Transformation des Subjekts nicht aus einer Meditation über die Endlichkeit ab. Damit grenzen wir ab uns von jedem Denken, das im Verhältnis des Menschen zu seinem eigenen Tod das Prinzip der Individuation sieht, und meinen, dass unsere Konfrontation mit dem Tod als Erfahrung, die uns enteignet, aber auf den anderen hin öffnet, von der Weise abhängt, wie wir uns der Passivität unseres Körpers stellen.

Die Verwundbarkeit, die Tatsache des Verletztwerden-Könnens, macht die Passivität des Lebendigen bewusst. Die Kluft zwischen Selbst und Selbst, die Unmöglichkeit, zu sich selbst zurückzukehren, oder die Schwierigkeit, die beiden Enden miteinander zu verknüpfen, sind charakteristisch für diese Erfahrung der Passivität, die die Erfahrung eines Nicht-Könnens im Herzen der Macht ist. Obwohl sie es nicht endgültig zur Ohnmacht verdammt und nicht jede Krankheit notwendig zum Tod führt, taucht diese Prüfung das Subjekt in Ratlosigkeit. Im Bann des Schmerzes oder der Depression hat das Individuum das Gefühl, etwas Absurdes zu durchleben. Dieses Gefühl der Absurdität gehört zu der Erfahrung, die es von seiner Verwundbarkeit macht. Das will nicht sagen, dass das Subjekt sich im Schmerz oder im Leiden nicht ausdrücken kann. Im Gegenteil, in der Passivität, der Müdigkeit, der Erschöpfung, der Schlaflosigkeit, dem Schmerz und der Langeweile drückt sich das Seiende aus, aber die Passivität des Sagens, die nicht darauf reduziert werden darf, wie das Menschenwesen von seinem Zustand Mitteilung machen kann, zeugt von einem Riss oder einer Kluft zwischen Selbst und Selbst, die die Definition der Sensibilität als Empfindlichkeit für Schmerz und Lust, als Verwundbarkeit ist.

Die Erfahrung der Verwundbarkeit, besonders, wenn sie negativ ist, wenn sie einen Riss zwischen dem Subjekt und der Welt ausdrückt statt deren Übereinstimmung, ist die einzige Gelegenheit, die wir haben, das Leiden der anderen zu verstehen und uns für sie verantwortlich zu fühlen.[28] Das heißt nicht, dass wir dazu fähig wären, ihr Leiden zu verspüren. Zum Beispiel können wir weder wissen, was Hunger und Durst sind, noch uns an die Stelle eines Lebewesens versetzen, das diese äußersten Entbehrungen erleidet, wenn wir sie selbst niemals erduldet haben. Im Übrigen ist der Schmerz eine Erfahrung, an die wir uns erinnern können wie an einen Alptraum, aber nach dem Ende des Leidens ist es, als ob wir seinen Biss vergessen hätten. Diese Erfahrungen sind also keine Erkenntnisse. Es gibt kein Wissen vom Schmerz, oder vielmehr ist es ein Wissen, das ein Nicht-Wissen ist. Wir geben nur zu, dass er eine Erfahrung sein kann, die uns an unseren Körper fesselt und dass es im Schmerz keine Zuflucht gibt.

Allerdings ist die Anerkennung unserer Verwundbarkeit der Schlüssel, um für die anderen fühlenden Lebewesen Wertschätzung aufzubringen. Zwar hat die Wertschätzung in allen unseren Tätigkeiten, großen wie kleinen, Sinn, aber in unseren Beziehungen zu den anderen Lebewesen, menschlichen und nicht-menschlichen, nimmt sie eine besondere Dimension an. Diese anderen Lebewesen wertzuschätzen, impliziert, sich ihnen zuzuwenden

28 Was nicht heißt, dass Schmerz und Krankheit dem Individuum helfen zu wachsen, wie in den Morallehren behauptet wird, die den Kult des Leidens propagieren. S. Ruwen Ogien, *Mes mille et une nuits. La maladie comme drame et comme comédie,* Paris, Albin Michel, 2017.

und sie als verwundbar anzusehen. Anders als bei der Achtung gehört es wesentlich zur Wertschätzung, dass man den anderen und sich selbst begreift als dieselbe Verletzbarkeit teilend, selbst wenn anstelle des anderen zu leiden unmöglich ist. Diese Verankerung der Wertschätzung in einer Philosophie, die den Menschen zuerst als verwundbar und dann erst als eine mit Freiheit begabte Person ansieht, schärft die Aufmerksamkeit für nächtliche Phänomene, die der Intentionalität entgehen und zeigen, dass leben weder heißt, sich leben zu sehen, noch sich um sich zu sorgen.

Diese Vertiefung der Kenntnis seiner selbst und der *Condition humaine* ist charakteristisch für die Transdeszendenz. Letztere erlaubt sowohl die Lebewesen zu begreifen, indem man sie wirklich willkommen heißt, als auch sich ihnen ohne Dominanz zu nähern, also dem, was sie zu sagen haben, ihrem „Comment", ihrem „Wie", so nahe wie möglich zu sein. Die Existenz ist keine *Ekstase*, sondern eine Beziehung des Seienden zu seinem Sein, eine Weise des fleischlichen Empfindens und Sich-Empfindens in einer Zeit, einem Raum, einem Ort, einem Milieu. Dieser Blick, der von dem Subjekt, das sich verwundbar weiß und fühlt, zu einem anderen verwundbaren Wesen geht, ist die Bedingung für ein Verhältnis zum anderen und hilft uns, für ihn Sorge zu tragen oder ihn zu begleiten. Was nicht bedeutet, dass man die leidende Person in der Sorge einschließt, sondern dass man ihr zuhört.

Die Wertschätzung versetzt uns in die nächste Nähe zum Sagen des Seienden, zu dem, was es darbietet. Sie besteht darin, dem Leiden, der Lust, aber auch all dem Aufmerksamkeit zu schenken, was sich in Phänomenen zeigt, die zum Ausdruck bringen, wie ein Lebewesen *vor* jeder Projektion und jeder Repräsentation existiert: Die Weise, wie es alternd die Zeit als Verzeitlichung erleidet, die Umklammerung des Lebewesens im *es gibt*, der Schmerz, der reines Defizit ist, ein „Gegen sich selbst im Selbst", die Müdigkeit, die es sich von der Existenz abwenden lässt, die Trägheit, mit der es vor der Handlung zurückweicht, die Erschöpfung, die eine Erstarrung ist, eine Verspätung gegenüber der Gegenwart, in der ich leben will, in der aber jede Anstrengung Schmerz ist, „wie eine Hand, die nach und nach loslässt, wo sie noch festhält“[29].

Auch die sinnlichen Qualitäten, die Farben, die Töne, die Gerüche und die Geschmäcker sind stets von einer Bedeutung umhüllt. Diese zeigt nicht nur, was den Individuen zuträglich ist oder was sie brauchen, sondern deutet an, dass unsere Erfahrung bestimmt ist von affektiven Zuständen. Es genügt nicht, die Sensibilität als Berührungspunkt zwischen dem Ich und der Welt, dem Inneren und dem Außen zu begreifen, oder auf der Verwundbarkeit zu bestehen, die von einer Dialektik zwischen Aktivität und Passivität zeugt. Man muss auch verstehen, dass das Fühlen immer ein Nachfühlen ist und dass sich in der Weise, wie eine Situation empfunden wird, eine fundamentale Gefühlslage ausdrückt. Diese Affektivität *(Befindlichkeit)*, aus der Heidegger ein Existential gemacht hat, beweist, dass ich nicht nur als Individuum von etwas berührt bin, sondern dass jede Empfindung zugleich Bezug auf den anderen und auf mich selbst ist.[30] Das Leben wird *erlitten*.[31] Dieses „pathische“ Moment der sinnlichen Erfahrung, das dem Wie entspricht, der Weise, wie das Subjekt gegeben ist, unterscheidet sich vom gnosischen Moment des jeweiligen Objekts.[32] Darum ist das Fühlen immer ein Sich-selbst-Fühlen und verdoppelt sozusagen die Passivität des Subjekts, indem es seine Undurchdringlichkeit akzentuiert.

Ob es zu sich selbst zurückkehrt oder sich um einen anderen sorgt, das Subjekt der Wertschätzung muss anerkennen, dass es im lebendigen Körper mehr gibt als das, was man von seinem dem

29 Emmanuel Levinas, *Vom Sein zum Seienden*, p. 34.

30 Erwin Straus, *Vom Sinn der Sinne. Ein Beitrag zu den Grundlagen der Psychologie*, Berlin, Springer, 1935, p. 277s.

31 Viktor von Weizsäcker, *Der Gestaltkreis*, Frankfurt, Suhrkamp, 1973, p. 268s.

32 Erwin Straus, „Die Formen des Räumlichen. Ihre Bedeutung für die Motorik und die Wahrnehmung“ in *Psychologie der menschlichen Welt. Gesammelte Schriften, Berlin (Springer) 1960*, p. 150–153.

Bewusstsein zugänglichen Teil her verstehen kann.[33] Der lebende Körper koinzidiert nicht mit dem gelebten Körper; er geht über die Vorstellung, die man von sich hat, und also über die persönliche Identität hinaus. Emotionen und innere Empfindungen bleiben dem Bewusstsein unzugänglich; inkorporiert und deaktiviert, konfrontieren sie das Individuum mit unfreiwilligen Zuständen, die mehr oder weniger lebensfähig, mehr oder weniger erträglich sind. Weder ist sicher, dass diese Zustände dem Bewusstsein durch eine Konzentrations- und Aufmerksamkeitsanstrengung erscheinen können, noch, dass es leicht ist, sie in Sprache zu übersetzen. Wenn man gewisse Blockaden auflösen will, die von einer mit einer traumatisierenden Situation, einem Unfall oder einer Krankheit, assoziierten Emotion herrühren, ist es besser, von Bewegungen des lebendigen Körpers auszugehen und die inneren Empfindungen, die in ihm verschüttet sind, zu aktivieren.

Der Schmerz und das Leiden

Die Wertschätzung impliziert, dass wir wissen, dass wir uns nicht selbst kennen können und dass diese Opazität vom Körper herrührt. Das Verhältnis, das wir zu unserem Körper haben, ist, genauer gesagt, ein bald spontaner, bald kritischer Prozess, durch den wir Zugänge zu uns selbst finden. Dieses Paradox, das die Nicht-Selbsttransparenz und die Individuation miteinander verbindet, ist besonders frappierend im Fall des Schmerzes. Und wenn man verstehen will, was eine mit Wertschätzung verabreichte Pflege sein kann, verdient es, analysiert zu werden.

Die Krankheit, die den Bruch des ursprünglichen Pakts illustriert, der uns mit unserem eigenen Körper vereint, und der Schmerz, der aus ihm ein Gefängnis macht, sind stets gebunden an ein Leiden, an ein Pathos, das die singuläre Geschichte des Subjekts betrifft: In das Empfinden körperlichen Schmerzes mischt

---

33 Bernard Andrieu, *Sentir son corps vivant. Émersiologie 1*, Paris, Vrin, 2016.

sich ein Gefühl des Unwohlseins.[34] Indem er seine Einsamkeit aufdeckt, stellt sein Körper das Subjekt sich selbst gegenüber. Einen Kranken und, *a forteriori*, jemanden, der unter ständigen Schmerzen leidet, zu begleiten, impliziert, dass man nicht so tut, als ob seine Krankheit und sein Schmerz die eines anderen, von demselben Krankheitsbild befallenen Individuums wären. Man darf nie die narrative Dimension der Krankheit vergessen, das, was diese Krankheit alles umstürzt, wenn sie in das Leben eines Individuums einbricht, darf nie vergessen, in welchem Sinn sie ein in der ersten Person durchlebter ontologischer Angriff ist.

Im Fall eines chronischen Schmerzes ist die Einsamkeit der Person derart, dass es ungehörig wäre, ihr zu sagen, dass man sich an ihre Stelle versetzt. Diese Person wertzuschätzen, setzt voraus, dass man diese Situation, die sie von den anderen trennt, als ob sie sich auf einer verlassenen Insel befände und die Brücke zu den anderen zerstört wäre, akzeptiert. Eine solche Einstellung, mit der man sich weder allmächtig fühlt noch die Situation verleugnet, schafft eine Vertrauensbeziehung zum Kranken, sie hilft ihm, seinen Schmerz zu beschreiben und unterstützt die Pflegenden bei ihrer Suche nach angemessenen Mitteln, ihn zu lindern oder abzustellen. Im Schmerz verschmilzt der Inhalt des Leidens mit der Unmöglichkeit, sich von ihm abzulösen. Der schmerzende Körper gibt der Person zu nichts einen Zugang; sie ist zum Leben und zum Sein verdammt. Der Schmerz ist eine Kluft zwischen Selbst und Selbst, die unser Getrennt-Sein widerspiegelt, die Tatsache, dass wir eigenständige Wesen sind. Die Verbundenheit mit sich selbst ist paradoxerweise die Bedingung für den Schmerz: Einzig ein individuiertes Wesen kann ihn empfinden. Wenn er dauert, wird das Subjekt angegriffen, aber das Leben lässt es nicht los und die Prüfung setzt sich fort. Es glaubt, die Grenze des Erträglichen erreicht zu haben, aber dieser Glaube wird ständig widerlegt. Darum „bringt" der

34 Michèle Gennart, *Corporéité et présence. Jalons pour une approche du corps dans la psychose*, Argenteuil, Le cercle herméneutique, 2011, S. 194–195.

Schmerz „so etwas wie eine äußerste Steigerung mit sich, wie wenn etwas noch Zerreißenderes als das Leiden vor sich gehen würde“[35].

So fährt das Subjekt fort, sich als Subjekt auf sich selbst zu beziehen, aber das Band zur Welt und zu den anderen ist zerbrochen, weil das Individuum unablässig an seinen Schmerz gefesselt ist und in der Furcht lebt, er könne noch wachsen. Im Schmerz gibt es nur die Tränen, die der Person seelisch helfen können, denn im Weinen gibt sie sich hin. Die Tränen sind zugleich eine unfreiwillige Kapitulation vor dem Schmerz und eine Antwort.[36] Wenn es den Tränen nachgibt, hört das Subjekt auf, den Schmerz durch Schreie oder Wut beseitigen zu wollen. Diese letzte Prüfung unterdrückt weder die schmerzhafte Empfindung noch das Unsinnige der Schmerzempfindung. Allerdings konfrontiert sie das Subjekt nicht nur mit der Ohnmacht. Auch wenn es nicht sicher ist, dass „[sich] ein Wesen, das durch das Leiden zum Zusammenkrampfen seiner Einsamkeit und in das Verhältnis zum Tod gelangt ist, auf ein Gelände [stellt], auf dem das Verhältnis zum anderen möglich ist“[37], öffnet uns der Schmerz doch für das, was am Menschen und an den anderen Lebewesen zerbrechlich ist.

Die Selbstheit ist es also, die in den Leiden und Krisen im Spiel ist. Dies gilt vor allem für die existentielle Krise. Das Individuum sieht am Horizont seines Denkens nichts mehr und fühlt sich physisch und seelisch erschöpft. Dennoch ist seine Selbstheit bewahrt, auch dann, wenn es, wie in der Depression, eine Art psychischer Auflösung, ein Chaos, durchmacht. Die affektiven Befindlichkeiten, die das Subjekt sich nicht mehr in seinem Liebes- oder Berufsleben zurechtfinden lassen, haben auf diese Weise einen positiven Sinn: Sie zeigen ihm, dass es an ihm ist, einen Ausweg zu finden, denn

---

35 Emmanuel Levinas, *Die Zeit und der Andere*, p. 42.

36 Friedrich Jacobus Johannes Buytendijk, *Über den Schmerz*, Bern, Huber, 1948. Michèle Gennart, *Corporéité et présence. Jalons pour une approche du corps dans la psychose*, Argenteuil, Le cercle herméneutique, 2011, S. 175.

37 Emmanuel Levinas, *Die Zeit und der Andere*, p. 48.

es selbst ist es, das vernichtet werden wird, wenn es ihm nicht gelingt, zu vollbringen, was ihm zuvor unmöglich schien.[38]

Wenn das Leiden die Individuation nicht unterdrückt, heißt das, dass man im Wort „pathisch" das Verb *pâtir*, leiden, mithören muss, also die Tatsache, dass man etwas erduldet, etwas aushält. Diese Weise, die Welt und sich in ihr zu erproben, ist dynamisch, selbst wenn man sich ohnmächtig fühlt. Die Subjektivität als Sensibilität zu denken, heißt, sie als Verwundbarkeit zu denken, impliziert aber auch, dass das leidende Subjekt auf einen Weg gebracht werden kann, der ihm hilft, nach und nach seine Handlungsfähigkeit wiederzugewinnen. Eine Person zu pflegen oder zu begleiten und dabei Wertschätzung zu zeigen, kann nicht heißen, sie in Passivität versinken zu lassen; vielmehr soll man ihr wenn möglich erlauben, der Bewegung der Transdeszendenz zu folgen, damit sie in sich die Ressourcen findet, die sie wieder aufbauen können, was nur stattfinden kann, wenn das gute Leben der Horizont der Pflege ist, und nicht nur die Heilung.

Jenseits der Pflege

Das Fühlen ist immer ein Nachfühlen, aber es ist auch ein Sagen. Es ist die Weise, wie die Person sich zur Existenz verhält, ihr „Comment". Dieses zeigt sich sogar in der Passivität. Leiden ist ein Sich-Anbieten. Man muss also so nah wie möglich an diesem Sagen sein, wenn man jemanden begleiten will, der durch eine existentielle Krise geht oder psychische Störungen zeigt. Das Sagen muss der Ausgangspunkt der Begleitung sein, die will, dass der Patient aufblüht, weil er einen Sinn für seine Existenz findet. Eine kranke Person wertzuschätzen, heißt zunächst, ihrem Sagen Beachtung zu schenken, ohne aus ihr einen bloßen Empfänger von Pflege zu machen, und die Begleitung als Mittel, nicht als Zweck aufzufassen.

38 Viktor von Weizsäcker, *Der Gestaltkreis*, p. 250s.

Außerdem wird, angesichts des eben über das gute Leben Gesagten – das voraussetzt, dass man eine Distanz zu sich selbst einnimmt, um nicht von den Affekten überwältigt zu werden oder, wie Descartes sagt, nicht blind den Urteilen zu folgen, die diese uns aufdrängen – das Ziel eines auf die Verwundbarkeit des Subjekts ausgerichteten therapeutischen Verfahrens sichtbar. Gewiss geht es darum, einen Raum innerer Freiheit zu öffnen, der es erlaubt, sich wiederherzustellen und seine Autonormativität wieder zu gewinnen, aber das ist nicht die letzte Etappe der Pflege. Das Individuum muss sich auch von den Vorstellungen lösen, die es an sich selbst fesseln und es dazu verdammen, von einem Gefühl des Scheiterns und der Ohnmacht zur Allmachtsphantasie, von der Depression zum Zorn, vom Neid und vom Ressentiment zum Hass und zur Versuchung der Zerstörung oder der Selbstzerstörung zu wechseln. Dazu benötigt es nicht nur Ruhe, sondern es muss sich auch für die anderen interessieren, muss leben, indem es sich von dem, was ihnen passiert, betroffen fühlt, muss für sie verantwortlich sein.

Wenn es von seinen Emotionen ausgeht, wenn es sie mitteilt, wie sie sind, hört das Subjekt auf, von Vorstellungen erfüllt zu sein, die oftmals von der von ihm erlittenen Gewalt herrühren. Um sich diesem Gift zu entziehen, reicht es nicht, dass sich die Person der Ursachen bewusst wird, die ihren Lebensüberdruss oder ihre Unfähigkeit, sich in die Gesellschaft einzufügen und einen Platz in der Welt zu finden, erklären können. Besonders offensichtlich ist dies bei den Patienten, die man unpassenderweise „psychisch behindert" nennt, weil sie nicht unter Psychosen leiden, sondern unter Verhaltensstörungen, die auf in der Kindheit durchlebte Traumata zurückgehen. Die Therapien, die auf die Genese ihrer Störungen eingehen, und die medizinischen Behandlungen ihrer Probleme bieten nur partielle Lösungen. Diese Menschen möchten sich (wieder) mit Emotionen verbinden, die ihnen ein Gefühl von innerer Sicherheit bieten. Die Analyse und die Übertragung erfüllen dieses Bedürfnis jedoch nicht, weil sich die Kommunikation auf der Ebene des Fühlens abspielen muss, da, wo die Verbindung zwischen dem Ich und der Welt zerstört wurde, will sagen auf der Ebene des Körpers und der mit ihm verbundenen archaischen Emotionen. Das Verhältnis zu den Tieren und die Körperpflege sind wertvolle Verbündete in diesem Zusammenhang; sie helfen dabei, die Wunden zu verbinden und den Kranken Lebensmut zurückzugeben.

Eine therapeutische Annäherung, die für das, was über die Pflege hinausgeht, taub bleibt, droht zu scheitern, wenn die betreffende Person seit frühester Jugend in ihrer Intimität verletzt und von denen, die für sie hätten sorgen müssen, misshandelt, ausgehungert, geschlagen oder vergewaltigt wurde. Es geht nicht nur darum, dass sie sich von dem psychischen Einfluss eines anderen befreit. Sie muss auch lernen, ihre Selbsteinschätzung nicht mehr dem Urteil der anderen unterzuordnen, sondern sie von dem Gebrauch, den sie selbst von ihrer Freiheit macht, abhängen zu lassen. Diese Autonomie, diese geistige Unabhängigkeit ist besonders wichtig bei einem Menschen, der sich von dem ihm aufgezwungenen Bild lösen, ja sogar gewisse Bindungen abbrechen muss. Ihn ständig mit seiner Vergangenheit zu konfrontieren und ihn zu überzeugen, dass seine Selbstachtung vom Urteil anderer abhängt, kann ihm nicht helfen, sich dauerhaft aufzubauen. Nach wiederhergestellter Handlungsfähigkeit wird er ratlos sein, wenn er nicht noch weiter gegangen ist. Unablässig wird er durch den Erwerb von Gütern, die ihm Sicherheit geben, die verlorene Zeit zurückholen wollen, und er wird grollen, wenn diese Güter zu fehlen beginnen. Dagegen wird er an Stabilität gewinnen, wenn er sich dezentriert und die Interessen der anderen und die gemeinsame Welt in sein eigenes Interesse aufnimmt.

Wirklich wieder her stellt man sich nur jenseits von sich selbst. Das ist die Lehre, die man aus dem Begriff Verwundbarkeit ziehen kann, wenn man ihn nicht bloß als Zerbrechlichkeit versteht und im Wort „Passivität“ das Verb „pâtir“, leiden, mithört. Das setzt voraus, dass man sich mit seinen Grenzen konfrontiert und zu einer Seinsweise Zugang findet, die nicht durch krampfhafte Ichbezogenheit, sondern durch Großzügigkeit und die Öffnung zu den anderen gekennzeichnet ist. So wie die Aporie die Bedingung der

Ethik als Verantwortlichkeit für den anderen ist, so ist die angenommene und bejahte Verwundbarkeit eine Bresche für die Erweiterung eines Ich, indem man es an der Reparatur der Welt teilhaben lässt. Der Patient, insbesondere der, der an Verhaltensstörungen und Depression leidet, muss von der Sorge um sich zur Sorge um die Welt fortschreiten. Das verlangt, keine Angst vor seinen Emotionen zu haben, die ein Zugangsweg zur Selbsterkenntnis sind. Diese Vertiefung des Selbst kann den Patienten mit sich selbst versöhnen, indem sie ihm einen gewissen inneren Frieden und Anteilnahme an den anderen gibt.

Interessanterweise kann im Fall eines Menschen, der an auf vergangene Traumata zurückgehenden Störungen leidet, nur die Öffnung auf die anderen und zur Welt hin ihm wirklich ermöglichen, sein Potential zu entwickeln, ja sich zu retten. Eines der Mittel, ihn auf den Weg der Wertschätzung zu bringen, besteht darin, ihm Verantwortung zu geben. Statt sich in der Pflege eingeschlossen zu fühlen und ausschließlich um seine Probleme, seine Vergangenheit und seine Misserfolge zu kreisen, fühlt der Mensch sich aufgewertet. Darum ist es wichtig, ihn zum Bau oder zum Wiederaufbau der Welt einzuladen, selbst wenn man ihm scheinbar bescheidene Aufgaben anvertraut, wie die Zubereitung der Mahlzeit für die anderen, Gartenarbeiten oder die Pflege eines Tiers. Ausgerichtet auf die anderen, wird sich seine Handlungskraft verzehnfachen. Oft wartet der Wunsch, anderen zu helfen, nur darauf, geweckt zu werden, besonders, wenn er in dem Wunsch wurzelt, etwas zu reparieren. Die Empathie ist nicht das einzige Motiv für Altruismus und Engagement. So ist es dem Subjekt möglich, seine destruktiven Triebe zu neutralisieren und Gefühle der Liebe und Hilfsbereitschaft zu entwickeln, die starke Motivationen für das Handeln bilden und ihm das Gefühl geben können, sich zu entfalten und ein gutes Leben zu führen.[39]

39 Melanie Klein, *Neid und Dankbarkeit*, in *Gesammelte Schriften* III, 279–367, p. 345.

Es reicht also nicht, wenn man sagt, dass die Berücksichtigung der Verwundbarkeit den Fantasmen eines Subjekts ein Ende setzt, das unabhängig und Herr seiner selbst ist. Wenn sie nicht auf eine rein psychologische Weise interpretiert, sondern zu einem Zentralbegriff einer ersten Philosophie werden soll, die die Körperlichkeit in Rechnung stellt, verlangt die Verwundbarkeit eine neue Art und Weise, das Subjekt zu denken. Wir sind nicht nur verwundbar, weil wir zerbrechlich sind und einander physisch, psychisch und sozial nötig haben. Wir sind auch verwundbar in dem Sinn, als in jedem das Pulsieren von anderem Leben als dem eigenen spürbar ist. Das Ziel der Ethik der Wertschätzung besteht darin, dafür zu sorgen, dass die Menschen dieses Pulsieren spüren. So kann die Zerbrechlichkeit eine Stärke sein.

Verantwortlichkeit und Herrschaft

Die Wertschätzung in der Medizinethik

Die Konfrontation mit der Verwundbarkeit des anderen und das Annehmen unserer eigenen sind die Voraussetzung für die Wertschätzung und das, was aus unserem Gefühl, vom Schicksal eines anderen betroffen zu sein, ein Handeln werden lässt, das ihm zu seinem eigenen Guten verhelfen will. Die Wertschätzung ist die Bedingung der Verantwortlichkeit. Doch das Verhältnis zum anderen, besonders wenn sein Leben in unserer Hand liegt, ist auch eine Gelegenheit, Macht über ihn auszuüben. Die Wertschätzung verlangt daher, dass wir uns der Versuchung, die die Herrschaft darstellt, bewusst sind.

Letztere kann sich als Wohlwollen ausgeben, wenn wir uns das Recht herausnehmen, anstelle eines anderen festzulegen, was er braucht. Es kann sich um Paternalismus handeln, etwa wenn wir den Willen einer Person missachten, weil wir sie für unfähig halten, zu entscheiden, was gut für sie ist. Allerdings geht die Herrschaft noch weiter als der Paternalismus. Sie drückt nicht nur unsere mangelnde Wertschätzung aus, wenn wir ein Lebewesen für uns unterlegen oder aufgrund der Umstände für unfähig halten, sein Urteilsvermögen zu nutzen, sondern sie kann darüber hinaus auch über jemanden ausgeübt werden, dessen Wert wir anerkennen. Um zu verstehen, um was es bei der Herrschaft geht, sollte man sich nicht auf die Seite des Beherrschten stellen, sondern auf die Seite dessen, der herrscht. Dann wird man sehen können, welche moralischen Anlagen einen Machtmissbrauch verhindern können, den zu bekämpfen die Prinzipien und die Gesetze nicht ausreichen.

Eine Person, die in der Position der Herrschaft („*domination*") ist, profitiert von ihrer Autorität oder der Verwundbarkeit des anderen, um diesen zu vernichten, denn sie hat es nötig, ihre Überlegenheit zu beweisen und ihre Macht zu genießen, sei dieser Wunsch bewusst oder unbewusst. Der, der beherrscht wird, ist bloß ein Mittel zu diesem Zweck. Man muss hier die Herrschaft von der Ausbeutung unterscheiden: Die erstere verläuft notwendig über das Bedürfnis, den anderen zu erniedrigen, ja ihn zu demütigen, während die letztere darauf abzielt, Profit aus ihm zu schlagen. Im ersten Fall leugnet man die Würde der anderen, im zweiten Fall ist dieses Ziel nicht vorrangig, selbst wenn das Profitstreben es mit sich bringt, dass man ihnen elende und entwürdigende Lebensbedingungen aufzwingt. Die Herrschaft ist eine deutliche Transgression und das Überschreiten einer Grenze; sie ist der Wille, Macht auch über den auszuüben, der sich der eigenen Macht entzieht, und darum führt sie zwangsläufig zur Gewalt. Sie ist das Gegenteil der Wertschätzung, die impliziert, dass wir dem anderen zuhören und ihm dienen. Die Herrschaft wurzelt in einem Verhältnis zu sich selbst, das deutlich macht, dass man sich in einer Position der Allmacht befindet.

Jedes Mal, wenn wir Gelegenheit haben, für jemanden verantwortlich zu sein, jemanden zu pflegen, und unsere Funktion oder unser Status uns Autorität über ihn gibt, können wir versucht sein, unsere Macht zu missbrauchen. Die Verantwortlichkeit allein ist nicht hinreichend, weder in der Medizin noch in der Politik: Sie impliziert eine persönliche Verpflichtung, die bedeutet, dass ich mich dem anderen zuwende, statt auf mich selbst zentriert zu bleiben, aber sie zeigt nicht, welches Verhältnis zu uns selbst uns hindern könnte, den anderen anzutasten und die Grenzen zu überschreiten, jenseits derer die Verantwortung sich in Herrschaft verwandelt.

Man sollte nicht glauben, dass die ärztliche Praxis sich auf die Beachtung der wichtigsten Grundsätze der Medizinethik beschränkt, wie Gerechtigkeit, Autonomie, Nicht-Schaden und Wohltätigkeit oder dass es reicht, die Tugend der Klugheit zu erwerben, um ein guter Arzt zu sein. Die Wertschätzung ist es, die dem Arzt den Weg zeigt, den er gehen muss, um diese Prinzipien mit Unterscheidungsvermögen anzuwenden und die Asymmetrie, die der klinischen Situation eigen ist, nicht durch Missbrauch seiner Macht auszunutzen. Wenn er eine angemessene Pflege leisten und Behandlungen oder Therapien vorschlagen muss, die an den Zustand des Kranken und an seine spezifischen Bedürfnisse angepasst sind, muss der Pflegende dafür sorgen, dass der Kranke diese Bedürfnisse auch ausdrücken kann, wobei sein Sagen nicht immer mit den Worten, die er gebraucht, koinzidieren wird, vor allem wenn er leidet, müde oder zornig ist. Man muss verstehen, was der Patient wünscht, muss das Sagen hören und ernst nehmen. Das setzt voraus, dass der Pflegende seine eigene Verwundbarkeit annimmt und durch ein Schöpfen aus den eigenen Emotionen die Kenntnis seiner selbst vertieft hat. Nur unter diesen Bedingungen werden die Fachkräfte, die täglich mit der Gewalt der Krankheit und der Widerspenstigkeit der Körper konfrontiert sind, die Kranken verstehen und ihren Rückzug in ein Fluchtverhalten, das ihre Furcht vor Tod und Misserfolg erkennen lässt, vermeiden können.

Die Medizin verlangt die Kunst des Maßes und all die moralischen Anlagen, die helfen können, einen Sinn für Grenzen zu entwickeln. Die Demut, die den Geist und das Herz läutert, bereitet der Wertschätzung das Terrain, indem sie den Pflegenden an seine

Zerbrechlichkeit und seine Fehlbarkeit erinnert und den Hochmut, der eine ständige Versuchung ist, abwehrt. Das Unterscheidungsvermögen, das auf der richtigen Einschätzung von sich selbst und allem anderen beruht, lässt ihn sehen, was in einer stets singulären Situation zu tun ist, lässt ihn sehen, wie man dem Kranken eine Pflege bietet, die seinem Zustand entspricht und mit seinen Werten oder seiner Persönlichkeit übereinstimmt. Die Wertschätzung impliziert diesen Blick auf jeden Patienten, der einer konkreten Hilfe bedarf, selbst wenn diese nicht notwendig zur Heilung führt. Die richtige Selbstpräsenz, die der für die Wertschätzung charakteristischen Temporalität eigen ist, erlaubt dem Arzt, sich seiner Erfahrung zu bedienen und zugleich einen Gesamtüberblick über die aktuelle Situation zu haben und die Zukunft zu antizipieren. Er muss sich selbst kennen, um das Maß zu bewahren, der kranken oder am Ende ihres Lebens stehenden Person zu helfen und dabei ihre Autonomie und ihre Würde zu respektieren; er muss sie über die vorgeschlagenen Behandlungen beraten, ohne sie ihr aufzudrängen, muss eingreifen, ohne an ihrer Stelle zu definieren, was gut für sie ist, muss wissen, wann die Behandlung abzubrechen und die Grenzen der Begleitung erreicht sind. Die Klugheit setzt, wie wir gesehen haben, voraus, dass man niemals das Ziel, das man verfolgt, aus den Augen verliert, sondern es bei der Wahl der Mittel immer gegenwärtig hat. Und wenn die Pflegenden die Tugend der Klugheit besitzen, reduzieren sie die ärztliche Kunst nicht auf eine Technik, sondern beschäftigen sich mit dem Kranken, nicht nur mit seiner Krankheit. Die Klugheit ist wesentlich sowohl für das Nicht-Schaden wie für die Wohltätigkeit. Was jedoch die Wohltätigkeit daran hindert, Paternalismus oder gar Allmacht zu werden, ist die Wertschätzung.

Wenn man vom Pflegenden verlangt, dass er über die Güter, die er hochhält, nachdenkt, wenn man verlangt, dass er sich selbst befragt, dann lehrt ihn die Praxis der Wertschätzung, zu erkennen, was in seinen eigenen Reaktionen und seinen Ratschlägen seinem Ego dient oder seiner Eigenliebe schmeichelt. So wird er sich fragen müssen, ob die Weise, wie er dem Kranken eine Behandlung vorschlägt, seine Sorge ausdrückt, das Richtige zu finden, oder ob sein Hauptmotiv der Ehrgeiz ist. Und wenn er großmütig ist, wird er weder auf den Erfolg seiner Kollegen eifersüchtig noch gegen seine Untergebenen geringschätzig sein; er wird eine Umgebung zu schaffen wissen, die die Arbeit im Team begünstigt und in der jedermann sich respektiert, anerkannt und gefördert fühlt. Dank der Demut stets wachsam und großmütig, wird er lernen zu zweifeln, ohne unentschlossen zu sein, wird die nötige Zeit zur Reflexion finden oder im Falle eines unlösbaren Dilemmas seine Kollegen konsultieren.

Die Wertschätzung beruht auf einer Rationalität, die nicht instrumental ist und voraussetzt, dass man seine Emotionen reflektiert, ohne die, die negativ sind, zu verdrängen. Denn die Fähigkeit, eine Person zu begleiten, indem man sie da abholt, wo sie ist, statt da, wo man sie gerne hätte, sie zu berühren, sie zu wecken oder aufzuwecken, ohne sie anzugreifen oder ihre Abwehrmechanismen zu aktivieren, diese Fähigkeit verlangt mehr als Klugheit. Letztere hilft, das Maß zu finden, nicht aber, es in allen Umständen zu wahren. Wenn das Verhältnis zum anderen den Körper und die Intimität betrifft, reicht die gute Deliberation allein nicht aus, die richtige Art von Präsenz zu finden und taktvoll die richtige Mitte zwischen Ferne oder Indifferenz einerseits und Störung oder Zudringlichkeit andererseits zu treffen. Alles ist zerbrechlich, alles ist hochempfindlich; die geringste Ungeschicklichkeit hat eine Verletzung zur Folge oder vertieft eine alte. Man muss, um den Kranken zu begleiten, den subtilen Wechsel in seiner Laune spüren können, muss empfänglich sein für alles, was infra-verbal ist, besonders, wenn er unter kognitiven Defiziten oder Demenz leidet, aber auch jedes Mal, wenn die Behandlungen oder Behinderungen sich auf die physische Erscheinung, auf das soziale Leben und die Sexualität auswirken.

Über eine somatische oder psychiatrische Behandlung zu entscheiden, heißt, in die Intimität eines anderen einzudringen. Diese

Behandlung ist ein Erleiden, selbst wenn der Kranke an der Entscheidung beteiligt ist. Die Weise, wie man ihm die Behandlungen vorschlägt und wie man ihn pflegt, überzeugt ihn, dass er alle diese Anstrengungen, diesen Einsatz endlicher Ressourcen, verdient (oder auch nicht). Ihn wertzuschätzen, bedeutet, als Garant seiner Würde zu fungieren. Es ist nicht weniger wichtig als die Mitteilung, ob er davonkommen wird oder nicht. Diese Wertschätzung des Arztes für den Kranken, dessen Los ihm anvertraut ist, bedingt das Vertrauen, das dieser in ihn haben kann. Es stellt sich nicht ein, indem man ihn beruhigt, und erst recht nicht, indem man ihm die Schwere seines Leidens verheimlicht oder ihn anlügt. Es hängt von der Qualität der Beziehung ab, die der Pflegende zu seinen Kranken aufbauen kann. Aus allen diesen Gründen ist die Wertschätzung in der ärztlichen Ethik unentbehrlich.

Die Tiere als Probe auf die Wertschätzung

Die Herrschaft ist nicht auf die menschlichen Beziehungen beschränkt, sie wird in jedem Augenblick auch über die Tiere ausgeübt. Wie groß ihre physische Kraft manchmal auch sein mag, die Tiere sind besonders verwundbar. Empfindlich für den Schmerz, für das Leiden, für die Langeweile, für die Verzweiflung, leben sie wie wir ihr Leben in der ersten Person. Sie haben Interessen zu verteidigen, sie haben individuelle Vorlieben. Und wenn sie misshandelt werden, drücken sie ihr Leiden aus und leisten manchmal Widerstand, indem sie fliehen oder ihre Dompteure angreifen.[40] Allerdings sind sie unfähig, die Schlachthöfe zu schließen und ein System abzuschaffen, das sich nicht nur wie am Beginn des Neolithikums durch ihre Ausbeutung auszeichnet, sondern auch in der industriellen Massentierhaltung ihre Qualität als fühlende Wesen überhaupt leugnet. Dieses Leugnen erklärt, dass man ebensowenig

---

40 Jason Hribal, *Fear of the Animal Planet. The Hidden History of Animal Resistance*, Petrolia, Counterpunch, 2013.

Rücksicht auf ihre Grundbedürfnisse wie auf ihre Individualität nimmt.

Trotz der Intensität ihres Leidens werden die Tiere niemals Klage gegen uns erheben und Wiedergutmachung für die unerhörten Leiden verlangen, die wir ihren Ahnen angetan haben und ihnen nach wie vor überall auf der Welt antun. Darum sind sie heute die am stärksten der Herrschaft unterworfenen Wesen des Planeten. Das heißt nicht, dass man die misshandelten Kinder vergessen darf, die Hungernden, die Armen und all die Opfer der ethnischen Kriege, der Tyrannei und des Terrorismus. Doch wenn diese Menschen ein elendes Leben haben und manchmal in der Gleichgültigkeit sterben, dann weil Gruppen und Staaten die Menschenrechte nicht achten. Für Menschen gibt es eine Gerechtigkeit, selbst wenn sie verhöhnt wird. Dagegen gibt es bis heute keine für die Tiere. Sie bleiben ihren Eigentümern und denen, die sie jagen, ausgeliefert, und das Tierrecht, das dazu da ist, ihrer Nutzung und unserem Umgang mit ihnen einen Rahmen zu geben, dient nur dazu, die Missbräuche und Misshandlungen zu sanktionieren, die die Menschen für gravierend halten.[41] Schließlich gibt es viele, darunter solche, die sich am stärksten für die Sache der Kinder, der Minoritäten, der Frauen und des Planeten selbst engagieren, die sich um die Lage der Tiere nicht kümmern.

Dennoch sind unsere Beziehungen zu den Tieren die Probe auf die Wertschätzung, denn das Eintreten für eine Gesellschaft, die gerechter zu den Tieren ist, ist die notwendige Fortsetzung der Ethik, die wir in diesem Buch vertreten. Die Tiere teilen mit uns den *oikos* und sind von allen unseren Aktivitäten betroffen, sei es direkt wie in der Haltung, sei es indirekt, wenn sie unter den

41 Das ist der Sinn des Unterschieds zwischen dem Tierrecht, das eine Disziplin des menschlichen Rechts ist, die unsere Nutzung der Tiere untersucht, und dem Recht der Tiere, das mit ihrem moralischen, ja politischen Status zu tun hat. Zum Tierrecht, siehe insgesamt die Arbeiten von Jean-Pierre Margunaud. Zu den Rechten der Tiere, siehe Sue Donaldson und Will Kymlicka, *Zoopolis. Eine politische Theorie der Tierrechte,* Frankfurt, Suhrkamp, 2013.

Folgen der Entwaldung leiden oder wir ihr Habitat zerstören. Eine gerechte Gesellschaft zu wollen, impliziert, ihre Interessen zu berücksichtigen und die Regeln der Koexistenz nicht einzig dem menschlichen Gewinnstreben zu überlassen. Außerdem werden sie durch ihre Individuation und ihre „Agentivität", will sagen ihre Fähigkeit, ihre Interessen und Präferenzen mitzuteilen, zu moralischen Akteuren und sogar zu politischen Subjekten, und nicht zu bloßen *moral patients*.[42] Die Regeln der Justiz und die Gesetze, die nur wir formulieren können, müssten in juridischen Begriffen ausdrücken, was sie mit Recht von uns erwarten dürfen. Wir sind nicht die absolute Quelle der Legitimität, aber die Tiere müssen auf die Menschen zählen können, damit ihre Lebensbedingungen sich konkret verbessern. Die Asymmetrie, die zwischen Tieren und Menschen existiert, und die Interessenkonflikte, die uns bei unseren Interaktionen gegen sie stellen, verlangen, dass wir uns, um ihre Interessen zu verteidigen, darauf einigen, die Gesetzgebung weiterzuentwickeln und die Praktiken zu verändern.

Die Ethik der Wertschätzung konzentriert sich jedoch nicht auf diesen Aspekt der Tierfrage allein.[43] Ihre Besonderheit besteht darin, dass sie den Akzent auf die moralischen Züge und die inneren Transformationen legt, die eine wachsende Zahl von Individuen dazu bringen, sich von den Lebensbedingungen der Tiere betroffen zu fühlen. Die Tiere sollen bei einer immer größeren Zahl von menschlichen Wesen in die Sphäre der Wertschätzung eintreten. Dann werden letztere sich bereitfinden, ihren Konsum von tierischen Produkten zu reduzieren und „juristische Umstände" zu unterstützen, die die Tötung von Tieren zum Ausnahmefall machen und der Gewalt gegen sie ein Ende setzen.

42 Corine Pelluchon, *Manifeste animaliste*, p. 47–53 und 98.

43 Wir haben diesen Punkt bereits im Rahmen einer politischen Theorie angesprochen, die die Gerechtigkeit gegen die Tiere zu einem Staatsziel macht. Siehe *Les nourritures*, p. 129–143 und 263–266, und *Manifeste animaliste*, p. 43–68.

Die Wertschätzung wurzelt in einem Verhältnis zu sich selbst, das eine Erweiterung und Transformation des Subjekts voraussetzt. Dieses nimmt in das Zentrum seines Leben-Wollens die Sorge um die menschlichen und nicht-menschlichen Lebewesen auf. Es weiß, dass seine Existenz von der der anderen mit betroffen ist. Leben heißt dann, in seiner leiblichen Existenz die Verwundbarkeit zu empfinden, die einen mit den anderen fühlenden Wesen verbindet. Daher kann man nicht von Wertschätzung sprechen, ohne auch an die Tiere zu denken, ohne darauf zu achten, was sie sind, indem man ihnen möglichst nicht weh tut und versucht, ihr besonderes Wohl zu fördern. Mehr noch, die Transdeszendenz, die eine Selbsterkenntnis impliziert, die über ein tieferes Verständnis unserer fleischlichen Verfasstheit und über eine vollständige Wahrnehmung des Fühlens auch in seiner pathischen Dimension verläuft, nähert uns ihnen unvermeidlich an. Daraus folgt ein Gefühl der Nähe, das die Rede weder erzeugen noch ausdrücken kann.

Es ist heute offenkundig, dass die ethologischen Kenntnisse und alle auf Argumentation beruhenden Tierethiken nicht hinreichen, um das Verhältnis der Menschen zu den Tieren zu ändern. Sie können eine Minderheit dazu anregen, vegan zu leben, aber wenn man will, dass die „Tierfrage" (*„la question animale"*) zugleich in der Moral und in der Politik aufgeworfen wird, dass die meisten Menschen ihre Konsumgewohnheiten und ihren Lebensstil ändern, dass das Recht dazu dient, die Interessen der Tiere zu verteidigen, und wenn man will, dass sich die Ökonomie neu orientiert, damit die Tiere nicht behandelt werden wie unbegrenzt ausbeutbare Ressourcen, ist es nötig, eine Ethik zu entwickeln, die tief an das rührt, was uns mit den anderen Lebewesen verbindet.

Es ist wichtig, auch weiter Videos zu verbreiten, die die Intensität des Leidens der Tiere zeigen und ein Licht darauf werfen, wie willkürlich die Darstellungen sind, die unsere speziesistischen Verhaltensweisen beeinflussen oder rechtfertigen. Denn man kann das speziesistische Universum, in dem wir alle von Kindheit an leben, erst nach dem Schock verlassen, der eintritt, wenn einem die Intensität des Tierleids und die soziale und ökologische Kontraproduktivität eines absurd gewordenen Produktionssystems bewusst wird. Dennoch ist diese Erschütterung, welche diejenigen, die sie durchleben, isolieren kann, nicht alles. Die wesentlichen Veränderungen, die zum Beispiel unsere Ernährungsweise betreffen, aber auch die Weise, wie wir die Tiere im Zirkus und in den Delfinarien wahrnehmen, die Weise, den Stierkampf zu begreifen – diese wesentlichen Veränderungen kommen nicht durch das, was gesehen und gehört wird, sondern durch den, der sieht und hört. Die Bilder, die den Schrecken der Schlachthöfe und die Trostlosigkeit der in Gefangenschaft verrückt gewordenen Tiere zeigen, verändern allein noch nicht die Person, die sie betrachtet. Vielmehr muss sie, wenn das, was sie sieht und weiß, sie dazu bringen soll, langfristig ihre Gewohnheiten zu ändern, für diese Botschaft bereits empfänglich sein. Und um zu vermeiden, dass schockierende Informationen die Abwehrmechanismen aktivieren, mit denen sich die Individuen vor dem schützen, was sie verletzt oder stört, muss man den Punkt berühren, an dem sich Mensch und Tier begegnen, nämlich das Fühlen.

Mitleid und Empathie

Die Begegnung mit einem Tier vollzieht sich auf der Ebene des Fühlens, genauer auf der des Pathischen. Wie wir bei dem Haustier, das uns Gesellschaft leistet, feststellen können, ist es das, was uns erlaubt, mit ihm zu kommunizieren. Wir wissen, ob es zufrieden ist mit der Nahrung, die wir ihm geben, ob es die Personen mag, die zu uns ins Haus kommen, das auch das seine ist. Seinerseits spürt es auch unsere Emotionen, und oft antizipiert es sie. Je mehr man imstande ist, auf der Ebene des Fühlens zu kommunizieren, desto eher kann man wissen, wie man mit einem Tier umgehen soll, ohne ihm weh zu tun, und sei es unbeabsichtigt. Dennoch schneiden wir uns die meiste Zeit von unserer Sensibilität ab.

Diese Trennung zwischen Selbst und Selbst, die die Rationalisierung vornimmt, wird korrigiert von der Wertschätzung. Das bedeutet nicht, dass diese irrational wäre, denn sie beruht auf einer Gesamtheit von moralischen Anlagen und Vorstellungen, die die Emotionen determinieren, und verläuft über die bewusste Wahl des Guten. Es gibt jedoch keine Wertschätzung ohne diese Versöhnung zwischen der Rationalität und den archaischen Schichten der Psyche, die im Fühlen eine Realität ausdrücken, die anders ist als die, die wir gewöhnlich wahrnehmen: Sie zeigt uns nicht den Unterschied, der zwischen Ich und Nicht-Ich besteht, sondern das, was beiden vorangeht.

Bei manchen Individuen macht die Erfahrung des Leidens und der Demütigung, die sie ihrer eigenen Verwundbarkeit aussetzt, sie umso empfänglicher für die Not der anderen, besonders für die der Tiere, die nicht sprechen und sich nicht allein verteidigen können. Waffenlos entledigt sich das Individuum der meisten Attribute, die ihm seine soziale Identität und auch die Zugehörigkeit zu einer Art verleihen; es besteht nur noch aus Hunger, Schmerz und Passivität. Nichtsdestoweniger wären leicht Beispiele zu finden, die dieser These widersprechen, und es wäre unsinnig, zu wünschen, dass die Menschen, um Zugang zur Wertschätzung zu finden und fähig zum Mitleid zu werden, schlimmste Prüfungen erdulden müssen. Was man dagegen verstehen muss, ist, dass Mitleid und Empathie erweckt oder im Gegenteil auch neutralisiert werden können. Beide sind jedoch großartige Verbündete der Wertschätzung. Zwar sind sie keine Tugenden, doch sollten sie in den Lehrplänen der Schulen, im kulturellen Leben und in der Arbeit Berücksichtigung finden, wenn man den Menschen den Weg der Wertschätzung zeigen und sie dazu zu bringen will, nicht nur die Tiere, sondern auch die Menschen besser zu behandeln.

Das Mitleid aktiviert das Band, das zwischen jedem von uns und den anderen fühlenden Wesen besteht; es verläuft auf der Ebene der infra-verbalen Kommunikation und der archaischen Emotionen, die den wechselseitigen Identifikationen, den Vorstellungen von sich selbst und von den anderen sowie den Unterscheidungen nach Gattung, Klasse, Rasse und Art vorangehen. Das Mitleid, das noch vor der Reflexion da ist, ist, wie Claude Lévi-Strauss schreibt, der angeborene Abscheu, irgendein fühlendes Wesen unnütz leiden zu sehen, ein Abscheu und also ein Leiden für den anderen, das sich unabhängig von meiner sozialen Person bemerkbar macht. Das Mitleid kommt also aus der Identifikation mit einem anderen, ja sogar mit dem am stärksten andersartigen überhaupt, dem Tier, und zugleich aus der Weigerung, sich mit sich selbst, will sagen mit den eigenen sozialen Attributen oder den Vorstellungen, die mit einer Trennung von menschlichen und nicht-menschlichen Wesen einhergehen, zu identifizieren.[44] Das Mitleid zeugt von einem Zuwachs an Leben und von einem Überschuss: Nicht alles ist dem Ego zum Verzehr überlassen, wenn das Subjekt für den anderen, insbesondere für ein Wesen, das nicht seiner Art angehört, leiden kann.

Mehr noch, das Mitleid gehört in den Bereich der Transdeszendenz und bereitet das Subjekt auf die Wertschätzung vor. Zugleich natürlich und kulturell, affektiv und rational, tierisch und menschlich, kann das Mitleid, vorausgesetzt, es ist bewusst, von einer Ebene zur anderen wechseln.[45] Seine Rolle ist analog zu derjenigen der Demut, denn es öffnet das Individuum, wenn es darauf achtet, was es fühlt, für die Schicksalsgemeinschaft, die es mit allen Lebewesen aus Fleisch und Blut verbindet. Wenn das Individuum über die Erfahrung des Mitleids nachdenkt, wird es angehalten, seinen Bewusstseinszustand zu verändern. So bereitet das Mitleid das Individuum darauf vor, einen Sinn für Verpflichtungen zu entwickeln, den Eigenwert jedes Lebewesens zu schätzen und die verwundbaren Wesen, deren Leben ihm anvertraut ist, nicht zu missbrauchen. Wenn die Menschen umgekehrt diese Bereitschaft

44 Claude Lévi-Strauss, *Strukturale Anthropologie II*, p. 51. Er kommentiert Rousseaus Bemerkung über das Mitleid in dessen *Abhandlung über den Ursprung und die Grundlagen der Ungleichheit unter den Menschen.*

45 *Ibid.*, p. 50.

zum Mitleid nicht in ihrem Inneren pflegen, kann es in der Gesellschaft weder Gesetz, noch Sitte, noch Tugend geben.[46]

Unsere Beziehungen zu den Tieren decken auf, was wir sind, und da sie auf der Ebene des Fühlens angesiedelt sind, spielen sie in einer moralischen Erziehung eine fundamentale Rolle, wenn letztere nicht bloß darauf abzielt, uns die Regeln des logischen Denkens beizubringen und uns Kenntnisse zu vermitteln, sondern auch das Mitleid kultivieren will, das das pathische Moment der Moral bildet. Das Mitleid entspricht der primitiven Schicht der Empathie, die die andere Anlage ist, die es zu fördern gilt, wenn es darum geht, besser mit den anderen zu leben.

Die Empathie ist in der Ethik essentiell, man denke nur an die Rolle, die sie in der Medizin, im Veterinärwesen, aber auch ganz allgemein im sozialen und politischen Leben spielt. Sie besitzt mehrere Schichten, die man am Bild der russischen Puppe gut illustrieren kann.[47] Im Herzen der Empathie befindet sich, in Gestalt der kleinsten Puppe, die Neigung, dem Gefühlszustand des anderen zu entsprechen, d.h. im Grunde das Mitleid. Um diesen Kern, den die Menschen mit vielen Säugetieren gemeinsam haben, gibt es die Fähigkeit, den anderen aufzumuntern. Schließlich als letzte, die beiden anderen umhüllende Schicht die Fähigkeit eines Lebewesens, einem anderen gezielt Hilfe zu leisten. Die meisten Tiere besitzen diese letzte Schicht nicht; sie haben nicht die Fähigkeit, sich in der Absicht, seine spezifischen Bedürfnisse zu erkennen und passend darauf zu antworten, an die Stelle eines anderen zu versetzen. Denn das würde verlangen, sich vorzustellen, was für eine andere Spezies als die eigene gut ist. Der Mensch dagegen hat die Fähigkeit, sich in die Welt eines anderen zu versetzen, und darum kann er Wesen, die anders sind als er, adäquate Hilfe bringen, aber er kann auch Seinesgleichen manipulieren.

---

46 *Ibid.*, p. 54.

47 Frans de Waal, *Das Prinzip Empathie. Was wir von der Natur für eine bessere Gesellschaft lernen können,* übers. v. H. Kober, München, Hanser, 2011, p. 267–271.

So ist die Empathie in ihren oberen Schichten eine Erscheinungsform der Urteilskraft, die die Unterscheidung zwischen Ich und Nicht-Ich impliziert. Sie setzt dieselben geistigen Fähigkeiten voraus, die auch erklären, dass die Menschen physisch und psychisch ein anderes Individuum quälen können. Die Unempfindlichkeit für den Schmerz des anderen und die Grausamkeit sind charakteristisch für Personen, welche die der äußeren Schicht der Empathie entsprechenden kognitiven Kapazitäten besitzen, aber des primitiven Kerns der Empathie beraubt sind. Sie können den Standpunkt des anderen einnehmen und seine Wünsche, seine Bedürfnisse und seine Schwächen verstehen, aber sie haben kein Mitleid. Die russische Puppe ist dann eine leere Hülle. Solche Personen sind an der Wirkung ihres Verhaltens auf andere desinteressiert; sie beschäftigen sich nur mit sich selbst, was nicht hindert, dass sie in ökonomischen und politischen Systemen, die das Raubtierverhalten begünstigen, obenauf sind.

Die Transdeszendenz ist der Weg, der erlaubt, alle drei Schichten der Empathie zu besitzen, ohne dass die dem Menschen eigene Fähigkeit, zu verstehen, was für die anderen gut oder schlecht ist, dazu genutzt würde, diese zu beherrschen. Das Mitleid jedoch und das Verhältnis, das wir zu den Tieren aufbauen, begünstigen die Transdeszendenz. Indem sie uns helfen, mit unseren tiefsten Emotionen wieder Verbindung aufzunehmen und die sozialen Vorstellungen, die für die Trennung zwischen den Lebewesen verantwortlich sind, auf Distanz zu halten, weisen uns die Tiere den Weg der Wertschätzung.

Kapitel 4: Geburt, Konvivenz und Politik

Das Wunder, das den Lauf der Welt und den Gang menschlicher Dinge immer wieder unterbricht und vor dem Verderben rettet, das als Keim in ihm sitzt und als „Gesetz" seine Bewegung bestimmt, ist schließlich die Tatsache der Natalität, das Geborensein, welches die ontologische Voraussetzung dafür ist, dass es so etwas wie Handeln überhaupt geben kann... Das „Wunder" besteht darin, dass überhaupt Menschen geboren werden, und mit ihnen der Neuanfang, den sie handelnd verwirklichen können kraft ihres Geborenseins. Nur wo diese Seite des Handelns voll erfahren ist, kann es so etwas geben wie „Glaube und Hoffnung", also jene beiden wesentlichen Merkmale menschlicher Existenz, von denen die Griechen kaum etwas wussten.

Hannah Arendt, *Vita activa oder vom tätigen Leben*

Politik der Wertschätzung

Der politische Horizont der Wertschätzung

Die Wertschätzung betrifft nicht nur die Ethik; sie hat auch einen politischen Sinn. Dieser politische Sinn der Wertschätzung beruht darauf, dass sie in ihrem Wesen Sorge um die Welt ist und die Transdeszendenz ein gelebtes Wissen, das zur Tat drängt und den Wunsch impliziert, eine bewohnbare Welt weiterzugeben. Die Frage ist hauptsächlich, welche politische Organisation den Individuen heute erlaubt, die Wertschätzung zu praktizieren und individuell und kollektiv einen Weg einzuschlagen, der zu einem ökologisch vertretbaren und für Mensch und Tier gerechteren

Entwicklungsmodell führt. Eine solche Frage bringt es mit sich, nach den psychischen und nicht-psychischen Veranlagungen sowie nach den Kapazitäten zu suchen, die den Bürgern helfen, diese politische Organisation zu schaffen und am Leben zu halten. Zuerst muss allerdings ermittelt werden, was sich dem widersetzt.

Es geht nicht um punktuelle Hindernisse oder um Schwierigkeiten, derentwegen das gesellschaftliche Leben manchmal mehr oder weniger harmonisch und die öffentliche Politik mehr oder weniger an die Anliegen unserer Zeit angepasst ist. Das Gegenteil der Wertschätzung zu denken, das zu denken, was die Sorge um die Welt und sogar die Sorge um sich unverständlich macht, bedeutet die Herrschaft zu denken. Diese zerstört die Menschen, die sich überflüssig fühlen, und stellt die einen gegen die anderen, wobei die Isolation Misstrauen erzeugt und das Entstehen von traurigen Leidenschaften begünstigt, die beim Zerfall der Gesellschaft eine wichtige Rolle spielen und autoritäre, ja faschistische Regierungen favorisieren.

Das ist der Grund, warum man sich nicht damit begnügen darf, die Politik zu analysieren, will sagen die Gesamtheit der Techniken, die dazu dienen, die Macht zu erobern und zu behalten. Über die Institutionen oder den Staat zu reflektieren und sie als bloße Mittel zur Verwaltung des Lebens in der Gesellschaft, im Gesundheitswesen, der Kultur, der Ökonomie zu betrachten, reicht nicht aus. Es ist in der Tat unumgänglich, das Politische zu denken – also das, was das kollektive Leben vor jedem Vertrag, vor jeder Jurisdiktion und vor der Frage nach der Befehlsgewalt ausmacht. Man muss verstehen, was die Individuen dazu bringt, sich von sich aus für ein System der Entmenschlichung zu entscheiden.

Die Analyse politischer Phänomene muss sich also mit einer philosophischen Untersuchung verbinden, die sich auf das Verhältnis bezieht, das die Menschen zu sich selbst, zu den anderen und zum Politischen haben. Letzteres bezieht sich auf das Gebiet der Öffentlichkeit, das der Raum ist, wo die Menschen sich versammeln, um über die Gesamtheit der Dinge zu entscheiden, die mit ihren Zielen und gemeinsamen Interessen zu tun haben, und so die Welt aufzubauen, in der sie leben wollen. Das Politische existiert nicht *a priori,* oder zumindest ist es nichts ohne den Willen der Individuen, und kann zerstört werden, wenn diese nicht mehr den Wunsch haben, zusammen zu leben oder wenn sie die Erfahrung einer Entsubjektivierung machen, die ihnen die Kraft nimmt, frei und verantwortungsbewusst zu handeln.

Um zu verstehen, wie man einen öffentlichen Raum schaffen kann, in dem der Subjektivierungsprozess möglich ist, der die Individuen durch ihre Arbeit und ihren Einsatz an der Erneuerung der Welt teilhaben lässt, muss man also von der politischen Wissenschaft und sogar von den zeitgenössischen Theorien der Gerechtigkeit zur politischen Philosophie weitergehen. Diese hat die Besonderheit, die politische Reflexion an eine Philosophie anzulehnen, die in der *Condition humaine* nach Existenzstrukturen oder „Invarianten“ sucht, die dem Politischen Tiefe verleihen und ein Licht darauf werfen, was beim Zusammenbruch der Demokratie oder in der totalen Herrschaft, aber auch im Ökonomismus auf dem Spiel steht. Das Anliegen einer Politik der Wertschätzung ist es also zu zeigen, wie eine politische Organisation aufgebaut und aufrechterhalten werden kann, die sowohl der Sorge um sich als auch der um die Welt Rechnung trägt.

All diese Gründe veranlassen uns, den Spuren Hannah Arendts zu folgen. Trotz eines anderen Kontexts bietet ihre politische Philosophie Werkzeuge, die für unsere Epoche besonders geeignet sind. Sie zeigen uns, wie man das Politische wiederherstellen kann, und decken die Verbindung zwischen Verlassenheit und totalitärer Versuchung auf, die sich jedes Mal erneut melden kann, wenn die Menschen sozial, ökonomisch und kulturell im Stich gelassen werden und das Politische vom Zusammenbruch bedroht ist.[48]

---

48 Hannah Arendt, *Elemente und Ursprünge totaler Herrschaft,* p. 722s.

Die totalitäre Versuchung und der Ökonomismus

Anders als die Tyrannei durchdringt der Totalitarismus alle Gebiete des Lebens, beraubt die Individuen durch Zwang und Drohungen ihrer Freiheit und setzt eine extremistische Ideologie durch. Er bezeichnet kein despotisches Regime, sondern das Projekt einer totaler Herrschaft: Was auf dem Spiel steht, ist die Vernichtung der Individualität und der Spontaneität, der Mord an der juristischen und der Rechtsperson, die absichtliche Zerstörung ihrer Würde.[49] Die Menschen sollen auf eine Anzahl erlaubter Reflexe reduziert werden und unfähig zu jeder noch so geringen persönlichen Reaktion sein. Diese Fabrik des Absurden, die erklärt, dass die Opfer noch vor ihrer Exekution seelisch zerstört werden und ihr Verschwinden den Tod seiner ganzen Bedeutung beraubt, hat sich in all ihren Schrecken in den Konzentrations- und Vernichtungslagern manifestiert. Wenn man den Wert der menschlichen Person zerstört und jeden von seiner eigenen Überflüssigkeit überzeugt, isoliert man ihn und macht ihn unfähig, dem Bösen zu widerstehen. In manchen Situationen kann auf diese Weise sogar eine „Brüderlichkeit in der Erniedrigung"[50] entstehen. Das Gewissen bietet dann keine Hilfe mehr, weil das Gute unmöglich und die Grenze zwischen Henker und Opfer unklar wird. Auch in diesem Sinn sind die Lager die „Laboratorien, in denen experimentiert wird, ob der fundamentale Anspruch der totalitären Systeme, daß Menschen total beherrschbar sind, zutreffend ist. Hier handelt es sich darum, festzustellen, was überhaupt möglich ist, und den Beweis zu erbringen, daß schlechthin alles möglich ist."[51]

Das Besondere am Totalitarismus ist seine Nähe zu den Massendemokratien. Denn es ist dieser Gesellschaftstyp, in dem die Indi-

49 *Ibid.*, p. 717.

50 *„fraternité dans l'abjection"* – diese Wendung findet sich nicht in der dt. Fassung des Buches. Arendt zitiert hier David Rousset, *Les jours de notre mort*, Paris, Pavois, 1947, p. 588. Der Zusammenhang im dt. Text p. 713s. *A. d. Ü.*

51 *Ibid.*, p. 693.

viduen die Erfahrung der Verlassenheit machen können, will sagen einer absoluten Nicht-Zugehörigkeit zur Welt, die sie dazu treibt, sich einer totalitären Ordnung zu unterwerfen. Wenn das Verhältnis zur Welt als Schöpfung zerbrochen ist, schreibt Hannah Arendt, ist die öffentliche Sphäre, in der die Menschen zusammen agieren und ein gemeinsames Projekt verfolgen, zerstört.[52] Das Einzige, was bleibt, ist die reine Arbeitsanstrengung, die Anstrengung, sich am Leben zu halten: überleben oder der Wirklichkeit entkommen, sich in die Zerstreuung oder die Routine flüchten, nicht denken. Nicht nur verlieren die Menschen den Sinn dafür, was sie mit den anderen verbindet, sie empfinden sich darüber hinaus als überflüssig; sie betrachten sich als anonyme und überflüssige Spielfiguren und verhalten sich wie Automaten. Wenn der Totalitarismus in der heutigen Welt eine Bedrohung ist, dann, weil er ein System ist, das jeden von seiner Überflüssigkeit überzeugt. Die immer weiter steigende Zahl von entwurzelten, unerwünschten und als überflüssig geltenden Individuen auf einer übervölkerten Erde macht das Risiko totalitärer Exzesse immer akuter.[53]

Was den Totalitarismus jenseits der Barbarei definiert, derer sich die Regime, die man historisch mit ihm verbindet, schuldig gemacht haben, ist, dass man es nicht bloß mit der Ausbeutung der Menschen zu tun hat, sondern mit ihrer Vernichtung. Dieses System totaler Herrschaft kann nur entstehen, weil die Individuen für das politische Übel anfällig geworden sind. Man kann das Fehlen eines Ideals, den Tod Gottes oder den Verlust jeder Transzendenzerfahrung kritisieren und für dieses Phänomen verantwortlich machen, kann die enge Verbindung zwischen Entsubjektivierung und Totalitarismus unterstreichen, um dieses Phänomen zu erklären, aber diese Erklärungen genügen nicht. Der islamische Terrorismus beruft sich auf einen Jenseitsglauben, ist aber trotzdem eine extremistische Ideologie, die das Projekt totaler Herrschaft

52 *Ibid.*, p. 750ss.
53 *Ibid.*, p. 722s.

verfolgt und zu diesem Zweck die Menschen vernichtet und auf Vergewaltigung, Folter etc. zurückgreift.

Interessant ist demgegenüber, dass der Totalitarismus zur Zeit von Platon und Aristoteles, die nur die Tyrannis kannten, nicht existieren konnte. Was Bernhard von Clairvaux betrifft, so willigte er 1146 auf Bitten von Papst Eugen III. ein, für den zweiten Kreuzzug gegen die Katharer zu predigen (auch wenn er später in den Briefen, die er an den Papst im Exil schrieb, das völlige Scheitern dieses Unternehmens einräumte). Das beweist einen religiösen Fanatismus und eine Intoleranz, die zeigen, dass die Wertschätzung von Relativismus beeinträchtigt werden kann, wenn der moralische Wert eines jeden Lebewesens nicht anerkannt wird. Wie man sieht, muss die Wertschätzung Gegenstand einer immer neuen kritischen Untersuchung sein und bedarf, wenn sie bestehen soll, einer politischen Organisation. Nichtsdestoweniger gibt es eine Wesensdifferenz zwischen den Kreuzzügen des Mittelalters und dem Totalitarismus, insbesondere dem Nazismus. Die Kreuzzüge waren gegen der Häresie verdächtige Menschen gerichtet und sollten eine Religion durchsetzen, während es zur Nazi-Ideologie gehörte, Individuen nicht wegen ihres Glaubens zu vernichten, sondern um ihrer selbst willen, und ihnen so die Zugehörigkeit zur Menschheit abzuerkennen.

Es ist der Wille, die Individualität als solche zu leugnen, der im Herzen des Totalitarismus wohnt. Der Nazismus ist dafür emblematisch, denn er verlangt im Namen einer essentialistischen Konzeption des Menschen einen Hass auf die juristische Person, der dazu führt, die Welt in Reine und Unreine, in „Menschen" und „Untermenschen" zu teilen. In der griechischen Antike hat selbst der Sklave eine Individualität, wie man bei Homer und in den griechischen Tragödien sieht. Im Totalitarismus ist das menschliche Wesen nur eine Nummer und nimmt sich so wahr. Aus diesem Grund auch kann er einer Konzeption der Welt anhängen, in der die Individualität, die Freiheit, die Alterität, die Schöpfung, die Unvorhersehbarkeit und alles, was Produkt der menschlichen

Spontaneität ist, keinerlei Wert haben. Was einzig zählt, ist die Zugehörigkeit zu einer Gemeinschaft, die im Fall des Nazismus nach biologischen Kriterien definiert wird.

Der Totalitarismus löscht durch sein Wesen die Quelle jeder Kreativität und jeder Spontaneität aus, reduziert jede individuelle Initiative und schaltet die Wirklichkeit gleich. Er ist untrennbar von dem Streben, mit Hilfe der Technik, der Medizin, der Arbeit und selbst der Kunst und der Kultur die menschliche Natur zu transformieren, um seine Ziele zu erreichen. Die Individuen sehen sich als Rädchen in einem kolossalen Unternehmen und als Mitglieder einer Rasse, einer Ethnie oder einer Nation, die als eine Entität oder Art für sich aufgefasst wird, die nur überleben kann, wenn sie die anderen Völker unterwirft oder vernichtet. Diese Ideologie kann sich nur ausbreiten, wenn die Menschen nicht mehr die nötigen Ressourcen haben, um an ihre eigene Fähigkeit zur Erneuerung der Welt zu glauben, einer Erneuerung, die darauf beruht, dass sie sich als Teil einer Welt begreifen, die älter ist als sie, und ihr neue und unvorhersehbare Schöpfungen hinzufügen, die die Frucht ihrer Freiheit sind. Der Verlust dieser Fähigkeit kann auch auf ein ökonomisches System zurückgehen, das den Menschen zermalmt, ihn jeder Anerkennung seiner Arbeit beraubt und an die Stelle des öffentlichen Raums einen deregulierten Markt setzt. In diesem Sinn, ohne dass wir den Ökonomismus mit dem Nazismus gleichsetzen wollten, und unter Wahrung aller notwendigen Vorbehalte, meinen wir, um die aktuellen Formen der totalitären Versuchung zu qualifizieren, dass die Unterordnung des Politischen unter die Ökonomie eine Bedrohung sowohl für die Individuen als auch für die Demokratie darstellt.

Ein System der Herrschaft („*domination*") kann in einer Gesellschaft wie der unseren auftreten und sich an die neuen Informationstechnologien anpassen oder mit dem internationalen Recht koexistieren. Das Stimmrecht und selbst die Souveränität der demokratischen Staaten, die im Prinzip die Garanten der subjektiven Rechte und der den sozialen Schutz, das Arbeits- und das Umweltrecht betreffenden Normen sind, können auf dem Papier bestehen bleiben, während ihr Funktionieren in der Realität ernsthaft in Frage gestellt wird. Desgleichen gelingt es den Menschenrechten und den Gesetzgebungen der verschiedenen Länder nicht, dem Gebrauch von Biotechnologien durch Individuen und Gruppen entgegenzutreten, die das menschliche Genom modifizieren wollen und unter anderem enorme finanzielle Ressourcen besitzen. Diesen Willen, die Natur des Menschen durch die Aussicht auf die Erschaffung einer neuen Rasse zu verändern, teilt der Transhumanismus mit dem Totalitarismus. Der Ökonomismus wiederum, der durch fortschreitende Zerstörung des öffentlichen Raums und Kommerzialisierung geprägt ist, kann totalitären Lösungen den Weg bereiten; mit Sicherheit erklärt er die Faszination, die extremistische Ideologien auf Menschen ausüben können, die in einer Welt leben, in der die Arbeit und die Tauschvorgänge ihren Sinn verloren haben und die Souveränität der Staaten zum Trugbild wird.

Dieser Prozess der Zerstörung des Politischen ist am Werk, wenn die totale Liberalisierung des Handels sich auf alle Güter erstreckt, die bis dahin dem Markt entzogen waren, weil sie einen Dienst an der Öffentlichkeit darstellen oder an ein Allgemeininteresse gebunden sind und daher nicht Objekte von Spekulationen sein sollen. Dann werden von privaten Gruppen Monopole geschaffen, deren Wettbewerbsfähigkeit darauf beruht, dass sie zu sehr niedrigen Herstellungskosten produzieren, weil ihre Gesundheits- und Umweltnormen niedrig sind, weil sie sozial nicht abgesicherte, aus armen Ländern stammende oder „entsandte" Arbeitskräfte beschäftigen und sich nicht ums Tierwohl kümmern. Die zu Lobbies zusammengeschlossenen multinationalen Konzerne treffen kaum noch auf Hindernisse und kontrollieren die Ökonomie, während es den Regierungen, die ihren Pressionen weichen, nicht mehr gelingt, ihre Macht zu begrenzen.

Es sind nicht so sehr die multinationalen Konzerne, die für diese Situation verantwortlich sind, sondern das, was ihre Dominanz erst möglich macht, will sagen der Ökonomismus. Dieser bedeutet eine Unterordnung des Politischen und aller Dimensionen der Existenz unter die Ökonomie, die nicht mehr als die kluge Verwaltung des Hauses und der Besitztümer des Staats gedacht wird und nicht mehr im Dienst der Menschen und des Lebens steht. Der Ökonomismus zeugt von einer falschen Konzeption von Ökonomie, weil, was ein Mittel ist, als Zweck betrachtet wird. In Wirklichkeit zerstört der Ökonomismus die Politik und nimmt die Politik in seinen Dienst. Charakteristisch ist die Homogenisierung aller Arten von Gütern, der Landwirtschaft, der Tierhaltung, während die Dienstleistungen den Industrien oder der Produktion von Fertigerzeugnissen angeglichen werden. Diese Homogenisierung der Dinge geht Hand in Hand mit der Kommerzialisierung des Lebendigen und einer wachsenden Entmenschlichung. Weil sich der Ökonomismus auf alle Lebensbereiche erstreckt und sich auf allen Ebenen durchsetzt, von den Individuen bis zu den Gemeinden und den Regierungen, wird die Ideologie, auf die er sich stützt, zur dominanten Ideologie; sie scheint als einzige mit der Wirklichkeit kompatibel zu sein. So zerstört sie die demokratischen Institutionen, untergräbt die Anlagen, die diese stützen und schleift die letzten Bastionen des Widerstands gegen die Errichtung einer ökonomistischen Weltordnung. In diesem Sinn kann man von totaler Herrschaft sprechen. Aber diese Ideologie lügt und ist den Anliegen unserer Zeit nicht angemessen.

Der Ökonomismus ist ein Monismus, der von der Vorstellung ausgeht, dass alle Güter dasselbe Maß haben, dass man die Effizienz der Produktion im Falle eines Autos und eines Lebewesens auf dieselbe Weise denken kann. Diese Idee, die den gesunden Menschenverstand verletzt, hat sich im Namen des Profits durchgesetzt. Auch dieser wird auf falsche Weise verstanden: Er wird identifiziert mit der Bereicherung einer privaten Gruppe, nicht aber nach dem Platz des Unternehmens innerhalb eines Ökosystems bewertet, also unter Berücksichtigung der Auswirkung der Produktion auf die Umwelt, ihre Konsequenzen für die menschlichen und nicht-menschlichen Lebewesen und auf die künftigen

Generationen. In der ökonomistischen Weltordnung sind die Menschen, die Natur und die Tiere nur Mittel, die dazu dienen, private Gruppen zu bereichern, die sich selbst als von der Welt losgelöste und über sie hinausgehende Entitäten wahrnehmen. Diese Ideologie zeugt von einer dreifachen Verleugnung: der Leugnung der relationalen Dimension der Unternehmen, die keine von einem geographischen und sozialen Milieu trennbaren Entitäten sind;[54] der Leugnung des Sinns von Aktivitäten, die im Sinne ihres Eigenwerts organisiert werden müssen, um das Maß und den Sinn für Grenzen zu wahren; der Leugnung des intrinsischen Werts von menschlichen und nicht-menschlichen Lebewesen, die in diese ökonomischen Aktivitäten einbezogen sind. Bedenkt man, dass zur Wertschätzung gehört, im Blick auf die Bewahrung der gemeinsamen Welt den Eigenwert der Dinge zu würdigen, dann zeigt sich, dass sich die Wertschätzung dem Ökonomismus grundsätzlich widersetzt.

Wenn sich dieses System hält, obwohl es auf einer Lüge beruht und zur unbegrenzten Ausbeutung der Natur und der Menschen sowie der Negation des Politischen führt, dann auch deshalb, weil es die meisten zu der Überzeugung gebracht hat, dass der Wettbewerb das Hauptmotiv der Vergesellschaftung und die Macht der Gipfel der Lust ist. Die Kooperation, die gegenseitige Hilfe und die Konvivialität spielen jedoch in den menschlichen und tierischen Gesellschaften eine mindestens genauso wichtige Rolle wie der Wettbewerb.[55] Darüber hinaus können diese moralischen Dispositionen die Individuen und die Kollektive zu einem zugleich gerechteren, nachhaltigeren und sinnvolleren Entwicklungsmodell hinführen, vor allem in einem Augenblick, da das Risiko ökologischer Katastrophen so schwer wiegt, dass es die Ökonomie selbst in Gefahr bringt.

---

54 Niklas Luhmann, *Soziale Systeme. Grundriss einer allgemeinen Theorie*, Frankfurt, Suhrkamp, 1987.

55 Frans de Waal, *Das Prinzip Empathie. Was wir von der Natur für eine bessere Gesellschaft lernen können*, München, Hanser, 2011, p. 43–66 und 263–265.

Der Ökonomismus ist also ein Koloss auf tönernen Füßen, auch wenn die Herrschaft des Profits, die soziale Isolation, der Rückzug auf sich selbst, die wachsende Angst vor dem anderen und der Wille zur Herrschaft ebenso wie die Konsumsucht sich gegenseitig verstärken. Sie haben alle dieselbe Quelle: das auf atomistische Weise gedachte Individuum, entwurzelt und von den anderen abgeschnitten, das zugleich leere und totale Subjekt der Verzweiflung, das in der Angst lebt, das, was es hat, zu verlieren, der stets gierige und nie befriedigte *homo œconomicus,* unzufrieden mit sich selbst, neidisch auf die anderen und verirrt in einer Welt, in der die Dinge ihren eigenen Wert verloren zu haben scheinen. Um zu zeigen, wie man nach und nach dieses System ersetzen und die falsche Anthropologie, auf der es beruht, widerlegen kann, muss gezeigt werden, wie wichtig die beiden Hauptkategorien sind, die die Politik der Wertschätzung begründen: die „Natalität" (das Geboren-Sein) und die „Konvivenz" (das Zusammenleben).

Das Neugeborene, Gesicht der Wertschätzung

Die Natalität ist die Hauptkategorie des Politischen.[56] Sie bezieht sich auf die symbolische und politische Bedeutung der Geburt, die, über das Band, das uns mit den anderen Generationen und der gemeinsamen Welt verbindet, das Schema der *Condition humaine* ist. Sie begründet eine Politik der Wertschätzung, will sagen eine politische Organisation, in der der Mensch, indem er sich in eine Welt einfügt, die älter ist als er selbst, an der Anstrengung der vergangenen und gegenwärtigen Generationen, die Welt bewohnbar zu machen und zu erneuern, teilhat.

Geboren zu sein, bedeutet, dass andere Individuen uns vorangegangen sind. Unsere Unfähigkeit, unsere Geburt in der ersten Person zu denken, illustriert diese anthropologische Wahrheit: Wir können nur wir selbst sein, weil andere uns in die Existenz gestellt

56 Hannah Arendt, *Vita activa,* p. 15 und p. 243.

haben. Dass die Geburt uns von vornherein in der Intersubjektivität situiert und die Vorgängigkeit des anderen und der Welt unterstreicht, und dass wir nicht unser eigener Ursprung sind, ist nicht der einzige Wert dieses Begriffs. In der Tat ist jedes Neugeborene ein unvorhersehbares und völlig neues Wesen, das von viel weiter herkommt als von seinen Eltern, nämlich von einer endlosen Zahl einzigartiger menschlichen Wesen. Die Einzigartigkeit der Person ist abhängig von der menschlichen Pluralität.

Es ist seine Fähigkeit, etwas Neues zu beginnen, etwas zu erneuern, Initiativen zu ergreifen, die nicht vorhergesehen waren, die aus dem Neugeborenen, dem Unbekannten, das noch nie vorher gesehen wurde, ein Wunder machen, das die Welt vor ihrer Routine rettet. Anders als die Fortpflanzung ist die Geburt das Symbol der Freiheit. Diese wurzelt in der intersubjektiven Dimension unserer Existenz und ist untrennbar von der Alterität eines jeden von uns. Als Kreativität gedacht, als Fähigkeit, etwas zu beginnen (*archein*) und dann in Bewegung zu versetzen (*agere*), ist sie die Kategorie des Handelns. Die Geburt von immer anderen und neuen Wesen lehrt uns, dass die Pluralität das Wesen der Politik ist. Sie beruht auf der *Condition humaine*, sie stützt sich auf keinen Essentialismus und wirft ein Licht darauf, wie notwendig es ist, in jeder politischen Organisation, die diesen Namen verdient, die Alterität und die Diversität zu berücksichtigen und die Fähigkeit der Individuen, die Welt zu erneuern, zu fördern. So widersetzt sie sich jeder biologistischen Konzeption des Menschen, der Umwandlung der Individuen in Automaten, ihrer Kommerzialisierung und ihrer Entmenschlichung.

Wenn wir die Geburt eines Kindes feiern, indem wir es in unseren Armen tragen, indem wir dieses Wesen betrachten, von dem keiner erraten kann, was es tun und wer es sein wird, dann bewundern wir diese seine Fähigkeit, die Welt zu erneuern. Wir sind gerührt von diesem Neugeborenen, das die Welt, in die es sich einfügt, noch nicht kennt und das die Welt ihrerseits auch noch nicht kennt, und ermessen die Unbestimmtheit und Unvorhersehbarkeit, die jedem menschlichen Wesen eigen sind und die auch seine Freiheit, d.h. seine Macht bedingen etwas zu tun, das mit der Vergangenheit bricht. Die Natalität bedeutet, dass aufgrund dessen, dass es geboren ist, jedes menschliche Wesen eine neue Handlung zu vollbringen nicht nur fähig, sondern auch gezwungen ist. Das Neugeborene verweist jeden darauf, dass er seine Freiheit annehmen, handeln und sich in der Welt engagieren muss, statt sich in stereotypen Verhaltensweisen zu verschanzen.

Einem Neugeborenen zu begegnen, heißt also, sich seiner eigenen Freiheit zu erinnern, heißt jenseits seiner Gewohnheiten die Kraft zum Wagnis zu finden. Alledem zum Trotz, was uns einredet, es gebe nichts Neues unter der Sonne, haben auch wir die Kapazität zur Erneuerung der Welt. Dieses Gegenüber mit dem Neugeborenen bedeutet, dass wir selbst einmal dieses Versprechen gewesen sind, und vor dem Kind fragen wir uns, ob wir es gehalten haben. Haben wir unser Potential entwickelt, oder ist unsere Existenz nur eine Abfolge von Verzichten gewesen, die uns des Gefühls, ein erfülltes Leben zu haben, beraubt haben, so wie sie die Welt eines Reichtums beraubten, den auszudrücken uns nicht gelang?

Anlässlich der Frage der Großmut bei Descartes haben wir die Bedeutung der Freiheit und den Mut betont, der darin besteht, anzuerkennen, dass es kein Rezept gibt, das vorschreibt, wie wir uns verhalten sollen, dass aber unsere Selbstheit, egal was wir tun, immer auf dem Spiel steht. Das Interesse dieser von Hannah Arendt inspirierten Philosophie der Geburt besteht darin, dass die Freiheit hier das Gesicht eines anderen hat: das des Neugeborenen. Wir müssen unsere Freiheit annehmen, nicht aus Sorge um uns selbst, sondern aus Liebe zur Welt. Das Neugeborene gebietet uns, dafür zu sorgen, dass die Welt die Alterität und die Pluralität willkommen heißt und immer neue Lebewesen sie weiterhin bewohnen. Es hat das Gesicht der Wertschätzung.

Was wir in ihm wertschätzen, ist die Reihe der Ahnen, die es bis zu uns geleitet haben. Wir wertschätzen seine Alterität, sein Geheimnis, seine Zerbrechlichkeit sowie sein zwingendes Bedürfnis, in dieser Welt willkommen geheißen und von anderen anerkannt zu werden. Zugleich werden wir uns der uns zufallenden Verantwortung bewusst. Diese besteht darin, in Freiheit zu handeln, aber auch für den Neuankömmling zu sorgen und ihn zu erziehen, indem man ihn die Regeln des Lebens in Gemeinschaft lehrt, damit er die Mittel hat, Neues vorzuschlagen, was weitergegeben werden und überdauern kann. Es geht also nicht mehr nur darum, ihm eine bewohnbare Welt zu hinterlassen und eine Gesellschaft zu stützen, die Raum lässt für Alterität und Pluralität. Auch sein Vermögen, als freies Wesen zu handeln und zu denken, muss gepflegt werden.

Mit Recht sind wir angesichts der Welt, die wir künftigen Generationen hinterlassen werden, und der Zukunft der Jüngsten, beunruhigt. Die Kategorie der Natalität fordert uns auf, zu fragen, welche Kinder wir der Welt geben wollen. Werden sie diese bewahren können, damit sie bewohnbar und offen bleibt für die Pluralität? Wenn wir das Neugeborene zum Emblem der Wertschätzung machen, wenn wir das Potential und die Unvorhersehbarkeit betonen, die mit dem Zur-Welt-Kommen eines jeden Menschen verbunden ist, aber auch seine Teilhabe an einer Welt, die mit ihren Traditionen und ihren Codes schon da ist, wird evident, dass jede Geburt Neuheit *und* Kontinuität ist. Jede Person, die ein Neugeborenes in den Armen trägt, sollte unverzüglich an das denken, was es zu seiner Entfaltung braucht. Das bedeutet, über den Typ von politischer Organisation nachzudenken, der ihm gestattet, sich zu entwickeln, und zu verstehen, dass die Neuankömmlinge in einer stabilen Welt empfangen werden müssen, die ihnen hilft, sich gegenüber der Vergangenheit zu positionieren und etwas Neues zu schaffen, das imstande ist, die Welt fortzuentwickeln. In diesem Sinn weist das Neugeborene uns den Weg der Wertschätzung.

Gefordert ist ein politisches Handeln, das sich für den Übergang zu einem Entwicklungsmodell engagiert, in dem die Ökonomie im Dienst des Lebens steht, in dem die Bereiche des Guten nicht miteinander verwechselt werden und in dem der drohende Zusammenbruch dank mutiger Politik überwunden wird. Es verlangt auch, dass die Jüngsten verstehen, dass sie sich in eine Tradition einschreiben, die zur gemeinsamen Welt gehört. Das hat mit dem Individuationsprozess zu tun, von dem in den vorigen Kapiteln die Rede war, aber es bedarf auch der Institutionen. Denn die Stabilität, die wir zum Aufwachsen benötigen, hängt von einer politischen Organisation ab, die nicht ein für allemal gegeben ist. Die Koexistenz zwischen den Lebewesen muss so organisiert sein, dass Freiheit und Pluralität, Kreativität und Stabilität möglich sind. Schon die Jüngsten müssen Orientierungspunkte haben, müssen die Werke, müssen die Worte und Taten kennen, die zum Aufbau einer Gemeinschaft beigetragen haben. Dies ist die Bedingung, unter der sie neue Werke schaffen, neue Worte aussprechen und Taten tun können, die ihr eigener Beitrag sein werden und die die anderen Menschen, die jetzigen und die künftigen, einmal werden ernähren können. Die Gemeinschaft, die sie bei ihrer Geburt aufgenommen hat, wird von dem, was sie geschaffen haben, erneuert werden. Diese Dialektik zwischen Alt und Neu setzt voraus, dass das Politische nicht zerstört wird – anders als in der totalitären Herrschaft, die verlangt, dass alles neu gemacht wird, und die die Werke zerstört und die Ablehnung oder die Unkenntnis der Tradition propagiert. Sie erklärt zugleich die schwierige Aufgabe der Erziehung, die die Bedingungen für die Erneuerung der Welt schaffen muss, indem sie die Kenntnis der Vergangenheit ebenso wie die Liebe zur Welt lehrt.[57]

Ohne Letzteres werden die Wesen, die heute geboren werden und die, die noch jung sind, ihr Versprechen nicht halten können, und der Nihilismus wird keinen Widerspruch finden. Weil er auf dem Prinzip beruht, dass alles erlaubt ist, und Wesen ohne Wurzel erzeugt, ist der Nihilismus eine der Bedingungen für das Aufblühen des Totalitarismus. Mit Sicherheit bietet er kein Mittel gegen die totalitäre Versuchung. Im Gegenteil, das dem Totalitarismus eigene

57 *Id.*, „Die Krise in der Erziehung“ in *Zwischen Vergangenheit und Zukunft*, p. 256s., p. 266–272, p. 276.

System totaler Herrschaft wird noch genährt durch Entmutigung, Orientierungsverlust und die Erfahrung der Nicht-Zugehörigkeit zur gemeinsamen Welt, die daraus folgt. Der Nihilismus lässt die Individuen Ideologien anhängen, die sie jede Humanität verlieren und an ein „alles ist möglich" glauben lassen, weil keine Vorstellung von sich selbst und der Welt, weil keine positive Emotion an die Stelle ihrer unartikulierten Ablehnung der Zivilisation getreten ist.

Hannah Arendt denkt die Liebe zur Welt (*amor mundi*) nach dem Vorbild der Nächstenliebe, weil die Liebe zur Welt den Willen impliziert, an der gemeinsamen Anstrengung zu ihrer Bewahrung teilzuhaben. Ihr Prinzip lässt sich so ausdrücken: Ich will, dass du lebst. Es handelt sich um das Engagement eines Menschen, der verstanden hat, wo er herkommt, und weiß, dass die gemeinsame Welt der Existenz Sinn und Dichte verleiht. Sein Wunsch ist, dass diese gemeinsame Welt dauert und stets bewohnbar bleibt, um denen Platz zu machen, die folgen werden und die sie ihrerseits weitergeben und ihr Wohl sichern müssen. So wird das politische Bewusstsein geboren, das Faktum, sich für die Welt verantwortlich zu fühlen und alles zu tun, um gegen die Entmenschlichung zu kämpfen. Ohne eine Arbeit des Verstehens sowohl seiner selbst als auch der gemeinsamen Welt, in die wir hineingeboren werden, d.h. auch der jeweils besonderen Gesellschaft, die uns empfängt, und ohne den Mut, die Wirklichkeit auszuhalten, ist allerdings keine Versöhnung mit dem Realen und kein Engagement zugunsten der Welt möglich. Darum ist es schwierig, seine politische Freiheit auszuüben, solange man nicht in der Wertschätzung ist, egal bis zu welcher Stufe man gelangt ist. Um die Wertschätzung zu praktizieren, braucht man eine gute politische Organisation, die sie möglich macht und die in der Natalität verankert ist, aber diese politische Organisation zu bewahren und sogar Liebe zur Welt, jenes Heilmittel gegen den Nihilismus, zu spüren, wird nur gelingen, wenn man die Wertschätzung praktiziert.

Nicht jedermann erreicht jedoch die Liebe zur Welt, nicht jedermann kann sie so ausdrücken, wie es Hannah Arendt nach der Redaktion der drei Bände von *Elemente und Ursprünge totaler Herrschaft* tat, als sie an Karl Jaspers schrieb, dass sie Dankbarkeit empfinde, wenn sie jenes neue Vermögen, die Welt zu lieben, an sich feststelle: „Ja, die Weite der Welt möchte ich Ihnen diesmal bringen. Ich habe so spät, eigentlich erst in den letzten Jahren, angefangen die Welt wirklich zu lieben [...]. Aus Dankbarkeit will ich mein Buch über politische Theorien *Amor mundi* nennen."[58] Die Einsicht ins Reale, die die Frucht einer Arbeit des Verstehens ist, die zugleich die Vernunft, die Urteilsfähigkeit und das Herz oder die Affekte fordert, ließ bei Hannah Arendt eine Liebe zur Welt entstehen, die keine als Zuflucht dienende intellektuelle Konstruktion ist, sondern Liebe zur gegenwärtigen Welt. Für sie war die politische Philosophie die Ausübung der Wertschätzung. Die Tiefe ihrer Analyse der politischen Phänomene, die sie mit einer Philosophie der Existenz verbindet, erlaubte ihr, den Zeitgenossen und den künftigen Generationen Orientierungspunkte zu geben, die ihnen halfen, in einer unmenschlichen Welt menschlich zu bleiben. Es ist wichtig, dieses der Rekonstruktion der Welt gewidmete Unternehmen zu ermessen, sich davon inspirieren zu lassen und sich zugleich zu fragen, was diejenigen, die diese tiefe Einsicht in das Reale nicht haben oder diese harte Arbeit nicht auf sich nehmen wollen, auf den Weg der Wertschätzung bringen kann. Welche Wege eröffnet eine Politik der Wertschätzung der Mehrheit der Individuen? Was braucht es, damit die Menschen nicht in ihrer Verlassenheit versinken, sondern am gemeinsamen Werk der Bewahrung und des Wiederaufbaus der Demokratie teilnehmen, und welche Rol-

58 Hannah Arendt, Karl Jaspers, *Briefwechsel, 1926–1969*, hrsg. v. Lotte Köhler und Hans Saner, München, Piper, 1985. Siehe Hannah Arendts Brief vom 6. August 1955. Das Buch, von dem sie spricht, ist nicht erschienen, aber das Thema der Liebe zur Welt ebenso wie das des Übergangs vom Groll zur Dankbarkeit hört nicht auf, Hannah Arendt zu beschäftigen. Siehe Véronique Albanel, *Amour du monde. Christianisme et politique chez Hannah Arendt*, Paris, Cerf, 2010, S. 319.

le spielt die Anerkennung in einem Subjektivierungsprozess, der zur Liebe zur Welt hinführen kann?

Die Konvivenz

Koexistenz, Konvivialität und Konvivenz

Die „Konvivenz"[59] bezeichnet den Wunsch, zusammen zu leben. Sie geht dem Gesellschaftsvertrag voraus und macht ihn möglich, indem sie bei den Bürgern Neigungen, Affekte und Vermögen entwickelt, die ihr Pflichtgefühl festigen und sie bereit machen, den Gesetzen zu gehorchen sowie an der Deliberation und am staatlichen Leben teilzunehmen. Sie kann die Zerstörung des Politischen verhindern. Zusammen mit der Natalität handelt es sich um eine richtungweisende Kategorie der Politik der Wertschätzung, deren spezielle Aufgabe darin besteht, zu erklären, wie diese Politik möglich ist, auch wenn die Individuen nicht bis zu den höchsten Stufen der Wertschätzung gelangen. Die Konvivenz besteht darin, vom „leben von" zum „leben mit" und im Idealfall zum „leben für" überzugehen, aber sie verlangt nicht, dass sich alle Bürger auf einen Horizont beziehen, der so weit ist wie die gemeinsame Welt, wie wir sie definiert haben, indem wir alle Lebewesen und die Gesamtheit der Generationen mit einbezogen.

Die Konvivenz ist also der zentrale Begriff des Politischen, insofern dieses sich auf die Organisation einer begrenzten Gemeinschaft bezieht. Ein solches Ziel ist nur scheinbar bescheiden – die Demokratien sind zerbrechlich, die Harmonie ist oft oberflächlich,

59 Robert Maggiori hat als erster diesen Begriff benutzt, den er ins Französische einführte und aus ihm in *De la convivance. Philosophie de la liberté ou philosophie de l'amour?*, Paris, Fayard, 1985 einen philosophischen Terminus machte. Wir schließen uns seinen Analysen an, geben diesem essentiellen Begriff, der darüber hinaus die politische Theorie mit der in *Les Nourritures* vorgestellten Philosophie der Körperlichkeit verbindet, jedoch einen leicht abweichenden und rein politischen Sinn.

und die Konvivenz verlangt eine Anzahl psychischer und nicht-psychischer Fähigkeiten, die nicht angeboren sind. Und wenn die Wertschätzung in der Liebe zur Welt kulminiert und der- oder demjenigen, der sich politisch engagiert, eine Vision vermittelt, dann ist die Konvivenz nötig, damit sich die Individuen als Bürger verhalten und sich an der Schaffung eines öffentlichen Raums beteiligen, der für das Leben einer gesunden Demokratie unentbehrlich ist.

Der Begriff Konvivenz oder *convivencia*, der 2004 als *„convivance"* in das *Dictionnaire de la langue française* eingegangen ist, spielt nicht nur auf die lange Periode zwischen 711 bis 1492 an, in der Juden, Muslime und Christen in Spanien relativ harmonisch zusammen gelebt haben. Das okzitanische Wort *convivencia* impliziert zwar die Idee einer friedlichen Koexistenz, die die Achtung vor den Unterschieden ebenso wie vor der Gleichheit sowie religiöse Toleranz voraussetzt. Aber die Konvivenz geht über die bloße Koexistenz und sogar über die Kohabitation, die beide die Indifferenz nicht ausschließen, hinaus. Sie bezeichnet nicht nur den Wunsch, sondern auch das Vergnügen, zusammen zu leben, die einen *mit* den anderen, nicht nur die einen *neben* den anderen. Diese Freude, die auch in der Konvivialität vorhanden ist, zeigt, dass zwischen Lebewesen, die keine homogene und starre Masse bilden, sittliche und gemeinschaftliche Bindungen existieren. Die Konvivenz bezieht sich auf eine Gemeinschaft, die als ein dynamisches Ganzes gedacht wird, in dem die Harmonie die Pluralität nicht ausschließt.

Wie im aristotelischen Modell des *synoikismos*,[60] in dem der Staat Menschen aus diversen Großfamilien mit verschiedenen Loyalitäten versammelt, ist die Konvivenz das Prinzip einer politischen Organisation, die von Pluralität geprägt ist. Sie ist die Kunst, diese Diversität als Reichtum zu verstehen. Verstanden werden muss jedoch, dass die Harmonie eines Staates einer Symphonie

60 Aristoteles, *Politik*, II, 2, 1261a.

vergleichbar ist, in der mehrere unterschiedliche Stimmen zusammenwirken und sich gegenseitig antworten. Die Harmonie ist an die Wahrnehmung der Gesamtheit gebunden, aber man kann, wenn man darauf achtet, auch jede Stimme oder jedes Instrument für sich hören und ihre Interaktion erfassen. Dieses Resultat ist die Frucht einer Technik und einer Kunst; es verlangt die Beachtung von Regeln zur Vermeidung von Missklängen.

Diese Wichtigkeit der Regeln, die bedeutet, dass die Konvivenz nicht mit der Freundschaft gleichgesetzt werden kann, findet sich in einem geringeren Maß auch in der Konvivialität. Bei einer Mahlzeit muss ein jeder Anstand und Takt, Diskretion und Herzlichkeit beweisen und zugleich den Abstand zwischen den Gästen, die ihm nicht zwangsläufig nahestehen, beachten. Und so bedeutet die Konvivenz, dass die Anstrengungen, ja der zum Zusammenleben notwendige Verzicht, den die Individuen auf sich genommen haben, durch eine gewisse Zahl von Belohnungen kompensiert wird, die die Gäste in der Befriedigung ihrer Bedürfnisse, in der Anerkennung ihres Werts und dem schließlich sich einstellenden Gefühl finden, dass ihr Leben einen Sinn hat und dass sie da, wo sie sind, am richtigen Ort sind.

Die Konvivenz teilt mit der Konvivialität die etymologische Wurzel (*vivere*), die hervorhebt, dass diese Lust zu existieren in der Materialität wurzelt. Der Gast, der *convive,* ist *per definitionem* die Person, mit der ich eine Mahlzeit, will sagen Lebensmittel, teile. In der Konvivenz ist die Weise, wie wir von der Nahrung und zugleich von den anderen abhängen, gleichermaßen manifest. Das Präfix *con, cum,* „mit", übersetzt diese Verbindung. Das Teilen der Nahrung schafft ein Gefühl der Befriedigung, das in der Konvivenz nicht nur, wie es in der Konvivialität der Fall ist, mit dem Vergnügen, einer guten Küche und guten Umgangsformen verbunden ist, sondern auch das Gefühl zum Ausdruck bringt, in einer gerechten Gemeinschaft gut zu leben.

Diese enge Beziehung zwischen der Nahrung, der wechselseitigen Abhängigkeit und der Gerechtigkeit charakterisiert eine politische Philosophie, die auf einer relationalen Konzeption des Subjekts beruht, die nichts zu tun hat mit einer Ontologie, die unterschwellig jenen politischen Theorien zugrunde liegt, für die die Vergesellschaftung auf einem Konglomerat von isolierten Individuen beruht. Die Konvivenz verbindet eine Reflexion über das Politische mit einer Phänomenologie der Körperlichkeit und der Existenz. Ihr Ausgangspunkt ist nicht der autonome und rationale moralisch Handelnde oder das Individuum, das durch die Freiheit, Entscheidungen zu treffen und sie zu ändern, charakterisiert wird. Es handelt sich vielmehr um das fleischgewordene Subjekt, das Hunger und Durst hat und irdische und spirituelle Nahrung benötigt, um sich zu entfalten. Die Konvivenz will nicht nur, dass der andere keinen Mangel leidet; angestrebt wird vielmehr, dass die Situationen, in denen man isst, tauscht oder handelt, auch sein Leben nähren und seiner Existenz Würze geben. Wenn er innerhalb der Gemeinschaft nicht dieses Gefühl verspürt, fühlt er sich überflüssig, was wiederum zu einer Auflösung der sozialen Bindung führen kann.

Weder kann man seine Mahlzeit mit der ganzen Welt teilen, noch ein Tier als Gast haben, sei es auch das eigene Haustier, denn es versteht die Kunst des Tafelns nicht und kann die Regeln, Rhythmen und Riten nicht befolgen, die nicht weniger als die Qualität der Speisen und die von Brillat-Savarin gefeierte Tugend der Feinschmeckerei das Herz des Fests oder des Festmahls bilden.[61] Auch eine politische Gemeinschaft ist eine besondere Gemeinschaft. Die weltumspannende Konvivenz ist sinnlos. Das heißt nicht, dass der Begriff des Kosmopolitismus leer wäre, aber der kosmopolitische, nicht

61 Jean-Anthelme Brillat-Savarin, *Die Physiologie des Geschmacks*, München, Heyne, 1976 gibt dem Begriff Konvivialität seinen heutigen Sinn, der das Vergnügen bezeichnet, eine Mahlzeit zu teilen und Gäste zu empfangen. Konvivialität kommt von dem Wort *convivium* (Festmahl), das im dreizehnten Jahrhundert auftaucht. Seit 1541 findet man das Wort *convivial*, das aus dem Lateinischen stammt (*convivalis* oder *convivialis*; „was mit der Mahlzeit, dem Bankett zu tun hat").

bloß nationale Standpunkt und die von ihm angenommene Idee der einen Menschheit bringen nicht das Vergnügen und die Kunst des Zusammenlebens hervor, wie sie der Konvivenz eigen sind.

Convivere heißt gleichermaßen zusammen essen wie zusammen leben. Das impliziert ein Teilen der Speisen unter Personen, die sich anerkennen und auf dieser Grundlage privilegierte soziale Bindungen untereinander schaffen. Der Wetteifer, der Austausch und das Vergnügen mildern die Rivalitäten prinzipiell ab und erlauben Gegensätzen und Streitpunkten sich auszudrücken, ohne dass das Band reißen würde. Der Begriff „Konvivialität" ist also nicht hinreichend, weil die Kunst des Zusammenlebens nicht nur auf der Höflichkeit, sondern auch auf einer gerechten politischen Organisation beruht, die geschaffen und aufrecht erhalten werden muss. Die Konvivenz verlangt die Schaffung eines öffentlichen Raums, der das Formulieren eines gemeinsamen Guts erlaubt, das für jeden den Horizont bilden wird. Die Konvivialität dagegen stellt diese Forderung nicht: Ich kann gegen meinen Tischgenossen gleichgültig bleiben, ohne es an Höflichkeit oder Anstand fehlen zu lassen.

In der Koexistenz ist der Motor der sozialen Bindung lediglich der Vorteil, den ein jeder aus dem Staat ziehen kann, der als bloße Verwaltung gedacht wird. Das öffentliche Gut wird als ein Kuchen wahrgenommen, von dem die Individuen nur einen winzigen Teil zu erhalten glauben: Sie stellen sich vor, dass nicht für jedermann etwas da ist und dass der ihnen zustehende Teil umso geringer ist, je mehr es Bedürftige und Berechtigte gibt. Zugleich meint jeder, dass er weniger als die anderen bekommt und ganz bestimmt weniger, als ihm zusteht. In der Konvivenz dagegen verbindet sich das persönliche Interesse mit dem Wunsch und der Lust, zusammen zu leben: Je mehr wir tauschen und kooperieren und dabei darauf verzichten, alles für uns behalten zu wollen, desto reicher sind wir – sowohl individuell als auch kollektiv. Das Gemeinwohl ist nicht mehr einem Kuchen zu vergleichen, über den man eifersüchtig wachen müsste und von dem jeder die leckersten Stücke zu bekommen versuchte, denn weder die Gerechtigkeit noch die Wahrheit werden weniger, wenn man sie teilt. So ist die Konvivenz die Kunst, einen gemeinsamen Raum zu schaffen, in dem die Individuen einen Sinn für ihr Leben finden, weil ihre Bedürfnisse befriedigt werden und sie sich wertgeschätzt fühlen. Diese Wertschätzung motiviert sie, zu kooperieren und im kollektiven Interesse ihren Beitrag zu leisten.

Eine Methode, das Politische neu zu konfigurieren

Das politische Problem kann folgendermaßen formuliert werden: Wie können die Individuen so zusammenleben, dass sie ihre Unterschiede und Streitigkeiten zwar ausdrücken, also gegeneinander stehen, dass sie aber nicht in Hass verfallen, sondern im Zusammenleben die Gelegenheit finden, sich gegenseitig zu bereichern?[62] Statt zu postulieren, dass eine soziale Harmonie existiert, die zu schaffen die Geschichte, die Religion, die Sprache und die Kultur hinreichen, und statt das Gespenst des Nationalismus zu bemühen, geht es darum, die Regeln zu suchen, dank denen die Bürger zusammenleben können, und die Prioritäten des Politischen festzulegen. Deswegen ist die Konvivenz zugleich ein Organisationsprinzip und eine Methode.

Jede Politik der Wertschätzung stützt sich auf die Konvivenz und beginnt damit, dass sie anerkennt, dass die Demokratie fragil ist. Das gilt besonders im aktuellen Kontext, denn die ökonomische Prosperität, auf der die liberalen Demokratien beruhten, ist aufgrund des ökologisch unhaltbaren Charakters unseres Entwicklungsmodells und der Grenzen des Wachstums nicht mehr für alle erreichbar. Dazu kommen die Wertekonflikte, die zwischen Bürgern entstehen, die weder dieselbe substantielle Konzeption vom Guten noch dieselbe Religion haben. Die Konvivenz fordert, über

62 Eine ganz ähnliche Formulierung findet sich bei Alain Caillé, *Pour un manifeste du convivialisme*, Paris, Le Bord de l'eau, 2011, S. 19.

die dialogischen Fähigkeiten und über die Gesamtheit der Tugenden nachzudenken, die man sich aneignen muss, ebenso wie über die Diskussionsräume, die nötig sind, damit diese Spaltungen sich ausdrücken und eine Form finden können, statt von Diskursen, die an den Hass appellieren, in Beschlag genommen zu werden.

Die Konvivenz hat also weder mit einer schweigenden Nicht-Intervention in die öffentlichen Angelegenheiten zu tun, noch mit der Illusion einer Gesellschaft, in der, wie Kant sagt, die Menschen, „gutartig wie die Schafe, die sie weiden", „in einem arkadischen Schäferleben bei vollkommener Eintracht, Genügsamkeit und Wechselliebe" dahinleben, aber „alle Talente auf ewig in ihren Keimen verborgen bleiben"[63]. Die Konflikte können sogar zur Quelle von Fortschritten auf zivilisatorischer Ebene werden, wenn es stimmt, dass unsere größten Tugenden aus der Korrektur unserer Irrtümer erwachsen oder in Neigungen wurzeln, die aus unserer Ambivalenz und unserer „ungeselligen Geselligkeit"[64] stammen. Eine Politik der Wertschätzung impliziert also nicht, dass man warten muss, bis die Menschen sich innerlich erneuern, um die politische Gemeinschaft zu organisieren. Das Problem besteht darin, die Bedingungen zu schaffen, die dafür sorgen, dass die Wertschätzung möglich ist und dass es uns gelingt – selbst wenn nicht alle die höchste Stufe erreichen – den richtigen Weg einzuschlagen und den Übergang zu einem anderen Entwicklungsmodell zu schaffen, ohne das die Demokratie und die Ökonomie unter dem Druck vielfacher Krisen zusammenbrechen.

Auch wenn er nicht von Konvivenz spricht, gebraucht Richard Sennet Metaphern, die illustrieren, wie ein Reparatur-Prozess des Politischen aussehen könnte.[65] Die erste Verfahrensweise besteht

63 Immanuel Kant, „Idee zu einer allgemeinen Geschichte in weltbürgerlicher Absicht", Vierter Satz (= AK VIII, 21).

64 *Ibid.*

65 Richard Sennett, *Ensemble. Pour une éthique de la coopération,* trad. P.-E. Dauzat, Paris, Albin Michel, 2014, p. 277–278. Dt.: *Zusammenarbeit. Was unsere Gesellschaft zusammenhält,* Berlin, Hanser, 2014.

darin, eine alte Ordnung zu restaurieren, nach Art der Handwerker, die ein Stück Porzellan reparieren, damit es aussieht wie vorher, als es noch nicht gesprungen oder zerbrochen war. Man kann sich auch neuer Materialien bedienen, wie es die Restauratoren von alten Violinen machen, die für die Wirbel und Stimmstöcke andere Hölzer als die aus der Zeit Stradivaris benutzen. Sie ersetzen bestimmte Partien, um das Funktionieren des Instruments zu verbessern, dessen Form und Gebrauch dieselben bleiben wie vorher. Ohne sklavisch zu kopieren, bleiben sie dem ursprünglichen Geist treu. Schließlich kann man auch das Objekt modifizieren und seine Form und seinen Gebrauch verändern; dann ist die Reparatur eine Rekonfiguration.

Auf dem Gebiet der Architektur entspricht diese letztere Vorgehensweise der Arbeit, die Chipperfield geleistet hat, als er beauftragt war, das 1943 von Bomben zerstörte archäologische Museum von Berlin wieder aufzubauen.[66] Er hat sich bemüht, die Vergangenheit des Gebäudes in seinen Umbau und seine Metamorphose mit einzubeziehen, ohne es identisch zu rekonstruieren. Er hat es für die Interpretationen und Verwendungen der Gegenwart offen gehalten. In manchen Sälen ließ er die Bombenschäden sichtbar, und in anderen werden die Objekte in unkonventioneller Weise ausgestellt. Indem er neue Säle schuf, hat er auch Raum gelassen für Aktivitäten wie modernen Tanz, die nicht vorgesehen waren, als das Museum erbaut wurde. Die Schäden der Vergangenheit sind evident, aber das Haus lässt gegenwartsbezogene Bedeutungen zu und lässt noch Raum für neue Schöpfungen.

Auch wenn man den Unterschied zwischen einem Gebäude, das stets starr ist, und einem politischen Körper, der stets im Werden ist, berücksichtigt, kann man sagen, dass die Neukonfiguration dieses Museums uns ein paar Elemente zum Verständnis der Konvivenz liefert. Die Integration der drei Zeiten, Vergangenheit, Gegenwart und Zukunft, sowie der experimentelle Charakter des

---

66 *Ibid*, p. 279–285.

Transformationsprozesses sind Teil der Rekonfiguration. So wie Chipperfield den symbolischen Wert des Gebäudes berücksichtigt und das Museum in einen dynamischen sozialen Kontext einfügt, indem er moderne Techniken für die Konstruktion und die Werkanalyse heranzieht, so müssen wir das Politische neu konfigurieren, ohne zu meinen, die Restauration einer einstigen Größe würde eine Lösung bieten, um das soziale Band wiederherzustellen und einer Nation wieder Prestige zu schaffen. Das heißt nicht, dass wir uns blindlings einer Globalisierung in die Arme werfen müssen, deren Folgen wir wie bei der Atomenergie weder einschätzen noch beherrschen können. Wir müssen uns im Gegenteil darüber klar sein, worauf wir Wert legen und was wir sein wollen, um die Bedingungen für eine feste Regulierung der Ökonomie und eine kluge Weiterentwicklung der Institutionen zu entwickeln.

Eine wesentliche Rolle in der Rekonfiguration spielt die Improvisation. Auch das zeigt die Arbeit von Chipperfield, der den Standpunkt der Museumsbesucher berücksichtigt hat. Die Konvivenz ist also nicht einfach und wesentlich die Ausführung eines Plans *a priori*, der von einem Chef, einem Architekten oder einem Politiker konzipiert worden ist, sondern eine kollektive Arbeit, die dieser Chef ermöglichen muss. Wenn er die Wertschätzung praktiziert, wird er seine Entscheidungen nicht den Umfragen unterordnen und auf die Wünsche des Publikums einzugehen wissen. Vor allem aber wird er sich für die diversen Erfahrungen interessieren, welche die Bürger hier und da erworben haben. Sie sind besonders nützlich in der Landwirtschaft, der Viehzucht, der Distribution und in allem, was die solidarische und soziale Ökonomie betrifft. Die Reorganisation der Gesellschaft und des Politischen kann also nicht ausschließlich von vertikalen Entscheidungen kommen. Sie verlangt die Kenntnis von Alternativen und Innovationen, die die Fähigkeit der Individuen zeigen, für auftretende Schwierigkeiten auf lokaler Ebene Lösungen zu finden. Am Ende geht es darum zu formulieren, was diese Initiativen gemeinsam haben, und diese Erkenntnisse für das Handeln nutzbar zu machen.

Angesichts dessen, was wir zuvor über die Gefahr und über die gleichermaßen existentiellen, sozialen und politischen Verwüstungen gesagt haben, die der Ökonomismus mit sich bringt, scheint es evident, dass man heute zuallererst die Stellung der Ökonomie neu definieren muss. In dem Maß, wie unser Entwicklungsmodell von einer Definition des Wachstums abhängt, die weder die ökologischen Kosten der Produktion und des Handels noch ihre Auswirkungen auf die Tiere mit einbezieht, ist es inkompatibel sowohl mit der Verkleinerung unseres ökologischen Fußabdrucks wie mit dem Willen, in den Beziehungen zwischen menschlichen und nicht-menschlichen Lebewesen mehr Gerechtigkeit durchzusetzen. Außerdem ist die Vorstellung eines ständigen und unbegrenzten Wachstums in den liberalen Gesellschaften kein zentraler Hoffnungsträger mehr, wie es noch der Fall war, als der Wunsch nach persönlicher Bereicherung und nach sozialem Aufstieg die Anziehungskraft der Demokratie stärkte.

Indem er zum dominierenden Bereich wurde und alle anderen Ordnungen (die politische, kulturelle, soziale) einer generalisierten Norm kommerzieller und finanzieller Effizienz unterwarf, hat der Ökonomismus die Zerstörung des Politischen nach sich gezogen und die Konvivenz verunmöglicht. Der Ökonomismus und die Zerstörung des Politischen, die er betreibt, erklären den Individualismus, nicht umgekehrt. Der Rückzug auf sich selbst, zu dem er führt, ist weder das Zeichen eines kühlen und wenig konvivialen Temperaments der Bürger noch die einfache Folge aus einer repräsentativen Demokratie, die die Repräsentanten von den Repräsentierten fernhält, sondern das Ergebnis einer Gesamtheit von Konzeptionen, Emotionen und Affekten, die das Individuum daran hindern, sich den anderen verbunden zu fühlen und den Wunsch zu hegen, mit ihnen zu kooperieren.

In einer Gesellschaft, die das Geld zum höchsten Gut erkoren hat, führt der einzige Weg zur Anerkennung über den materiellen

Reichtum.[67] In diesem Kontext hat kein Appell an die Nüchternheit eine Chance, denn dies würde voraussetzen, dass Selbstachtung und Erfüllung andere Wege nähmen. Die Einzigen, die ein Gefühl der Befriedigung spüren, wenn sie ihrer Maßlosigkeit und ihrem Streben nach Allmacht Grenzen setzen, sind die, die sich intellektuell, psychisch und sozial vom dominierenden Modell befreit haben und zugleich die ökonomischen und kulturellen Mittel dazu besitzen. Einer kommerziellen Logik unterworfen, fühlen sich die meisten Individuen überflüssig und haben den Eindruck, von der Gesellschaft zurückgewiesen zu werden, wenn sie nicht am Standard des materiellen Erfolgs kleben.

Wenn ein Teil der Bevölkerung nicht mehr glaubt, dass die Gesellschaft eine gerechte Verteilung der Nahrungsmittel, der ökonomischen Reichtümer und des Prestiges garantieren kann, und die Individuen unter einem Mangel an Anerkennung leiden, ist die Konvivenz gefährdet. Denn es gelingt den Individuen nicht mehr, das Gemeinwohl zu denken oder es sich vorzustellen. An die Stelle des Vertrauens, das jedem erlaubt, mit dem Platz, den er einnimmt, und dem Teil, der ihm zusteht, zufrieden zu sein und an der kollektiven Anstrengung teilzunehmen, sind Furcht und Misstrauen getreten. Die Charakterzüge, die die friedliche Koexistenz sichern und den Fortschritt ermöglichen, wie der Respekt vor den Unterschieden, die Bejahung der moralischen Gleichheit der Menschen, die Höflichkeit, aber auch der Sinn für die Anstrengung und der Wille, seine Talente zu kultivieren, verschwinden. Das soziale Elend und die Perspektiv- und Hoffnungslosigkeit generieren Ressentiment, Neid und Hass, was wiederum die Unhöflichkeit, die Gewalt und den Fanatismus erklärt, den Triumph des Wir-gegen-euch, welches das Gegenteil der Konvivenz ist.

---

67 Alain Caillé, *Pour un manifeste du convivialisme*, p. 63.

Diese setzt voraus, dass andere Formen der Belohnung als das Geld rehabilitiert werden,[68] und sie verlangt vor allem die neue Stärkung des Politischen, will sagen die Verknüpfung aller Lebensbereiche im Hinblick auf das gemeinsame gute Leben. Es ist also unumgänglich, den Platz, den die Ökonomie einnimmt, zu verringern und jedem Lebensbereich die Rolle zuzuweisen, die ihm zusteht. Um diesem Ziel zu entsprechen, muss die Organisation der Ökonomie der Förderung eines ökologisch tragbaren und gerechteren Entwicklungsmodells untergeordnet werden, so wie zwischen Reichtum und monetärem Reichtum unterschieden werden muss.[69] Konkret kann dies über einen „reflektierten und angemessenen Protektionismus"[70] verlaufen, der statt derjenigen Unternehmen, die die sozialen und ökologischen Normen nicht respektieren und die Interessen der Tiere nicht zur Kenntnis nehmen, diejenigen bevorzugt, die die Forderungen der Tugend ernst nehmen. Auch die Definition eines noch tolerierbaren Ungleichheits-Niveaus ist ebenso wie die Festlegung eines Minimal- und Maximaleinkommens ein möglicher Weg.[71]

Indem man das Politische auf diese Weise rekonfiguriert, kann man das Ausmaß der aktuellen Herausforderungen ermessen. Die zentralen Ziele sind die Bewahrung des Planeten, die Bejahung der Würde der Menschen und der Völker, die Anerkennung des Eigenwerts der anderen Lebewesen, der Kampf gegen die Korruption, der an die Vermischung der verschiedenen Bereiche der Gerechtig-

---

68 Dieser Punkt, der z.B. auf die mit der Ökosophie verbundenen Bestrebungen für eine nicht notwendig über den Konsum verlaufende Selbstverwirklichung verweist, die sich an der Qualität orientieren würde und an der Herstellung gesunder Beziehungen zu den anderen menschlichen und nicht-menschlichen Lebewesen, wird v.a. im folgenden Teil, besonders in Kap. 5 sowie in Kap. 6, im Zusammenhang mit der Umweltästhetik behandelt werden.

69 Alain Caillé, *Pour un manifeste du convivialisme*, p. 51s.

70 *Ibid.*, p. 86. Verträge, die wie das CETA-Abkommen (*Comprehensive Economic and Trade Agreement*) zur totalen Liberalisierung des Handels führen, stehen in Widerspruch zu allem, was dieses Kapitel vertritt.

71 *Ibid.*, p. 80.

keit gebunden ist, und der Zugang zum guten Leben für alle. Denn Konvivenz kann es nicht geben, wenn die Ungleichheiten unter den Individuen allzu sehr ins Gewicht fallen.

Leben von, leben mit, leben für

Die Konvivenz führt zu einer politischen, ökonomischen und sozialen Verfasstheit, die anders ist als die, die wir heute kennen. Aber die politische Entscheidung ist nicht der einzige Weg, dorthin zu gelangen. Die Konvivenz setzt auch die Schaffung von Orten der Konvivialität voraus und von Räumen, in denen die Lebensmittel und die Nahrung geteilt werden können und die den Lebewesen einen gemeinsamen Horizont vermitteln, der ihre Sorge um ihr Leben und ihre Sicherheit einschließt, aber auch darüber hinaus geht.

Das Ziel ist es, die Individuen zu lehren, vom „leben von" zum „leben mit" und zum „leben für" zu gelangen. Die ersten beiden für die Konvivenz konstitutiven Dimensionen haben einen Bezug zum individuellen Leben, weil wir, sobald wir essen, auf andere einwirken und immer mitverantwortlich für die Schäden sind, die wir durch unsere Konsumentscheidungen anderen menschlichen oder nichtmenschlichen Lebewesen zufügen. Allerdings sind die Individuen sich nicht immer dessen bewusst, dass „leben von" immer auch „leben mit" ist. Darum ist es so wichtig, dass in den Kantinen und Restaurants und bei allem, was mit dem Konsum von Fleisch, Fisch und Milch, mit dem Energieverbrauch, mit dem Kauf von Kleidung und Medikamenten zu tun hat, die Herkunft klar ausgewiesen wird und dass in der Küche, in der Mode, in den Alternativen zu Tierversuchen und bei der Erzeugung von Energie neue Wege gesucht werden. So werden die Menschen sich allmählich daran gewöhnen, bei ihren Einkäufen auf positive Auswirkungen auf Ökonomie und Gesellschaft und selbst auf die Zukunft des Planeten zu achten. Auch werden sie die ethische und politische Dimension ihres alltäglichen Handelns begreifen. Denn die Wertschätzung beginnt mit dem, was man auf dem Teller hat, und damit, dass man sich dessen bewusst wird, dass die Lebensmittel eine enge Verbindung zwischen den drei Dimensionen des Lebens herstellen.

Im politischen Handeln, im anspruchsvollen Sinn als Sorge um die gemeinsame Welt und als Liebe zur Welt verstanden, verschmelzen diese drei Dimensionen. Freilich kann dieses Verhältnis zu sich selbst und zur gemeinsamen Welt, das aus der Hingabe an eine universale Sache zugleich ein Ziel, einen Grund zum Leben und ein Motiv, über sich selbst hinauszugehen, ja sein eigenes Glück zu opfern, macht, nicht zum Modell der Bürgertugenden erhoben werden. Man kann nicht von allen Bürgern verlangen, ausdrücklich die Liebe zur Welt zum Horizont ihres Tuns zu machen. Im Übrigen ist es normal, dass jedes Individuum die Möglichkeit behält, sich in bestimmten Augenblicken in die Intimität zu flüchten, in der das „leben von" und das „leben mit" auf die Familie oder die Angehörigen beschränkt bleibt, ohne sich durch öffentliches Engagement auszudrücken. Man sollte also Weisen des Zusammenlebens suchen, die für die Mehrheit der Individuen erreichbar sind, die, wenn sie an einer kollektiven Anstrengung oder dem Schaffen des Gemeinwohls teilnehmen, ihre persönlichen, egoistischen oder narzisstischen Interessen berücksichtigt wissen wollen.

Darum nimmt die Arbeit einen zentralen Platz in der Konvivenz ein. Anders als Hannah Arendt meint, beschränkt sich die Arbeit, die sie der Aktion (*praxis*) entgegensetzt, nicht auf die Produktion (*poiesis*). Wenn man wissen will, in welchem Sinn sie eine fundamentale Etappe im Subjektivierungsprozess ist, der zu einer Konvivenz führen kann, muss man sich vollkommen von der aristotelischen Idee verabschieden, die Ausübung der politischen Freiheit setze eine Befreiung von den Fesseln der Notwendigkeit voraus.[72] Wenn man die Arbeit gleichermaßen als Produktion und als Zu-

72 Christophe Dejours, *Le Travail vivant, 2. Travail et émancipation,* Paris, Petite Bibliothèque Payot, 2009, p. 106–107.

sammenleben denkt, kann man verstehen, in welchem Sinn sie die Individuen lehrt zu kooperieren. Man kann dann auch ermessen, welche Konsequenzen eine Organisation der Arbeit hat, die die Struktur der Identität und das soziale Band auflöst, indem sie das „leben von“ und das „leben mit“ zerstört und das „leben für“ unmöglich macht.

Wege der Anerkennung

Arbeit, Subjektivierung und Kooperation

Wenn die Arbeit Leiden verursacht, weil sie die Identität in Frage stellt, verlieren die Menschen ihre Selbstachtung und jedes Vertrauen in andere. Aus Furcht vor der Einsamkeit, und um wohlgelitten zu bleiben, können sie sich veranlasst sehen, andere zu instrumentalisieren, und sich als fähig zu Feigheit, zu blinder Unterwürfigkeit, zu Doppelzüngigkeit und Grausamkeit erweisen. Diese vom Subjekt vorgenommenen Selbstverteidigungsmaßnahmen schaden der Kraft des Denkens und spielen eine beachtliche Rolle in der Bildung gewalttätiger Massen.[73] Die Arbeit kann jedoch auch der Weg zur Emanzipation sein, will sagen zur Bejahung der eigenen Autonomie in einer dem Zwang unterworfenen und hierarchisierten Welt. Die erworbenen Kompetenzen und der Scharfsinn, die bei der Produktion, im Dienst und bei der Sozialisation nötig sind, transformieren das Individuum. Wenn es sich in seiner Arbeit anerkannt fühlt, blüht es auf und modifiziert auch sein Verhältnis zur Autorität.[74] Der Gehorsam gegenüber der Autorität und den Regeln verläuft dann nicht mehr über Herrschaft und Knechtschaft, sondern über die Koordination der Intelligenzen und die Bildung eines Kollektivs, an dem jeder freiwillig teilnimmt und so die Zusammenarbeit ermöglicht.

---

73 *Ibid.*, p. 60.

74 *Ibid.*, p. 159–160.

Will man die Verbindung zwischen der Arbeit und der Subjektivierung bewerten und ermessen, welche Ressourcen sie dem Individuum ebenso wie dem Kollektiv bietet, muss man sie als lebendige Arbeit betrachten.[75] Statt sich auf die Beschäftigung zu fokussieren oder sie auf eine reine Produktionstätigkeit zu beschränken, erkennt man, dass sie für das Subjekt eine Weise ist, den Widerstand des Realen zu empfinden. Was die Tugenden der Arbeit sein können, versteht man, wenn man daran denkt, welche Anstrengungen das Individuum hat leisten müssen, um eine bestimmte Technik zu beherrschen, Disziplin zu halten und in Kooperation mit anderen, ebenfalls von egozentrischen Interessen bewegten Individuen zu greifbaren Ergebnissen zu gelangen. Die Arbeit verlangt und begünstigt diese Anlagen, die für seine persönliche Entfaltung, seine sozialen Beziehungen und das politische Leben gleichermaßen wertvoll sind.

Wenn die Arbeit als Vermittlung zwischen Selbst und Selbst und dann zwischen dem Selbst und den anderen, im Prozess der Subjektivierung von solcher Wichtigkeit ist und zur Wertschätzung führen kann, dann weil das Individuum nicht frei geboren wird. Die Autonomie und erst recht die Emanzipation, die ein politisches Engagement im Dienst einer universalen Sache verlangt, sind das Resultat eines langen Weges, an dessen Ende das Individuum nicht mehr handelt, um seinen Eltern, seinen Lehrern oder seinen Chefs zu gefallen (oder zu missfallen), und ein gewisses Selbstvertrauen erworben hat. Diese Autonomie und diese Emanzipation, die an die cartesische Großzügigkeit erinnern, sind jedoch auch das Produkt der Sublimierung, der Transformation von Trieben, von Libido oder von Aggressivität.[76] Desgleichen sind die Bürgertugenden, die in einer Demokratie die Deliberation fördern, nicht angeboren, sondern müssen kultiviert werden. Weil die Ar-

---

75 Darin liegt das Interesse des Verfahrens von Christophe Dejours.

76 *Ibid.*, p. 217–219. Zur Rolle der Triebe und des Unbewussten siehe vor allem Kapitel 5.

beit die Erfahrung des Widerstands des Realen ist, weil sie uns lehrt, hierarchischen Regeln zu gehorchen, und von uns wichtige psychische Umstellungen verlangt, kann sie zur Bildung unentbehrlicher Bürgertugenden beitragen.

Diese entstehen nicht nur aus einer intellektuellen Reflexion, die hilft, sich mit dem Realen zu versöhnen und Liebe zur Welt zu empfinden. Die moralischen Anlagen, auf denen die Konvivenz beruht, es handle sich um Kooperation oder um das Engagement zugunsten des Lebens, sind auch durchzogen vom Triebhaften. Die Anthropologie, auf der die Wertschätzung beruht, muss also, anders als die, die der politischen Theorie Hannah Arendts zugrunde liegt, die „libidinöse Ökonomie" berücksichtigen. Das heißt nicht, dass die Tugenden, die die Wertschätzung konstituieren, verkleidete Triebe wären, was die Idee der Tugend sinnlos machte, aber Ethik und Politik der Wertschätzung müssen durch eine Frage nach dem Platz der Triebe im Subjektivierungsprozess ergänzt werden, insbesondere in der Arbeit und, wie wir im nächsten Kapitel sehen werden, in der Erziehung.

Ebenfalls muss die Rolle untersucht werden, die die Berufstätigkeit beim Erwerb der Autonomie und der Emanzipation spielt. Denn trotz ihrer Relevanz und ihrer Aktualität reicht die Großzügigkeit nicht aus für die Praxis der Wertschätzung: Alle Individuen, die arbeiten müssen, um ihr Leben zu verdienen, sind verpflichtet, sich vor ihren Vorgesetzten zu beweisen und finden sich in Wettbewerbs-Situationen wieder, die eine Auswirkung auf ihre Selbstwahrnehmung und ihre Beziehungen haben. Zusammen mit den ständigen Verlockungen der sozialen Netze und dem Einfluss der Medien, erklärt dieser Druck, dass unsere Identität höchst zerbrechlich ist und unsere Selbsteinschätzung großenteils von anderen abhängt. Besonders wichtig ist dies im Bereich der Arbeit, weil Angelegenheiten, die mit der Anerkennung und dem Verhältnis zur Autorität zusammenhängen, die in der Kindheit durchgemachten Emotionen und Affekte reaktivieren können.

Bei der Arbeit machen wir die Erfahrung mit etwas, das dem Wissen, dem Wollen und der Herrschaft widersteht. Diese Konfrontation mit dem Realen ist eine Herausforderung für das Individuum, das lernt, auf die Illusion der Allmacht zu verzichten. Eine gewisse Beschränkung seiner selbst ist notwendig, um sich mit seinen Kollegen zu verständigen. Außerdem lehrt die Arbeit die Geduld. Das Subjekt muss, wie Hegel in der *Phänomenologie des Geistes* in dem berühmten Passus über Herr und Knecht sagt, sein Begehren verdrängen oder aufschieben. Es kann, was es produziert, nicht unmittelbar verbrauchen. Diese Kluft zwischen Selbst und Selbst ist am Anfang eine Quelle von Frustrationen. Dennoch erlaubt die Arbeit der Person, sich auszudrücken, indem sie ihrem Willen bestimmtere Konturen verleiht und sie vom Bewusstsein zum Selbstbewusstsein fortschreiten lässt.

Die Arbeit als Mittlerin zwischen Selbst und Selbstbewusstsein ist jedoch nur unter bestimmten Bedingungen denkbar, die nicht gegeben sind, wenn wir ständig dieselben Gesten wiederholen oder physisch und psychisch aufreibende Aufgaben verrichten müssen. Dennoch bleibt diese These erhellend, wenn man die Tugenden der Arbeit zu verstehen versucht. Diese kommen nicht nur dem individuellen Subjekt zugute, sondern sie haben auch einen unmittelbar kollektiven Sinn. Die Arbeit schlägt Brücken zwischen der individuellen Ordnung der *praxis* und der kollektiven Ordnung des politischen Handelns. Die Konzentration, die Fähigkeit, sich selbst zu begrenzen und seinen Scharfsinn zu entwickeln, ohne die anderen zu erniedrigen, sowie die Suche nach Verfahren, die für das Unternehmen oder das Kollektiv vorteilhaft sein können, helfen dem Subjekt, mit den anderen zu leben.

Gewiss erwarten die Menschen Gratifikationen und die Anerkennung ihres persönlichen Werts, aber innerhalb einer Gruppe oder eines Unternehmens können sie sich nicht verhalten, als ob sie ganz allein wären. Außerdem wird das Streben nach Anerkennung gemäßigt durch den Willen zusammenzuarbeiten, um zum Erfolg des Teams beizutragen und an einem gemeinsamen Werk beteiligt zu sein. Dieses Gleichgewicht fördert die Entwicklung ziviler Tugenden, wie der Ritterlichkeit, der Höflichkeit, der Diskretion und der Fähigkeit, den anderen sich ausdrücken zu lassen. Es begünstigt auch die Kooperation, die uns die Bürgertugenden lehrt, die zur Ausübung der Deliberation in einer Demokratie unabdingbar sind. Allerdings müssen unbedingt Räume der Konvivialität existieren, die den Menschen erlauben, nachzudenken und Kompromisse zu finden. Wenn diese Räume verschwinden, bestimmt die Bürokratie die Regeln der Koordination und lässt Furcht, Rivalität und Misstrauen entstehen.

Die Arbeit ist ein unersetzlicher Vermittler im Kampf für die Verwirklichung des Selbst und der Produktion von Werken der Kultur. Sie kann sogar für manche Menschen die Gelegenheit sein, autonomer und unabhängiger vom Blick anderer zu werden. Wenn sie diese Anerkennung erhalten haben, werden sie nicht mehr arbeiten, um zu zeigen, was sie wert sind, sondern um „das Leben zu ehren“[77]. Unter diesen Bedingungen weigern sie sich, irgendetwas Beliebiges zu tun, und erledigen keine Aufgaben, die ihrem moralischen Empfinden widersprechen, und sie trotzen der Ansteckung durch das Böse. Eine solche Emanzipation ist das Ergebnis eines langen Weges, der von der Abhängigkeit zur Behauptung einer ethischen Autonomie führt, die an die Werte gebunden ist, die ein Mensch vertritt und die seine Selbstheit ausmachen. Dann können die Individuen in der Konvivenz sein und sich wirklich auf politischer Ebene engagieren, denn sie werden sich von der Herrschaft befreit haben. Ihr Bedürfnis nach Anerkennung wird befriedigt oder sublimiert worden sein und wird seinen obsessionellen oder pathologischen Charakter abgelegt haben.

Unter solchen Bedingungen unterwerfen sich die Individuen nicht mehr sklavisch einem fremden Urteil, sie können zusammenarbeiten, und die, die Verantwortung tragen, können die anderen leiten, indem sie sich zurücknehmen, damit diese letzteren ihr

---

77 Christophe Dejours, *Le Travail vivant*, p. 30–31.

Bestes zeigen können. Die Arbeit führt dann zur Affirmation einer großherzigen Identität. Indem es sich in seiner Arbeit realisiert, weiß das Individuum die Dinge auseinander zu halten, ohne die verschiedenen Bereiche der Existenz zu vermischen, aber auch ohne sich zu spalten. In der Arbeit lernt man sich zu emanzipieren, mit den anderen zusammen zu sein, ohne alles von ihnen zu verlangen oder sie als Feinde zu betrachten. Sie gehört zu den privilegierten Orten des Lernens und der Kooperation und erlaubt, die Gesittung und die dialogischen Tugenden zu entwickeln, die für die Konvivenz unentbehrlich sind.

Die Tugenden der Deliberation und der Bürgersinn

In der Arbeit sieht man, wie die Bedingungen für die Konvivenz, die die Praxis der Wertschätzung im sozialen und politischen Leben ist, entstehen und schwinden. Eine der Fähigkeiten, die die Arbeit entwickeln kann, ist die Deliberation. In den Unternehmen, den Krankenhäusern, den Universitäten etc. wird sie nicht unbedingt gefördert. Dabei ist es allerdings nicht sicher, dass die Bürger die Deliberation erlernen und so ihre volle politische Autonomie ausüben können, wenn man ihnen nicht erlaubt, dies bei ihrer beruflichen Tätigkeit zu tun; denn die Deliberation ist anspruchsvoll und vor allem dann gefordert, wenn die Akteure weder dieselbe Weltsicht noch dieselben Interessen haben.

Die Individuen müssen in der Lage sein, selbst die Regeln der Kooperation auszuhandeln. Sie müssen genügend Zeit haben, um das, was noch nicht explizit formuliert ist, einsichtig zu machen. Die Deliberation impliziert, dass das Gemeinwohl nicht *a priori* existiert, sondern dass die Menschen es selbst definieren, indem sie ihre Standpunkte aufeinander prallen lassen und argumentieren. Auch müssen sie bereit sein, den anderen zuzuhören, und das Risiko auf sich nehmen, ihre Gewissheiten in Frage gestellt zu sehen. Was auf kollektiver Ebene als sinnvoll anerkannt werden kann, setzt sich nicht immer gleich zu Anfang klar durch. Man muss also Bedingungen schaffen, unter denen eine unsichere und nicht zu Ende gedachte Äußerung möglich ist. Dieses „riskante Hören“[78] geht über die Toleranz hinaus, weil es annimmt, dass man sich bemüht, den Standpunkt der anderen zu verstehen, und dass man bereit ist, sich selbst in Frage zu stellen.

Die Tugenden, die einen öffentlichen Gebrauch der eigenen Autonomie erlauben, wie die Annahme der moralischen Gleichheit der Individuen, die Überprüfbarkeit, die Öffentlichkeit und die Transparenz, sind, wie John Rawls gezeigt hat, unentbehrlich. Wichtig ist jedoch, die eigenen Interessen beim Argumentieren nicht beiseite zu lassen, sondern sie zu Argumenten umzuformen. Diese Haltung, die darin besteht, seinen Standpunkt in Gegenwart anderer darzulegen, bringt uns zu einem kritischen Vorgehen und zu einer Erweiterung des Blickfelds, wenn wir fragen, welche Normen für die Gemeinschaft gültig sein könnten. Dieser auf Habermas zurückgehende Gedanke, der den Inhalt der dialogischen Tugenden verdeutlicht, ist jedoch nicht hinreichend. Wichtig ist auch, dass sich jeder auf seine Emotionen stützt, die ihn sowohl über seine persönliche Situation als auch über das innerhalb des Kollektivs herrschende Klima aufklären können.

Die von der Ethik der Diskussion geforderten dialogischen Tugenden unterrichten uns nicht darüber, was die Individuen Geschmack an der Deliberation finden lässt und sie geneigt machen kann, anderen zuzuhören und statt Invektiven Argumente zu gebrauchen. Um sich darüber klar zu werden, was diese dialogischen Qualitäten möglich macht, muss man sich der infra-verbalen und körperlichen Dimension der Kommunikation bewusst werden. Sicherlich ist die Sprache der Katalysator für die Ausarbeitung der gemeinsamen Regeln und sogar für das Durcharbeiten, will sagen für die Arbeit an sich selbst, die durch die Konfrontation mit den anderen und die Suche nach dem Gemeinwohl nötig wird. Man kann jedoch sagen, dass die Deliberation schon halb vollendet ist,

---

78 *Ibid.*, p. 194.

wenn die Individuen zu diesem Durcharbeiten bereit sind und ihre Zustimmung oder Ablehnung verständlich artikulieren. Im ungünstigen Fall nehmen die Konflikte nicht den Weg über die Sprache, man schweigt die meiste Zeit, begräbt seine Frustrationen und versucht mehr recht als schlecht seine Haut zu retten, indem man Regeln gehorcht, deren Sinn man nicht versteht und die einem auf bürokratische oder tyrannische Weise aufgezwungen wurden. Die Deliberation schließt weder den Respekt vor anspruchsvollen Regeln noch die Autorität aus; sie setzt ein Klima des Vertrauens voraus, das nicht selbstverständlich ist, sondern das die Konvivenz als Kunst des Zusammenseins mit anderen erst ermöglichen muss.

Indem man darüber nachdenkt, woran es liegt, dass bei einer Mahlzeit, einem Fest oder einer Versammlung von Gästen die Gesittung und die Lust des Zusammenseins, will sagen die Konvivialität, sich ein Stelldichein geben, kann man sich der Weise nähern, wie man ein für die Deliberation und die Kooperation günstiges Klima des Vertrauens schafft. Zwei Dinge verdienen unsere Aufmerksamkeit. Das erste bezieht sich auf die *sprezzatura,* von der Castiglione spricht.[79] Dieses Wort aus dem alten Italienisch, das man mit „Geschmeidigkeit" oder „Leichtigkeit" übersetzen kann, bezeichnet eine Art sich zu benehmen und zu sprechen, ohne den anderen zur Last zu fallen. Die Erfahrung eines Minimums an Gewalt in den sozialen Beziehungen vermindert die Angst und entspannt die Menschen. Sie setzt einen teilweisen Rückzug des Individuums voraus, das sich weder durchzusetzen noch seinen Standpunkt zu Geltung zu bringen versucht und dem es auf diese Weise gelingt, sich mit den anderen auf sensiblere Weise zu verbinden. Indem man nicht insistiert und den Standpunkt des anderen mit Wohlwollen aufnimmt, lässt man die Aggressivität verschwinden. Die Wertschätzung verlangt, dass man sich auch in den Arbeitsbeziehungen oder den öffentlichen Deliberationen um diese Kunst des Interagierens mit den anderen bemüht.

---

79 Baldassare Castiglione, *Das Buch vom Hofmann,* München, dtv, 1986.

Diese Weise, sich auf das Objekt und nicht auf sich selbst zu konzentrieren, erinnert ein wenig an Sokrates, wenn er den Standpunkt seiner Gesprächspartner umformuliert, indem er neue Elemente einführt, die geeignet sind, sie für sein philosophisches Fragen aufgeschlossen zu machen. Statt ihre Vorurteile anzuprangern oder die Schwächen ihrer Gedankengänge aufzudecken, bringt er sie dazu, einem Wort zuzuhören, das fähig ist, ihre Gewissheiten zu erschüttern. Nicht immer gelingt es diesem Verfahren, die Vorurteile zu beseitigen. Aber es ist wertvoll, wenn man ein dialogisches Gespräch in Gang setzen will, in dem die Wortwechsel sich von Argumenten und entgegengesetzten Gesichtspunkten nähren sollen.

Diese Geschmeidigkeit ist nicht bloß eine Sache der Rhetorik; sie beansprucht uns physisch und räumlich. So wie sich die Wertschätzung in einer bestimmten Weise des Zusammenseins mit anderen und einer allgemeinen Haltung manifestiert, so drückt sich die *sprezzatura* in der Haltung, in den Gesten und der Stimme aus. Sie ist gleichermaßen an die „Distanz zwischen den Subjekten" gebunden, die, wie Roland Barthes schreibt „das Grundproblem des Zusammenlebens" ist.[80] Dieser Aspekt muss verstanden werden, wenn man wissen will, wie man die Wertschätzung in seinen beruflichen, politischen und familiären Verhältnissen praktizieren und die Möglichkeit von Deliberation und Kooperation durchsetzen will. Es geht darum, die kritische Distanz, diesseits oder jenseits derer ein Unbehagen, ja eine Krise auftritt, zu ermitteln und zu regeln. Diese Art, dem anderen Platz zu machen, ohne dass die Distanz die Emotion schmälern, sondern sogar eine gewisse Zärtlichkeit ausdrücken würde, nennt sich *délicatesse* oder Zartgefühl.[81]

---

80 Roland Barthes, *Comment vivre ensemble? Cours et séminaires au Collège de France (1976–1977)*, Paris, Seuil/IMEC, 2002, p. 110.

81 *Ibid.*, p. 178–179.

Letzteres schafft eine warme und entspannte Atmosphäre, hält aber den anderen trotzdem in einer gewissen Distanz, die gleichermaßen Zudringlichkeit und Gleichgültigkeit, Vertraulichkeit und Kälte vermeidet und jedem zu existieren erlaubt. Eine zartfühlende Person nimmt nicht nur Rücksicht auf den anderen; sie verzichtet auch auf Manipulation und Eitelkeit und hält sich von den Spiegelspielen fern, in denen jedermann sich fragt, welches Bild er für den jeweils anderen abgibt. Ein echter Austausch ist möglich, wie in der *paideia* (Kultur) oder in der von Montaigne so gelobten Kunst der Konversation.[82] Darum ist das Zartgefühl eine der Kardinaltugenden der Gesittung, die zusammen mit dem Takt und dem Humor von unserer Wertschätzung Zeugnis ablegt.

Dieser Raum zwischen den Wesen und dieses Zartgefühl, das jeden seinen Platz finden lässt, gründen sich auch auf den Rhythmus. Wenn man vom Zusammenleben, vom Raum zwischen den Wesen spricht, der das Herz der Konvivialität und der Konvivenz ist, spricht man auch vom Rhythmus. In der Tat gibt die Macht, sei es im Kontext der Arbeit oder der Politik, stets einen Rhythmus des Lebens, der Zeit, des Denkens, des Diskurses vor, der mehr oder weniger entfremdend ist.[83] Das Leiden an der Identität und die psychische Erschöpfung oder der *burn-out* sind ebenfalls von dem Gefühl begleitet, man stehe immer unter Druck und müsse sich dem Rhythmus der anderen anpassen. Umgekehrt ist die Forderung nach Idiorhythmie, die *per definitionem* ein eigener, will sagen ein geschmeidiger Rhythmus ist, der dem Individuum erlaubt, gut zu leben, zu denken und sich auszudrücken, ohne ständig Unterbrechung fürchten zu müssen, eine Forderung, die im Namen der Freiheit erhoben wird. In der Wertschätzung zu arbeiten und zusammen zu leben, impliziert, im eigenen Rhythmus an einem kollektiven Unternehmen teilnehmen zu können.

---

82 Michel de Montaigne, Essais, éd. P. Villey, Paris, PUF; „Quadrige“, 2002, livre III, chap. 8.

83 Roland Barthes, *Comment vivre ensemble?*, p. 69.

Das Respektieren der Idiorhythmie führt zu einer Organisation des Raums, die darauf abzielt, dass jede Person ihren Platz hat und die Grenzen zwischen Innen und Außen, mir und den anderen, dem privaten und dem öffentlichen Leben, nicht von außen oder willkürlich gezogen werden. Jedweder Rhythmus muss sich „von innen formen", was auf die benediktinische Tugend der *discretio* verweist, was mit „Reserviertheit" oder „Zurückhaltung" übersetzt werden kann.[84] Wenn man das Temperament eines jeden respektiert, statt von ihm zu verlangen, sich den Zwängen einer Produktion anzupassen, deren Rentabilität abstrakt, unabhängig vom Wert der beteiligten Lebewesen und dem Sinn ihrer Aktivität bestimmt wurde, kann man menschliche und nichtmenschliche Wesen leben, arbeiten und dabei ihr Bestes geben lassen. So dürfte es weder Arbeit noch Kooperation ohne Wertschätzung geben, und diese setzt voraus, dass der Rhythmus und das Temperament eines jeden respektiert wird. Dagegen ist die Herrschaft stets Herrschaft über den Körper eines anderen, dem man eine Aufgabe zuweist und ihn dabei auf einen Arbeitstakt verpflichtet, der ihm Gewalt antut.

Diese Verbindung zwischen Wertschätzung und Bürgersinn, die auf dem Respektieren des Platzes, den eine Person einnimmt, und dem ihres Rhythmus' beruht, schließt auch ein, dass man die Grenzen zwischen privatem und öffentlichem Leben, Familie und Arbeit beachtet. Das bedeutet nicht, dass die dem Liberalismus so wichtige Trennung zwischen häuslicher und öffentlicher Sphäre immer realistisch und sachdienlich wäre. Niemand kann leugnen, dass die von einer ungerechten Organisation der Arbeit verursachten Leiden weitgehend für den Groll der Individuen, die Explosion der Unhöflichkeit und das Klima des Hasses, das die liberalen Demokratien gefährdet, verantwortlich sind und dass die Gewalttätigkeit auch Auswirkung auf das affektive und familiäre Leben hat. Die Grenzen zwischen der öffentlichen und der häuslichen Sphäre

84 Ibid., p. 97, n. 16.

sind nicht undurchlässig. Darüber hinaus haben die Feministinnen gezeigt, dass man im sozialen und politischen Leben nicht von Gerechtigkeit sprechen kann, solange bei Bezahlung und Berufschancen noch geschlechtlich bedingte Ungleichheiten bestehen, die durch eine unbillige Verteilung der häuslichen Arbeit noch verstärkt werden.

Es ist unumgänglich, über die Verbindung zwischen privatem und öffentlichem Leben nachzudenken, weil die für die Kooperation unentbehrlichen zivilen und staatsbürgerlichen Tugenden sich auch in der Familie entwickeln. Zudem müssen bestimmte Probleme des Alltagslebens auf die Bühne der Öffentlichkeit getragen werden, insbesondere die, die die Ernährung, die Gesundheit und die Umweltverschmutzung betreffen. So verlangt eine Politik der Wertschätzung eine Neubewertung des häuslichen Bereichs und eine Verankerung der Politik im Alltagsleben.

Wertschätzung und Feminismus

Sich vom Öko-Feminismus inspirieren lassen

Die Ethik der Wertschätzung ist insofern eng mit dem Feminismus verbunden, als sie die Körperlichkeit des Subjekts und hier besonders die Verwundbarkeit hervorhebt sowie die Rolle betont, die die Beziehung zum anderen beim Aufbau der Identität spielt. Ebenso erlaubt die Bedeutung der Autonomie für den Subjektivierungsprozess, der zur Wertschätzung gehört, jedem, sich unabhängig von essentialistischen Kriterien zu definieren. So können die Frauen ihre Lebensprojekte verfolgen, ohne unbedingt darauf Rücksicht nehmen zu müssen, welchen Platz ihnen die Tradition oder die herkömmlichen Geschlechterrollen zuweisen. Die Überwindung der Dualismen Vernunft/Emotion, Geist/Körper, individuell/kollektiv, privat/öffentlich und der Wunsch, die auf Herrschaft gegründete Beziehung zum anderen durch eine andere Weise des

Zusammenlebens zu ersetzen, sind diesen beiden Anäherungen an Moral und Politik gleichfalls gemein.

Allerdings haben sie nicht dieselben Ursprünge. In der Tat beruht die Wertschätzung auf einer Phänomenologie des Körpers und der Nahrungsmittel, und die Strukturen der Existenz, auf die sie sich stützt, haben eine universalisierende Dimension, die in den bei den Feministinnen häufigeren partikularistischen Moralvorstellungen wenig präsent ist. Außerdem schließt die Wertschätzung notwendig auch die Ökologie und die Tierfrage ein, weil die Berücksichtigung der anderen Lebewesen und der Biosphäre notwendig aus ihrer Konzeption des relationalen und inkarnierten Subjekts folgt, während die Feministinnen in dieser Art von Thematik lediglich eine weitere Illustration für die Herrschaft, ja für den Phallozentrismus sehen.

Noch ein weiterer wesentlicher Aspekt unterscheidet die Ethik der Wertschätzung von den Hauptströmungen des Feminismus, nähert sie jedoch der Ökologie an. Es handelt sich um die philosophische Bedeutung der Geburt. In der Wertschätzung geschieht die Rekonfiguration des Politischen ausgehend von Anliegen, die mit der Ankunft neuer Lebewesen zu tun haben, deren Gesundheit und deren Lebensbedingungen zu öffentlichen, nicht bloß privaten Aufgaben werden. Anders als ihre Vorgängerinnen verwerfen die Öko-Feministinnen nicht die klassisch den Frauen zugedachten Rollen, wie die Mutterschaft und die Erziehung der Kinder, sondern machen diese Verantwortlichkeiten und die von ihnen erzeugten Emotionen zum Ausgangspunkt ihres politischen Engagements. Die häuslichen Aufgaben sind für sie nicht das Symbol für die Unterdrückung der Frauen, sondern ein Mittel, ihrer Stimme Gehör zu verschaffen, ihre Handlungsfähigkeit zu bekräftigen und sogar die Ziele der Politik neu zu definieren. Diese Umkehrung des Feminismus, deren soziale und politische Implikationen beeindruckend sind, ist auch ein Charakteristikum der Wertschätzung.

Während die Feministinnen der 1970er Jahre die Herrschaft innerhalb der Familie anprangern und den Einzug von Gerechtigkeit und Gleichheit ins Privatleben verlangen, tragen die Öko-Feministinnen die traditionell mit dem häuslichen Leben verbundenen Probleme in die Öffentlichkeit.[85] Anfangs handelt es sich um volkstümliche Bewegungen *(grassroots)*; in ihnen sammeln sich Frauen, die ihren Zorn über Staaten äußern, die sich nicht um die Auswirkungen radioaktiver Abfälle auf die Gesundheit der Anwohner, besonders der verwundbarsten Bevölkerungsgruppen, kümmern. Diese Frauen, die Kinder haben, die sie nähren und pflegen, spüren die direkten Konsequenzen einer Ökonomie, die auf den Profit ausgerichtet ist und sich um die Auswirkungen des Produktivismus auf das Leben der Individuen nicht kümmert.[86]

Wie die antinuklearen Mobilmachungen vom 17. November 1980, die unter dem Namen *Women's Pentagon Action* bekannt sind, versammeln diese Umweltbewegungen, die sich später ökofeministisch nennen, Aktivistinnen verschiedener Herkunft, die ihre Angst um das Leben ihrer Kinder und um den Planeten in die Öffentlichkeit tragen.[87] Diese Angst steht hinter ihrer Weigerung, weiter „in den Händen von Männern [zu sein], die ihre Macht und ihr Reichtum nicht nur von der Alltagsrealität, sondern auch von der Vorstellungskraft abgeschnitten haben"[88]. Darum organisieren sie sich und verbinden die Partikularität ihrer Alltagserfahrung mit einer Kritik der Macht. Gegenüber ihren Vorgängerinnen be-

---

85 Ariel Salleh, „Pour un éco-féminisme international", in *Reclaim. Recueil de textes éco-féministes,* ausgewählt und hrsg. v. É. Hache, Paris, Cambourakis, 2016, p. 350–354.

86 Die Reaktion der Regierung Bush auf den Wirbelsturm Katrina, der im Oktober 2005 New Orleans verwüstet hatte, illustriert diese Gleichgültigkeit, in der auch soziale Verachtung und Rassismus eine Rolle spielen. Die Kredite, die zur Kontrolle der Überschwemmungen, zur Ausbesserung und Verstärkung der Deiche bestimmt waren, wurden gestrichen, und das Geld diente zur Finanzierung des Irak-Kriegs. Siehe Starhawk, „Une réponse néopaienne après le passage de l'ouragan Katrina", in *Reclaim,* p. 273.

87 Einheitserklärung (*Unity Statement*) der *Women's Pentagon Action,* zit. v. Ynestra King, „Si je ne peux pas danser, je ne veux pas prendre part à votre révolution", in *Reclaim,* p. 115.

88 Aus dem *Unity Statement,* zit. v. É. Hache, Einleitung, in *Reclaim,* p. 13–14.

steht ihre Originalität darin, dass die Sorge um die Gesundheit ihrer Kinder und um den Planeten sowie ihre soziale und ethnische Diversität sie veranlassen, sich jeder Form von Herrschaft, sei sie an das Geschlecht, an die Rasse oder an die Klasse gebunden, oder sei es die Herrschaft über die anderen Arten und die Natur, ganzheitlich zu nähern.

Statt auf die Gleichheit der Rechte und der Löhne zu pochen und sich auf die Emanzipation der Frauen zu konzentrieren, zeigen die Öko-Feministinnen, dass das Familienleben der Blickwinkel sein kann, von dem her man wirklich die Grenzen des staatlichen Handelns beurteilen kann;[89] denn der Staat ist oft unfähig, die Ökonomie und das soziale Leben gerecht und den aktuellen Technologien entsprechend zu verwalten. Selbst wenn er wie im Fall des Sozialstaats Umverteilungen vornimmt, beruht er auf der Unterscheidung zwischen dem familiären Bereich und dem öffentlichen Leben und bevorzugt mithin eine partielle Behandlung der Probleme, die die Fragen von Gesundheit und Umwelt übergeht.

Zwar formen ökologische Anliegen den Feminismus tiefgreifend um, aber auch das Umgekehrte stimmt: Der Feminismus verändert die Ökologie, indem er sie ins Haus zurückholt:[90] So zeigen die Öko-Feministinnen, dass der Schutz der Biosphäre nicht von menschlichen Belangen, von Gesundheit und sozialer Gerechtigkeit getrennt werden kann. Sie verbinden die drei Dimensionen der Ökologie: die Umwelt-Ökologie, deren Thema die Umweltzerstörung ist; die soziale Ökologie, die das Problem der Kosten der Umweltverschmutzung aufwirft; und die mentale Ökologie, die die subjektive Erfahrung betrifft, die man von seiner Umwelt hat.[91]

91 Celene Krauss, „Des bonnes femmes hystériques: mobilisations environnementales populaires féminines“, in : *Reclaim,* p. 224.

92 Die Formulierung ist von Giovanna di Gioro, „Ramener l'écologie à la maison“, in É. Hache (ed.), *De l'univers clos au monde infini,* Marseille, Dehors, 2014, p. 191–220.

93 Félix Guattari, *Die drei Ökologien,* übers. v. A. Schaerer, Wien, Passagen, 2012.

Mehr noch, die Öko-Feministinnen verwandeln die gegen sie erhobene Anklage, „hysterisch"[92] zu sein, in Handlungsenergie *(empowerment)*, wobei sie die Bedeutung der Emotionen, auch der negativen, im sozialen und politischen Leben unterstreichen. Statt ihre Ängste zu verschweigen, um nicht leiden zu müssen, und um in ihrer Umgebung keine Verzweiflung zu verbreiten, oder weil die Furcht vor dem nuklearen Holocaust ein Gefühl der Ohnmacht erzeugt, teilen sie diese Ängste, was wiederum ihr Verantwortungsgefühl stärkt und in ihnen den Wunsch nach organisiertem Handeln weckt.[93] Diese Sensibilität, die gewöhnlich als Zeichen von Schwäche gilt, das nur ihre Unfähigkeit, Politik zu machen, beweise, wird „zum Wendepunkt, durch den sich neue Verhaltensformen verbreiten"[94].

Aus allen diesen Gründen ist der Öko-Feminismus eine Praxis der Wertschätzung. Der Ausgangspunkt ist das Leben, die Bedürfnisse des Körpers, die Angst um die Gesundheit und die Zukunft der Jüngsten. Diese Angst ist auch die um den Planeten. Es handelt sich nicht nur um den Mut, Angst zu haben, sondern auch um die Intelligenz der Angst, denn die Sorge um die anderen und ihre Nachkommen verhindert, auf die Reden hereinzufallen, die die Risiken herunterspielen; sie schärft das Unterscheidungsvermögen, das nötig ist, um das Versagen des Staats zu erkennen und um das, was getrennt war, wieder zu verbinden, nämlich die Produktion und die Reproduktion, die Ökonomie und die Familie. So führt dieser Mut zu einer Rekonfiguration des Politischen, das auch ein-

94 Die Frauen, die sich aktiv und politisch gegen die toxischen Abfälle engagiert haben, wurden wie „hysterische Hausfrauen" behandelt. Celene Krauss zitiert Cora Tuckers Antwort: „Wenn es um Leben und Tod geht, werde ich hysterisch. [...] Wenn die Männer nicht hysterisch werden, stimmt etwas nicht bei ihnen." Robin Lee Zeff, Marsha Love und Karen Stults (ed.), *Empowering Ourselves. Women and Toxics Organizing*, 1989, p. 4. Auszüge bei Celene Krauss, „Des bonnes femmes hystériques", in *Reclaim*, p. 222.

95 Joanna Macy, „Agir avec le désespoir environnemental", in *Reclaim*, p. 164–711.

96 *Ibid.*, p. 182.

schließt, auf die Regierungen Druck auszuüben, damit sie die Ökonomie in den Dienst des Lebens stellen. Achten auf das, was man um sich herum sieht und fühlt, seine persönliche Erfahrung der Welt zu reflektieren, ist wie in der Ethik der Wertschätzung der Motor der Veränderungen sowohl auf individueller wie auf sozialer und politischer Ebene.

Wenn sie die Ökologie ins Haus zurückholen, in den *oikos*, der die häusliche Sphäre, aber auch der Lebensmittelpunkt der Erdbewohner ist, beschränken sich die Öko-Feministinnen nicht darauf, durch Einbeziehung von Fragen der Gesundheit, der Umwelt und der Kindererziehung das Politische neu zu definieren. Sie bereichern es, indem sie ihre Alltagserfahrung eines täglichen Engagements in Handlungen umsetzen, die der Welt das Überdauern ermöglichen, sowie in der Praxis der Konvivenz. Sie stärken den Sinn des Politischen aufs Neue und zeigen, wie es möglich ist, seine politische Autonomie auszuüben und die Macht zu teilen, die keine Macht über die anderen mehr ist, sondern eine *mit* den anderen, eine Synergie.

Zu den Konsequenzen der Transformation des Feminismus durch die Ökologie und der Politik durch den Öko-Feminismus gehört es, dass die Öko-Feministinnen nicht die traditionell den Männern vorbehaltenen Plätze einnehmen, sondern deren Art und Weise, Politik zu machen, ändern wollen. Sie sind nicht wesentlich darauf aus, mit den Männern gleichzuziehen, und wollen weder deren Methoden, noch deren Handlungsweise übernehmen. Man kann aus ihrer Erfahrung viel lernen; sie zeigt, dass die Politik weder darin besteht, die politischen Geschäfte ausgehend von partiellen, nur an die Wachstumsziffern gebundenen Daten zu führen, noch in der bloßen Anwendung von Normen.

Ein Land zu regieren, die anstehenden Reformen durchzuführen, die Individuen für die dazu notwendigen Anstrengungen zu gewinnen, verlangt auch, die Bürgerinnen und Bürger zu überzeugen, dass die getroffenen Entscheidungen dem Gemeinwohl dienen. Zu diesem Zweck müssen die Pflichten und die Prioritäten des Staats formuliert, muss auf die Intelligenz der Menschen ebenso wie auf ihre Fähigkeit zurückgegriffen werden, von innen heraus die Gründe zu verstehen, die die Richtigkeit einer Politik ausmachen. Diese Gründe beruhen nicht auf Kalkül, wie es der Fall ist, wenn man Gerechtigkeit mit der Summe der Interessen oder der Maximierung des Wohlstands gleichsetzt, und sie stehen nicht im Widerspruch zu den Emotionen. Die Methode der Öko-Feministinnen, das Politische zu erneuern, indem sie dessen Zielsetzungen wieder mit dem Leben verbinden, und die Erfahrung der Frauen im Allgemeinen sind Inspirationsquellen für die Wertschätzung.

Der Grund dafür ist, dass der subversive Charakter des Öko-Feminismus über die Rehabilitierung und die Wiederaneignung (*reclaim*) des Körpers und sogar der Natur verläuft, will sagen dessen, womit man die Frauen historisch identifiziert hat. Weil sie nicht essentialistisch ist, hilft diese Rehabilitierung des Körpers und der Natur bei der Überwindung jener Dualismen, die uns daran hindern, uns ein Verhältnis zu den anderen Lebewesen, den menschlichen und den nicht-menschlichen, vorzustellen, das etwas anderes wäre als Herrschaft.

Die Überwindung der Dualismen

Der Dualismus verläuft über Dichotomie und Hierarchisierung. Statt hervorzuheben, was die Menschen von den Tieren unterscheidet, werden letztere herabgesetzt.[95] Es ist, als ob man, um den Wert und das Wesen des ersten Terms zur Geltung zu bringen, den anderen Term, der zu einem Mittel im Dienst des ersteren wird oder sich ihm unterwerfen muss, erniedrigen müsste. So führt die Infragestellung der Dualismen, die immer schon das Ziel der Feministinnen war, nicht nur zu einer Neubewertung der zweiten Einheit (das Tier, die Natur, der Körper, das Weibliche, die Emo-

95 Val Plumwood, „Nature, Self and Gender. Feminism, Environmental Philosophy, and the Critique of Rationalism", *Hypatia*, Bd. 6, Nr. 1, 1991, S. 3–27.

tion), sondern zwingt auch dazu, die erste (das Menschliche, die Kultur, der Geist, der Mann, die Vernunft) neu zu denken.

Es existieren zwei Arten von Dualismus: der Separatismus, der sich eine in keiner Erde wurzelnde und vom Milieu unabhängige Kultur vorstellt und die Freiheit als ein Losgerissensein von der Kultur versteht, und der Kontinuismus (oder die Ununterschiedenheit), der die Differenzen zwischen Mensch und Natur wegwischt und letztlich den Dualismus zurückbringt, weil wir, statt von den Beziehungen auszugehen, die wir zu den anderen Lebewesen herstellen, uns egoistisch auf sie projizieren, ohne ihr eigenes Wohl wirklich wertschätzen zu können.[96]

Die erste Form von Dualismus, die die klassischere ist, liegt dem rationalistischen Denken zugrunde. Sie vertritt ein Herrschaftsverhältnis zwischen Kultur und Natur, Geist und Körper, Mensch und Tier, Mann und Frau und ist verbunden mit einer instrumentalistischen Konzeption der Vernunft. Die Feministinnen decken den Mechanismus der Bipolarisation und der Inferiorisierung auf, der im Rationalismus, auf den sich die liberalen Theorien stützen, am Werk ist, und zeigen so seine mangelnde Neutralität. Keine der liberalen Institutionen, sei es Erziehung, Macht oder Organisation

96 Das ist der Einwand, den Val Plumwood in dem oben zitierten Artikel gegen Arne Næss erhebt, dem sie vorwirft, aufgrund einer mangelnden Sensibilität für den Unterschied zwischen dem Menschen und den anderen Lebensformen den der rationalistischen Theorie eigenen Dualismus fortzusetzen. In Kap. 2 haben wir ausgeführt, dass diese Kritik Arne Næss nicht triff: Die Identifizierung mit den anderen Lebewesen, von der er spricht, besagt weder, dass wir uns egoistisch auf sie projizieren sollen, noch dass wir vergessen sollten, was uns von ihnen unterscheidet, sondern zielt darauf ab, uns unsere Interdependenz mit Milieus und anderen Lebensformen erkennen zu lassen. In diesem Punkt stimmen wir Val Plumwood nicht zu. Im Recht ist sie dagegen, wenn sie sagt, dass die Tiefenökologie, indem sie sich auf den moralischen Status der verschiedenen Entitäten konzentriert, nicht von den besonderen Beziehungen ausgeht, die zwischen den Menschen und den anderen Lebewesen bestehen, obwohl dies das beste Mittel wäre, ihre Alterität zu respektieren.

der Arbeit, ist auf geschlechtlicher Ebene neutral. Außerdem begünstigen diese Institutionen eine Denkweise, die im Zeichen der Leistung, der Kontrolle und der Verdrängung der Emotionen und der Anwendung von Prinzipien steht, die der Verschiedenheit der Kontexte keinerlei Rechnung tragen. Die Feministinnen dagegen schlagen vor, die moralischen Dilemmata nachzuvollziehen und darauf zu reagieren, indem man den Einzelfällen und den spezifischen Bedürfnissen der Individuen Beachtung schenkt, die stets in Beziehungen stehen und in einem bestimmten geographischen, sozialen, kulturellen und affektiven Milieu leben.[97] Das separatistische Schema fördert den Wettbewerb und die von außen ausgeübte Kontrolle über die Dinge und Wesen und ist, wenn es um Pflege, Landwirtschaft und das Verhältnis zu den Tieren geht, aber auch für die Ökonomie und die Politik, unangemessen.

Die Kritik der zweiten Form von Dualismus gründet sich auf die Ablehnung abstrakter Normen und auf die Bedeutung, die man den konkreten Beziehungen zubilligt, die wir mit den anderen, menschlichen und nicht-menschlichen Wesen knüpfen, auf die besonderen Bande, die uns mit ihnen vereinen und uns erlauben, ihre Bedürfnisse besser zu erkennen. Der Schutz der Umwelten, in denen wir leben, setzt voraus, dass wir uns, auch auf emotionaler und affektiver Ebene, dessen bewusst werden, was sie für uns darstellen.[98] Und wenn wir mit den Tieren in Berührung kommen und lernen, ihnen zuzuhören, verstehen wir besser, wie wir mit ihnen zusammenleben können. Diese Beziehungsethik ist eine Praxis der Wertschätzung. Wir meinen, dass sie das Formulieren von Regeln und Normen, die diese empirischen Lehren verallgemeinern, nicht ausschließen darf, sondern dort hinführen soll.[99]

---

97 Carol Gilligan, *Die andere Stimme,* München, Piper, 1985², u.ö.

98 Teresa Carolyn McLuhan (ed.), *Touch the Earth, A Self-Portrait of Indian Existence,* London, Abacus, 1973, p. 28.

99 Genau das tun Sue Donaldson und Will Kymlicka in *Zoopolis.*

Wie bei der Ethik der Wertschätzung verlangt die Überwindung der Dualismen die Rehabilitierung des Platzes der Natur und der anderen Lebewesen in unserem Leben und ein vertieftes Verständnis unserer körperlichen Verfasstheit. Bei den Öko-Feministinnen handelt es sich um eine Wiederaneignung des Körpers, die umso mehr hervorgehoben werden muss, als sie über jene Bejahung einer Identifizierung mit dem Körper verläuft, die die Feministinnen traditionell als Beweis für den Essentialismus der traditionellen Morallehren und eines Patriarchats, das sie von der Macht fernhalten sollte, abgelehnt hatten. Wenn es jedoch stimmt, dass die Öko-Feministinnen aus der Macht, Leben zu spenden, eine politische Kraft machen – während ihre Vorgängerinnen die Verpflichtung der Frauen auf die Reproduktion, auf die Pflege und die Erziehung der Kinder ablehnten –, dann wäre es falsch, die von ihnen geforderte Rehabilitierung des Körpers und der Natur mit einem Naturalismus gleichzusetzen. So wie wir die Rolle hervorgehoben haben, die die Erfahrung der Verwundbarkeit im Verhältnis zu sich selbst und zum Inkommensurablen spielt, so wählen die Öko-Feministinnen einen ethischen und politischen Weg, der über das Explizit-Machen dessen verläuft, was ihre subjektive Erfahrung als Frau, als Liebende und Mutter ihnen über ihre körperliche Existenz und über ihre individuellen, sozialen und politischen Verantwortlichkeiten offenbart. Es handelt sich nicht um eine Verbannung ins Geschlechtliche, sondern um die Anerkennung des subjektiven, zugleich biologischen und sozialen, geschlechtlich differenzierten und kulturellen Charakters unserer Erfahrung der Welt und der anderen.

Sich seinen Körper wieder anzueignen, ohne Weiblichkeit und Feminismus als Gegensätze zu sehen, indem man den Akt, Leben zu schenken, ja die weibliche Sexualität selbst, zum Ausgangspunkt einer Kritik der Macht und der Gesellschaft sowie einer Neukonzeptualisierung des Politischen macht, bedeutet weder, dass es ein Geschlecht der Fürsorge gibt, noch dass man Mutter sein muss, um die aktuellen umwelt- und gesundheitsbezogenen Anliegen zu verstehen. Wie man gesehen hat, ist die Wiederaneignung des Körpers durch die Öko-Feministinnen ein Kraftakt, der, aus der Macht, Lebewesen zu gebären und zu pflegen, Forderungen macht, die das Politische dazu bringen sollen, das Leben zu ehren. Es geht nicht darum, dass die Frauen durch Natur und Konstitution gutwilliger oder sanfter wären als die Männer oder weniger dominant; die Strategie der Öko-Feministinnen ist vielmehr, die Erfahrung, die sie in ihren sozialen Rollen erworben haben, zu nutzen: Statt sie nur zu ertragen, haben sie sie zu einer Ressource und einer politischen Kraft gemacht.

Diese Vorgehensweise, die darin besteht, von seiner subjektiven und fleischlichen Erfahrung der Welt ausgehend sein Verhältnis zu den anderen und zu Natur zu vertiefen und zu verstehen, wie man sich auf persönlicher und kollektiver Ebene verhalten soll, enthält eine universale und nicht-essentialistische Dimension, auf die wir erklärend eingegangen sind, als wir über die Transdeszendenz gesprochen haben. Wie die Liebe ist diese Weise, von der Sorge um sich und um die Welt zur politischen Aktion überzugehen, allen zugänglich, Männern wie Frauen. Es geht darum, auf das zu achten, was uns unsere fleischliche Verfasstheit lehrt, ohne an die Leistungen des Körpers zu denken oder ihn zu einem Instrument zu machen. Zweifellos sind die Frauen mehr als die Männer daran gewöhnt, ihren Körper in allen seinen Dimensionen wertzuschätzen, ihn zu erleiden, statt zu versuchen, ihn zu kontrollieren. Dennoch ist diese Erfahrung universell, obwohl jeder sie in der ersten Person durchlebt und sie auch von der Kultur, der Epoche und dem sozialen Milieu bestimmt wird.

Noch einmal, es ist das Neugeborene oder das Kind in jedem von uns, das uns auf den Weg der Wertschätzung bringt. Es hilft uns, das nötige Unterscheidungsvermögen aufzubringen, um zu verstehen, welche Prioritäten gestärkt werden müssen, und gibt uns den Mut, eine soziale, ökonomische und politische Organisation abzulehnen, die nur zur Zerstörung der gemeinsamen Welt führen kann. Man muss nicht geboren haben, um diese Erfahrung zu machen, die sich einstellt, sobald man ein Neugeborenes in die Arme nimmt und, indem man sich ebenso zerbrechlich wie dieses fühlt, die Erfahrung der Verwundbarkeit macht, oder wenn man den höchsten Würdenträger des Staats als ein Wesen ansieht, das auch einmal geboren wurde.

Es ist nicht nur der Ökonomismus, die Deregulierung und der Wahnsinn des Atomkriegs, wogegen uns das Neugeborene in uns kämpfen lässt. Dieses winzige Wesen ist ein Riese, denn es ist als einziges imstande, dem Transhumanismus Kontra zu geben, der heute in der Lage ist, alle Prinzipien und alle Werte umzustürzen, auf die die Kulturen aufbauen. Umgekehrt will diese Ideologie genau dieses Neugeborene beseitigen. Sie droht, den Menschen herabzuwürdigen, ihn extrem zu simplifizieren und sein Verhalten und seine Beziehungen auf Automatismen zu reduzieren. Denn der Transhumanismus beruht nicht nur auf dem Willen, gegen den Tod Krieg zu führen; charakteristisch ist vor allem sein Abscheu vor der Geburt und der Wunsch, die Reproduktion zur Produktion zu machen.

Die Kontroll- und Herrschaftsobsession drückt nicht speziell den Vorsatz aus, die Grenzen, die den Lebewesen durch Tod, Alter und Krankheit gesetzt sind, zu überwinden. Dieser Wunsch gehört zur *Condition humaine* und steht am Ursprung vieler Fortschritte. Was spezifisch für den Transhumanismus ist und ihn jeder Idee eines Fortschritts des Menschlichen, die auf einer Verbesserung der Lebensbedingungen der Individuen und ihrer Emanzipation beruht, entgegenstellt, drückt sich hauptsächlich in seinem Wunsch nach einer Programmierung des Lebendigen aus, um so den Zufall und die Unbestimmtheit, in deren Zeichen die Empfängnis und die Geburt stehen, auszuschalten. Das Ziel der Transhumanisten ist die Abschaffung der Geburt und eine Produktion von Lebewesen, die vom genetischen Sachverstand der Biotechnologien neu geformt wurden.

Um zu erfassen, was auf dem Spiel steht, muss man bedenken, dass das Genom eines Lebewesens der Ausdruck einer totalen Unbestimmtheit ist. Jedes vor der Empfängnis liegende Ereignis trägt bei zu dem, was es ist. Diese Unbestimmtheit macht jedes Lebewesen einzigartig, umgibt es mit Geheimnis und gibt ihm gleichzeitig eine ungeheure Weite und Potentialität. Jedes Neugeborene ist ein Wunder. Jede Geburt befiehlt uns, diese initiale Unbestimmtheit, die unsere Unvorhersehbarkeit und unsere Freiheit begründet, zu respektieren. Denn diese kommt aus der unendlichen Tiefe, aus dieser ersten Unbestimmtheit, die ebenso weit wie dunkel ist wie die gemeinsame Welt, die aus unseren Ahnen und ihren Werken besteht. Die Reproduktion zu unterdrücken, um Wesen zu fabrizieren, ja zu *designen,* die nach *a priori* gefassten Ideen entworfen werden, die festlegen, welche physischen und kognitiven Eigenschaften man im Sinne eines bestmöglichen Funktionierens besitzen müsste, heißt die Geburt unterdrücken, heißt eine unbarmherzige Welt ohne Dichte fordern, in der die Wesen wie Roboter aussehen, wo sie Signale austauschen statt zu sprechen, wo sie nicht mehr denken sondern rechnen, wo die Liebe, die Sprache und Vorstellungsvermögen benötigt, nicht mehr möglich ist, wo der Sex den Eros ersetzt hat.

Diese enthumanisierte Gesellschaft, aus der man die Transdeszendenz verbannt hat, macht alle moralischen und affektiven Anlagen zunichte, die sich entwickeln, wenn wir die Pflege anderer Lebewesen übernehmen und sie willkommen heißen, wie sie sind, will sagen wie wir sie nicht erwartet haben. Die Kontrolldynamik, die von den technischen Fortschritten auf dem Gebiet der Informatik, der Biologie, der Robotik und der Aufrüstung ausgeht, deren Zusammenspiel der Transhumanismus antizipiert, ist in unserer Gesellschaft bereits am Werk. Nichts aber kann diese Tendenz bekämpfen außer das Neugeborene: Dieses ist das Emblem einer Bewegung, die das exakte Gegenteil ist und die wir gemeint haben, als wir vom „Zeitalter des Lebendigen" sprachen.

Nur eine Philosophie, die fähig ist, die Liebe zum Leben und zu den Lebenden im Zentrum des Politischen zu etablieren, ist imstande, dieser Ideologie und ihren Varianten, die aufzutreten nicht säumen werden, zu widerstehen. Die Ethik der Wertschätzung will diesem Zeitalter des Lebendigen, das im Entstehen begriffen ist und das seine Kohärenz und seine Solidität aus der Gesamtheit der lebendigen Kräfte zieht, die den Respekt vor der Würde jedes menschlichen Wesens, die Ökologie und die Sache der Tiere verteidigen, das konzeptuelle Rüstzeug geben. Die Ethik der Wertschätzung, deren schlagendes Herz die Philosophie der Körperlichkeit und der Geburt ist, ist nicht nur eine Ethik und eine Politik. Sie ist auch eine bestimmte Weise zu denken, zu fühlen, zu leben und die Welt zu sehen, und eine Ästhetik. Das Neugeborene ist ihr Gesicht. Das Erhabene findet sich im Kleinen, nicht im Großen; es findet sich in dem, was das Zerbrechlichste und Demütigste ist. Was wertgeschätzt werden muss, ist, geboren zu sein.

Dritter Teil: Wege der Wertschätzung

Kapitel 5: Unbewusstes, Eros und sittliche Erziehung

Und nun, meine ich, ist uns der Sinn der Kulturentwicklung nicht mehr dunkel. Sie muss uns den Kampf zwischen Eros und Tod, Lebenstrieb und Destruktionstrieb zeigen, wie er sich an der Menschenart vollzieht.

Sigmund Freud, *Das Unbehagen in der Kultur*

Unbewusstes, Triebe und Moral

Die Triebe und die Destruktivität ernst nehmen

In den beiden vorigen Kapiteln haben wir gezeigt, wie die Wertschätzung in die Praxis überführt werden kann. Jetzt geht es darum, die Hindernisse, auf die man stoßen kann, ausfindig zu machen. Diese kommen gleichzeitig aus uns und aus dem Kontext, will sagen von den sozialen, ökonomischen und technologischen Bedingungen, die unser Verhältnis zu uns selbst und zu den anderen ausmachen. Wir können uns dann fragen, worin eine moralische Erziehung bestehen kann, die den Individuen erlaubt, sich zu emanzipieren, und in ihnen den Wunsch nach einer ökologisch nachhaltigen und gerechteren Gesellschaft wecken kann.

Die meisten moralischen Theorien nehmen die Aggression und die zerstörerischen Kräfte, die im Menschen wohnen, nicht ernst genug. Dieser Fehler, der auch die zeitgenössischen Tugendethiken bedroht, führt zu einer Idealisierung der Moral, die dann das Verhalten von Individuen bezeichnet, die die Hindernisse gegen das Gute heroisch überwunden haben. In der Theorie ist das verführerisch, aber eigentlich kennt man niemanden, der sich zu einer solchen Vollkommenheit aufgeschwungen hätte. In Wirklichkeit kann man, wenn man dem Unbewussten keinen Platz einräumt, weder die Hindernisse für die Tugend korrekt identifizieren, noch echte Anhaltspunkte anbieten, an denen sich die Menschen bei ihrer inneren Transformation orientieren können. Um eine Ethik der Tugenden zu erarbeiten, die einer moralischen Erziehung zugrunde liegen kann, die etwas anderes ist als eine Ansammlung von unmöglich zu befolgenden Vorschriften, reicht es weder, die Entstehung der Leidenschaften zu berücksichtigen, noch, wie es Spinoza oder Arne Næss tun, die Erweiterung des Subjekts zu fordern. Wir müssen den unbezähmbaren Charakter der Triebe, insbesondere des Todestriebs, anerkennen, wenn wir verstehen wollen, warum es uns schwerfällt, nüchtern zu sein und gemäß unseren Werten oder unseren sittlichen Vorsätzen harmonisch mit den anderen zusammenzuleben.

Anders als die Wünsche, die als Reaktion auf externe Reize entstehen, kommen die Triebe aus dem Organismus selbst.[1] Man kann sie weder fliehen, noch sich ihnen entziehen. Und die Energie oder die für sie charakteristische Erregung ist konstant, nicht bloß momentan. Die Triebe sind Schübe, weil ihr Ziel die Befriedigung ist.[2] Aber auch wenn man sie nicht eliminieren kann, kann man doch ihr Objekt ändern. Seit Freud nimmt man an, dass diese Verschiebung dadurch möglich wird, dass mehrere Objekte zur Befriedigung eines Triebs dienen können, so wie umgekehrt ein und dasselbe Objekt zur Befriedigung mehrerer Triebe dienen kann. Die Fixierung des Triebs auf ein Objekt ist also nicht unabwendbar. Allerdings ist diese Umlenkung unserer Triebe nicht die einzige Möglichkeit. Wir können sie auch verdrängen.[3]

1 Sigmund Freud, „Triebe und Triebschicksale“, in *Gesammelte Werke*, chronologisch geordnet, Band X, London, Imago, 1949, p. 212s.

2 *Ibid.*, p. 213s.

3 Sigmund Freud, „Die Verdrängung“, in *Gesammelte Werke*, Band X, p. 248–261.

In diesem Fall ist der Zugang zum Bewusstsein blockiert, aber im Unbewussten dauert der Trieb fort. Was verdrängt ist, übt einen Druck auf das Bewusste aus, was bedeutet, dass die Aufrechterhaltung der Verdrängung einen gewissen Aufwand an psychischer Energie verlangt. Der Trieb kann vollkommen unterdrückt sein, so dass keine Spur von ihm bleibt. Er kann auch von der Vorstellung abgelöst sein und sich in Form von Affekten äußern. Wenn es die Verdrängung nicht schafft, das Entstehen von Unlustgefühlen zu verhindern, fühlt sich das Individuum geängstigt. Schließlich können die Triebe, insbesondere die sexuellen, auch zielgehemmt sein. Sie werden nicht verdrängt, aber ihre Natur ändert sich. Das ist es, was in der Sublimierung geschieht: Die Triebe finden in einem anderen Gebiet Verwendung, wie in der Arbeit oder der künstlerischen Schöpfung.[4]

Die Vernunft ist also nicht imstande, die Triebe, die nicht unterdrückt, sondern nur verschoben, verdrängt oder sublimiert werden können, zu kontrollieren. Das heißt nicht, dass die Unterdrückung einiger unserer Instinkte ohne jede moralische Bedeutung wäre. Ohne den Verzicht des Individuums auf seine Triebe, seien es Sexualtriebe oder Aggressionen, gibt es keine Moral. Das Leben in Gemeinschaft wäre unmöglich ohne diese dem Individuum gesetzten Grenzen. Im Übrigen ist das Subjekt seit seiner Kindheit diesen Einschränkungen unterworfen. Es gibt sogar Ähnlichkeiten zwischen dem kulturellen Prozess, der das Leben in Gemeinschaft erlaubt, und der Entwicklung des Individuums.[5] In beiden Fällen geht es um vitale Prozesse, die mit den Trieben der Individuen verbunden sind. Freuds spezifischer Beitrag zum Verständnis der Rolle, die die Triebe in der individuellen Entwicklung und im Prozess der Zivilisation spielen, besteht in dem Nachweis, dass der

4 Sigmund Freud, „Drei Abhandlungen zur Sexualtheorie", in *Gesammelte Werke,* Band V, London, 1949, p. 140s.

5 *Id.*, „Das Unbehagen in der Kultur", in *Gesammelte Werke,* Band XIV, Frankfurt, Fischer, 1991, p. 457.

Konflikt zwischen dem Ich und den moralischen Normen einem inneren Zwist entspricht, der vom Konflikt zwischen dem Lebenstrieb oder dem Eros und dem Todestrieb herrührt.[6]

Den Begriff des Todestriebs führt Freud 1920 in *Jenseits des Lustprinzips* ein; er bezeichnet den Drang des Seelenlebens, einen Zustand wiederherzustellen, der vor der inneren Erregung liegt und durch die Abwesenheit von Leben charakterisiert ist.[7] Er ist in jedem Menschen, ja in jedem Lebewesen überhaupt am Werk und drängt es zur Auflösung. Wenn er sich nach außen, auf Objekte richtet, wird er zum Zerstörungstrieb. Man muss versuchen, ihn zu kanalisieren und abzulenken, damit er andere Ausdrucksformen findet als den Krieg.[8] Allerdings ist es eine Illusion, zu meinen, man könne sich dieser Aggressivität einfach entledigen. Der Rekurs auf rationale Argumente, um gegen diese aggressiven Instinkte zu kämpfen und Konflikte zu vermeiden, ist, wie Freud schreibt, „Mühlen" vergleichbar, „die so langsam mahlen, dass man verhungern könnte, ehe man das Mehl bekommt"[9]. Infolgedessen setzt die Freudsche Triebtheorie beim Kampf gegen den Ansturm der Gewalt auf ein *indirektes* Mittel, indem sie an den gegenteiligen Trieb appelliert, an den Eros, der an die Gefühle von Affinität und an das gebunden ist, was die menschlichen Wesen eine Gemeinschaft bilden lässt. Der Zivilisationsprozess ist der Ausdruck des Lebenstriebs und beruht auf der Aktivierung von Mechanismen, die gegen die Zerstörung kämpfen. Aber auch wenn wir ihm das Beste von dem, was wir sind, verdanken, macht der Triebverzicht, den dieser Prozess erzwingt, unglücklich.

Die Erfolge der Zivilisation hängen weitgehend von den Verschiebungen der Sexual- oder der Aggressionstriebe auf fiktive Objekte ab, die, wie man es zum Beispiel an den Videospielen sieht

---

6 *Ibid.*, p. 481.

7 Sigmund Freud, „Jenseits des Lustprinzips", in *Gesammelte Werke,* Band XIII, p. 40.

8 Sigmund Freud, *Warum Krieg?* in *Gesammelte Werke,* Band XVI, p. 23.

9 *Ibid.*, p. 24.

oder beim Sport, ohne Zerstörung lebender Wesen auskommen. Solche Erfolge sind auch an die Sublimierung gebunden, dank der die Individuen ein *Quantum* an libidinöser Energie auf sozial nützliche oder wertgeschätzte Ziele richten. Aber das reicht nicht aus, das „Unbehagen in der Kultur" zu begreifen, will sagen den Hass, den die letztere bei den Individuen erregt, die finden, dass der Preis, den man für das Leben in Gesellschaft entrichten muss, zu hoch ist.[10]

Die Analyse des Verdrängungsmechanismus, der am Ursprung des Verzichts der Subjekte auf manche Triebe und mithin am Ursprung des moralischen Bewusstseins steht, ist der Schlüssel zum Verständnis der Unzufriedenheit, die die Individuen verspüren. Daher die Ablehnung, deren Gegenstand die Zivilisation sein kann, insbesondere, wenn die Individuen nicht mehr, wie im idealen Gesellschaftsvertrag, das Gefühl haben, ein Äquivalent für ihren Verlust zu bekommen. Wenn man diesen nicht auf eine „ökonomische Weise" kompensiert, also indem man jenseits der moralischen Vorschriften und der Gesetze die Mittel findet, den Individuen eine gewisse Befriedigung zu verschaffen, „muss man sich auf ernste Störungen gefasst machen"[11].

Gewissen und Überich

Freud zeigt, dass das Gewissen nicht ursprünglich, sondern die Konsequenz aus der Unterdrückung der Triebe ist. Anders als bei Kant ist das Gewissen nicht der gefühlsmäßige Ausdruck der in unsere praktische Vernunft eingeschriebenen Pflicht, sondern das Produkt eines seinerseits von einem Angstgefühl verursachten Verzichts. Das Individuum beraubt sich gewisser Befriedigungen, um nicht die Liebe derer zu verlieren, von denen es abhängig ist.

10 Sigmund Freud, „Das Unbehagen in der Kultur" in *Gesammelte Werke* Band XIV, p. 445s.

11 *Ibid.*, p. 457.

Von Kindheit an, will sagen in einem Moment, da das Subjekt ein Gefühl der Hilflosigkeit verspürt, weil andere Wesen für sein Überleben sorgen, spürt es diese Angst vor dem Verlassenwerden. Der Verzicht auf gewisse Befriedigungen wird hervorgebracht von der Angst vor der äußeren Autorität, die anfänglich von den Eltern repräsentiert wird. Trotz dieses Opfers jedoch bleibt, weil das Begehren bleibt, das Gefühl der Schuld.[12] Darum ist die Entwicklung des Bewusstseins untrennbar mit dem Schuldgefühl, das ein anderer Name für das Gewissen ist, verbunden.

Das Gewissen ist also immer ein schlechtes Gewissen. Obwohl es das Produkt einer Unterdrückung der Instinkte ist, verlangt es von Seiten der Individuen immer weiteren Verzicht und wird streng und strenger. Will man die Kraft des Schuldgefühls ermessen, das unvermeidlich ist und die Ambivalenz des Menschlichen erklärt, muss man verstehen, dass auch die Liebe zur Entstehung des Gewissens beiträgt, weil dieses ursprünglich die Konsequenz aus einem Verzicht ist, der in der Furcht wurzelt, die Zuwendung und den Schutz der Eltern zu verlieren, Nach und nach wird diese Angst zu einer Angst vor dem Überich: Die Autorität ist nicht mehr bloß extern, sondern auch intern. Das Subjekt hat dann das Bedürfnis, sich zu bestrafen, weil jeder Verzicht auch sein Schuldgefühl verstärkt.[13]

Diese doppelte Genese des Schuldgefühls, die eine Ähnlichkeit zwischen der kulturellen Entwicklung der Menschheit und der Evolution der Libido zeigt, lässt darauf schließen, dass der Zivilisationsprozess durch einen ersten Verzicht ermöglicht wurde, aus dem das moralische Bewusstsein entstand. Das kollektive Überich, das auch für den Einfluss markanter Persönlichkeiten in einer Gesellschaft empfänglich ist,[14] setzt seine Ideale durch, um die Aggression auszuschalten. Diese beiden Prozesse, die das moralische

12 *Ibid.*, p. 483s.
13 *Ibid.*, p. 486–487.
14 *Ibid.*, p. 501s.

Bewusstsein (oder das an die Geschichte eines jeden gebundene Überich) respektive das kollektive Überich produzieren, drücken die Liebe zum Leben oder den Eros aus: Wenn das Subjekt seine instinktiven Triebe unterdrückt, dann weil es leben will und die Notwendigkeiten des Lebens in Gemeinschaft es zwingen. Dass die moralische Instanz oder die Autorität intern ist, dass sie eher Züge einer Selbstzensur hat und nicht von Befehlen einer externen Autorität abhängt, erklärt, dass es der Zivilisation meistens gelingt, die Aggressivität der Subjekte zu zähmen. Allerdings werden die an die Gemeinschaft gestellten Ansprüche und die Fortschritte des moralischen Bewusstseins mit einem durch das wachsende Schuldgefühl bedingten Verlust an Glück bezahlt.[15]

Die Individuen verargen es der Gesellschaft, dass sie ethische Forderungen an sie stellt, die echte Opfer sind und sie innerlich zerreißen. Darum fällt es ihnen so schwer, den Vorschriften der Moral zu gehorchen. Die Kluft zwischen den moralischen Normen und der Weise, wie die Wesen sich wirklich verhalten, aber auch der ständige Konflikt zwischen Glück und Pflicht, Individuum und Gesellschaft, kommen großenteils daher, dass man moralische Vorschriften erlässt, ohne sich um die seelische Verfasstheit des Menschen zu kümmern.[16] Nicht nur, dass die meisten Ethiken die menschliche Aggression verkennen oder sie zu beherrschen beanspruchen, sondern sie ignorieren auch die Rolle, die das Überich in den Erscheinungsformen des Zivilisationsprozesses spielt, und den Preis, den das Subjekt zahlt, um sich an das Leben in Gesellschaft anzupassen. Dieses Missverständnis hindert sie daran herauszufinden, wie die Aggressions- und Selbstzerstörungstriebe, die das Leben in Gemeinschaft ebenso wie das seelische Gleichgewicht der Individuen bedrohen, auf andere Zwecke gelenkt werden können.

Aufgrund der Spannung, die zwischen den individuellen Forderungen und den sozialen Ansprüchen besteht, besteht ein ständiger

15 *Ibid.*, p. 494.
16 *Ibid.*, p. 503.

Konflikt zwischen Individuum und Gesellschaft, der den Konflikt innerhalb des Individuums reproduziert und dem Unterdrücken seiner Libido entspricht. So wird der ewige Kampf zwischen Lebens- und Todestrieb in das Leben in Gemeinschaft übertragen. Wenn die Aufgabe der Zivilisation, wie Freud sagt, darin besteht, ein Gleichgewicht oder „einen zweckmäßigen, d.h. beglückenden Ausgleich“ zwischen den individuellen Ansprüchen und den Forderungen der Gesellschaft zu finden,[17] muss man anerkennen, dass dieses zwangsläufig fragile Gleichgewicht zuerst über die Anerkennung dieses inneren Zwiespalts im Subjekt verläuft.

Unter diesen Umständen kann sich die moralische Erziehung, die die Individuen dazu anhalten soll, ihre Aggressivität zu zähmen, manche ihrer sexuellen Triebe zu zügeln und den Ansprüchen des Lebens in Gemeinschaft zu genügen, nicht mit moralischen Vorschriften zufrieden geben, die gewisse Handlungen untersagen („du sollst nicht töten“), gewisse Absichten verdammen („du sollst nicht eines anderen Weib begehren“) oder sogar empfehlen, gewisse Anlagen weiterzuentwickeln („du sollst deinen Nächsten lieben wie dich selbst“).[18] Um die Lücke zwischen Theorie und Praxis zu schließen, ist es unabdingbar, die Moral nicht auf Befehle oder Normen zu reduzieren, seien es biblische Gebote, rationale Prinzipien oder soziale Konventionen. Ohne eine moralische Psychologie, die die bewussten und unbewussten Motive der Handelnden berücksichtigt, und ohne die Anerkennung des menschlichen Destruktionstriebs und des Platzes, den das Schuldgefühl im Zivilisationsprozess einnimmt, wird die Ethik der Tugenden der Kritik zum Opfer fallen, die Freud an der Erziehung der jungen Leute seiner Zeit übt:

---

17 *Ibid.*, p. 456.

18 Das heißt nicht, dass diese Gebote, selbst außerhalb der theologischen Moral, keine Bedeutung hätten. Siehe Corine Pelluchon, *Tu ne tueras point. Réflexions sur l'actualité de l'interdit du meurtre,* Paris, Cerf, „Passages“, 2013 und „Aime ton prochain comme toi-même“, *L'Amour,* Monaco, Éditions des Rencontres philosophiques de Monaco, 2016, S. 175–189.

Dass sie dem jugendlichen Menschen verheimlicht, welche Rolle die Sexualität in seinem Leben spielen wird, ist nicht der einzige Vorwurf, den man gegen die heutige Erziehung erheben muss. Sie sündigt außerdem darin, dass sie ihn nicht auf die Aggression vorbereitet, deren Objekt er zu werden bestimmt ist. Indem sie die Jugend mit so unrichtiger Erziehung ins Leben entlässt, benimmt sich die Erziehung nicht anders, als wenn man Leute, die auf eine Polarexpedition gehen, mit Sommerkleidern und Karten der oberitalienischen Seen ausstatten würde. Dabei wird ein gewisser Missbrauch der ethischen Forderungen deutlich.[19]

Die Hindernisse der Zivilisation

Die Triebe und die Aggression in der Erziehung und im sozialen Leben zu berücksichtigen, ist wichtig, weil die Individuen entdecken, dass die moralischen Vorschriften von niemandem respektiert werden, und dies hat auf psychischer und kollektiver Ebene eine zerstörerische Wirkung. Wenn sie sich daran gewöhnen, dass es zwischen Denken und Handeln immer eine Kluft gibt, werden die Menschen zynisch. Böses zu tun, vermeiden sie nur, wenn sie sicher sind, nicht auf frischer Tat ertappt zu werden, oder sie verachten die westliche Zivilisation, die mit dem Ideal der Selbstbeherrschung und der Regierung der anderen durch die Vernunft assoziiert wird.

Diese Ablehnung der Vernunft macht sie dazu bereit, sich Vorstellungen von der Welt anzuschließen, die die Realität leugnen. Die Religionen, schreibt Freud, entstehen aus dem Bedürfnis, die Unvollkommenheiten der Zivilisation zu korrigieren, indem man dem Subjekt das Leiden erspart, das mit der Angst vor dem Tode und dem Abstand zwischen dem eigenen Gerechtigkeitsideal und

19 Sigmund Freud, „Das Unbehagen in der Kultur", in *Gesammelte Werke* XIV, p. 494, Anm. 1.

der Realität verbunden ist.[20] Als ein Glaube an das Jenseits, an die göttliche Gerechtigkeit und die Vorsehung, dienen diese Vorstellungen dazu, die Individuen vor dem Risiko gewisser neurotischer Anwandlungen zu schützen und entsprechen den ältesten Sehnsüchten der Menschheit, wie der Sehnsucht nach Ewigkeit. In den Augen des Psychoanalytikers sind sie das Ergebnis der Verdrängung und hindern die Gläubigen die meiste Zeit daran, die Arbeit zu verrichten, die nötig ist, um die sichersten und realistischsten Mittel für ein Leben in Frieden mit sich selbst und den anderen zu finden.[21]

Die Religionen folgen in ihrer Struktur einer viele Jahrhunderte alten Organisation, die die Mehrzahl der Gläubigen vor den Exzessen schützt, die den Massenbewegungen eigen sind. Allerdings sind für gewisse Formen zeitgenössischer Religiosität unbewusste und regressive Phänomene charakteristisch, die Le Bon mit dem Verhalten wilder Volksstämme verglichen hat.[22] Das Übergewicht des Irrealen über das Reale, das Bedürfnis, einem dem gefürchteten primitiven Vater ähnelnden Chef zu gehorchen, das Gefühl der Allmacht aufgrund der Zugehörigkeit zu einer Gruppe, die Steigerung der Affektivität, das Fehlen von Zweifeln, die Abtötung des kritischen Geistes, die Suspendierung des Verantwortungsgefühls, der Hang, in Assoziationen und in Bildern zu denken, die Enthemmung und das Erwachen brutaler und destruktiver Instinkte – all das ist charakteristisch für diese Massenbewegungen und erklärt, dass zuvor vernünftige Wesen bisweilen in einen Aberglauben und einen Fanatismus verfallen können, der sie auch vor barbarischen Akten nicht zurückschrecken lässt.[23]

---

20 *Id.*, „Die Zukunft einer Illusion", in *Gesammelte Werke,* Band XIV.

21 *Ibid.*

22 Gustave Le Bon, *Die Psychologie der Massen,* Stuttgart, Kröner, 1957.

23 Sigmund Freud, „Massenpsychologie und Ich-Analyse" in *Gesammelte Werke* Band XIII, p. 136–143, 150. Für ihn sind die Religionen „künstliche Massen", die sich von den Massenbewegungen nur wenig unterscheiden.

Eine der Ursachen für den Zulauf zu solchen Massenbewegungen ist die Leere, die die Individuen verspüren, wenn sie das auf westliche Rationalität gegründete Zivilisationsideal nicht mehr träumen lässt. Weil sie keinen Zugang zum Symbolischen haben, füllen sie dieses Vakuum durch irrationale Vorstellungen. Das Symbolische verweist auf jene Arbeit des Geistes, die Freud als analytische Kur bezeichnet, aber es ist auch der Horizont einer moralischen Erziehung, die, wie wir sehen werden, die Emanzipation des Subjekts zum Ziel hat. Wenn die Menschen kein Interpretationsraster für das Reale mehr haben, haben die religiösen Texte für sie nur noch einen wörtlichen Sinn. Die Welt ohne jede kritische Distanz wahrnehmend, werden sie von den extremsten Ideologien, die ihnen in ihrer Ratlosigkeit hilfreich erscheinen, verführt. Sie sind fassungslos [*sidérés*, von *siderus*]; will sagen, sie erleiden die Ereignisse buchstäblich so, als ob es sich um eine unheilvolle Aktion der Sterne handelte, und können nicht die mindeste Wertschätzung für wen auch immer aufbringen.

Weil sie die Moral idealisieren und sich auf moralische Prinzipien und Werte berufen, die praktisch kaum jemand respektiert, sind die normativen Ethiken nicht imstande, die Ausbreitung der Gewalt, die sich heute im Zulauf von bisweilen sehr jungen Menschen zu extremistischen Strömungen oder zum Terrorismus manifestiert, zu verstehen oder ihr vorzubeugen. Der extreme Charakter dieser Gewalt darf nicht vergessen machen, dass es die Zivilisation immer mit zwei Haupthindernissen zu tun hat: mit dem menschlichen Destruktionstrieb und mit der Feindseligkeit, die sie aufgrund des von ihr verlangten Triebverzichts hervorruft. Diese Aggression verwandelt sich bei den Individuen, denen die Fähigkeit des Symbolisierens, die ein Ziel der Erziehung und eine Bedingung für die Wertschätzung ist, fehlt, in Hass.

Eros und moralische Erziehung

Rousseau, Lehrer des Sublimen

Das Projekt, das Jean-Jacques Rousseau in *Émile* verfolgt, bietet einige Anhaltspunkte, wenn man sich vorstellen will, worin eine moralische Erziehung bestehen könnte, die den in der *Ethik der Wertschätzung* formulierten Herausforderungen genügt. Denn sie will das Subjekt formen und neue Wünsche in ihm wecken. Es reicht nicht aus, es alleine zu einer Erkenntnis kommen zu lassen, wozu Sokrates und ganz allgemein die Alten auffordern, sondern man muss seine Triebe erziehen und ihm beibringen, das zu begehren, was in einer von Eigenliebe gelenkten und durch soziale, ökonomische und kulturelle Ungleichheiten gespaltenen Welt wünschenswert ist. Es muss zu seinem Begehren Zugang finden, um aus seiner Entfremdung herauszufinden und um reiche und ernsthafte Beziehungen zum anderen zu haben, und es muss seine Triebe an einem Ideal ausrichten können. Man muss, mit anderen Worten, Eros möglich machen und ihn sogar erschaffen,[24] weil Liebe und Freundschaft seiner bedürfen und weil es ohne ihn keine Konvivenz gibt, sondern nur eine simple Koexistenz, die zugleich von Indifferenz und Aggressivität geprägt ist.

In der moralischen Erziehung geht es also nicht, wie bei Epikur, einzig darum, dass das Individuum sichere Wünsche haben und also weniger leiden soll, noch um die Beherrschung seiner destruktiven Triebe, sondern um seine Fähigkeit, zu lieben und mit anderen zu leben, so dass neue Wünsche seine Aggression vertreiben oder sublimieren können. Wie soll man die Menschen humanisieren, deren Bedürfnisse durch die Vorstellungskraft und den Blick auf den anderen zu Wünschen werden, ohne dass sie die anderen instrumentalisieren, ewig unbefriedigt und neidisch bleiben, taub für das Allgemeininteresse und unfähig zur Nüchternheit? Diese

24 Allan Bloom, *Love and Friendship*, New York, Simon & Schuster 1993, p. 62.

moralische Erziehung muss gleichzeitig eine erotische Erziehung sein, weil die Triebfedern der sozialen Bindung nicht nur das Interesse, die Furcht und der Hass sind, sondern auch das Mitleid, die Liebe und die Freundschaft. Wenn die Menschen ihr eigenes Wohl in das gemeinsame Wohl einbringen und einen Sinn für Verpflichtungen entwickeln sollen, dürfen ihre Beziehungen zu den anderen nicht bloß auf Wettbewerb oder Rivalität gegründet sein; vielmehr muss der Wunsch nach gegenseitiger Hilfe geweckt werden. Mehr noch, wenn Eros an die Stelle des Kriegs aller gegen alle treten soll, muss man mit der Liebe und der Sexualität beginnen, um die Menschen moralisch zu erziehen. Man muss sie fähig machen zu lieben, um gute Bürger aus ihnen zu machen.

Wenn Rousseau, wie Allan Bloom sagt, „ein Lehrer des Sublimen" ist,[25] der der Seele große Wünsche eingeben will, dann weil er verstanden hat, dass die moralische Erziehung auch eine Erziehung des Gefühls und eine sexuelle Erziehung sein muss. Anders als moralische Theorien, die, wie die von Locke, der Sexualität in der Erziehung keinen Platz einräumen, zeigt Rousseau die Verbindung, die zwischen Eros und Staat, aber auch zwischen Sexus und Moral besteht. Tatsächlich „hängt der Fortschritt der Zivilisation von der Entwicklung der erotischen Sensibilität ab"[26]. Da diese aber von der Sprache und der Vorstellungskraft untrennbar ist, muss diese letztere kultiviert und die literarische Sensibilität der Individuen und ihre Fähigkeit zur Symbolisierung entwickelt werden, damit das moralische Urteil sich verfeinert und Wünsche geweckt werden, die über diejenigen hinausgehen, die die Individuen an den Konsum fesseln oder sie ständig untereinander entzweien:

> Alles trägt heute dazu bei, die Imagination zu ersticken [...]. Das Sprechen über die Liebe hat am meisten gelitten. Eros braucht Sprache,

25 *Ibid.*, p. 61.
26 *Ibid.*, p. 25.

> und eine schöne Sprache, um seinem Partner mitzuteilen, was er fühlt und begehrt. [...] Der Reichtum des Vokabulars ist Teil des Reichtums an Erfahrung. So wie man einen katastrophalen Niedergang der politischen Rhetorik feststellen kann, einer Rhetorik, die nötig ist, um die Gerechtigkeit zu erklären und eine Gemeinschaft um sie herum zu formen, so beobachtet man einen noch katastrophaleren Niedergang der Liebesrhetorik. Doch, um sich auf menschliche Weise zu lieben, müssen die Partner miteinander sprechen.[27]

Die erotische Erziehung verfolgt also zwei eng miteinander verbundene Ziele: das Individuum fähig zu machen, eine andere Person zu lieben, und zu bewirken, dass es sich in einer auf gegenseitige Hilfe gegründeten Gesellschaft wie ein verantwortungsvoller Bürger verhält. Diese Erziehung darf nicht zum *homo œconomicus* führen. Es geht darum, die Liebe zu Gütern zu wecken, die man teilt, statt das Streben nach Produkten zu fördern, die künstlich mit einem gewissen Prestige versehen werden und die Konkurrenz und Neid aufkommen lassen und die Menschen ohne jede Aussicht auf Befriedigung immer weiter in den Konsum treiben. Auch die erotische Erziehung muss den Übergang ermessen, der vom naturgemäßen *amour de soi* zum gesellschaftlich induzierten *amour-propre* führt und der erklärt, dass es den Individuen so schwer fällt, eine erfüllte Existenz zu genießen und befriedigende soziale Beziehungen herzustellen, die frei von Rivalität und Hass sind.

Diese ganze Erziehungsarbeit verläuft über die Transformation ihrer Vorstellungskraft, denn auf diese Weise können die Präferen-

27 *Ibid.*, p. 25: „But everything today conspires to suffocate imagination. [...] Talking about love has suffered the most. Eros requires speech, and beautiful speech, to communicate to its partner what it feels and wants. [...] Richness of vocabulary is part of richness of experience. Just as there is a disastrous decline in political rhetoric, rhetoric necessary to explain the justice and form a community around it, so there is an even more disastrous decline in the rhetoric of love. Yet to make love humanly, the partners have to talk to each other."

zen der Individuen auf Objekte gelenkt werden, die ihnen erlauben, ein gutes Leben zu führen und ihre Gegensätze zu überwinden. Die Erziehung betrifft zuerst das Gefühl und den Eros, dann erst ist sie moralisch und politisch. Will man einen anderen Weg nehmen als den, der bei Hobbes vom Individualismus zum Leviathan führt, muss man eine Erziehung denken, die die Wesen nicht voneinander trennt, keinen inneren Bruch erzeugt und keine Unterwerfung – weder unter die antike Tyrannis noch unter die aktuelle ökonomistische Ordnung – begünstigt. Indem man Émile anleitet, eine andere Person zu lieben, lehrt man ihn, Beziehungen zu anderen, die nicht auf Herrschaft gegründet sind, zu unterhalten. Die Erziehung ist die des Begehrens, und ohne sie kann es keine Wertschätzung geben. Sie beginnt jedoch mit der Erziehung der Bedürfnisse. So sind die Ernährung, das Mitleid und die Liebe die Etappen dieser zugleich körperlichen, emotionalen und sexuellen Erziehung, die die Menschen emanzipieren soll, sie autonom machen soll und fähig, einen politischen Körper zu bilden, der dazu da sein wird, das Leben zu schützen und die Gerechtigkeit zu fördern.

Begehren und Wertschätzung

Trotz der Jahrhunderte, die seitdem vergangen sind, können wir uns den Protest Rousseaus gegen die bourgeoise Erziehung zu eigen machen. Mit ihrem System von Lohn und Tadel ermutigt sie weder dazu, das zu suchen, was gut für einen selbst ist, noch Erkenntnis und Tugend als an sich erstrebenswert zu erachten, sondern sie zu erstreben, um den Beifall der anderen zu bekommen. Gegründet auf Eigenliebe, sät die bourgeoise Erziehung in den Seelen die Furcht und produziert ängstliche, zu Servilität und Liebedienerei vor der Autorität neigende Individuen. Sie versperrt ihnen den Zugang zu ihren wahren Zielen und ist häufig die Ursache für den Widerspruch zwischen Begehren und Pflicht, den sie empfinden. Daher gilt für sie dieselbe Kritik, die Nietzsche an der aus dem Christentum (zumindest aus dem Christentum seiner Kindheit) hervorgegangenen Moral übt: „Das Christentum gab dem Eros Gift zu trinken: – er starb zwar nicht daran, aber entartete, zum Laster."[28]

Dagegen besteht die von Rousseau vertretene erotische Erziehung darin, Émile zu befähigen, das zu erkennen und zu lieben, was gut für ihn ist. Zunächst einmal weitet er die Sensibilität des jungen Mannes über sich selbst hinaus und lehrt ihn das Mitleid, indem er ihn in seiner Vorstellung Handlungen erleben lässt, die nicht von Gefühlen der Rivalität korrumpiert sind. So wird eine Brücke gebaut zwischen Émile und den anderen.[29] Denn eine menschliche Beziehung beginnt erst dann, wenn das Individuum fähig ist, jenseits der durch Selbsterhaltung bedingten Empfindungen neue Gefühle im Zusammenhang mit der Schicksalsgemeinschaft zu entwickeln, die es mit den anderen verwundbaren Lebewesen verbindet. Zwar ist das Mitleid nicht die Gerechtigkeit, aber es bereitet doch auf deren Verständnis vor, auf deren Praxis und auf eine Öffnung für den anderen jenseits der Grenzen der Nation und der Art. Verankert in der Körperlichkeit, überwindet es auch die Barrieren der sozialen Klassen und erspart es Émile, sich von einer im Neid wurzelnden moralischen Entrüstung vereinnahmen zu lassen.

Weil er in seiner Kindheit gelernt hat, ein einfaches und frugales Essen einem Festmahl unter Reichen vorzuziehen, weiß Emile sich damit zu begnügen, er selbst zu sein, und mit allem, was er hat, zufrieden zu sein. Die Entwicklung des Geschmacks auf kulinarischem Gebiet lehrt das Individuum zu begehren, was ihm zuträglich ist, wobei sie es gleichzeitig sozialisiert und ihm ermöglicht, der entfremdenden Wirkung der sozialen Klischees zu entkom-

28 Friedrich Nietzsche, „Jenseits von Gut und Böse" § 168, in *Sämtliche Werke*, München, dtv, 1980, Band V. Er wird von Allan Bloom, *Love & Friendship* (p. 63), zitiert.
29 Allan Bloom, *Love & Friendship*, p. 66–68.

men. Seine Erziehung soll ihn lehren, die anderen als Wesen anzusehen, die seine Wertschätzung verdienen, zum einen weil sie von ihm verschieden sind und zum anderen weil sie ungeachtet ihrer sozialen Position seine Verwundbarkeit teilen. Das Mitleid wird das Kind wünschen lassen, die Gesellschaft möge um die Notwendigkeit der gegenseitigen Hilfe und nicht um die Konkurrenz und die Herrschaft herum organisiert sein.

Die Erziehung der Bedürfnisse führt zu einer Erziehung der Wünsche und zum Aufbau einer neuen, auf dem Mitleid, aber auch auf der Selbstgenügsamkeit des Individuums gegründeten Ordnung der Seele. Dieses ist unabdingbar, wenn man vermeiden will, dass die aus der Abhängigkeit entstandenen traurigen Leidenschaften wie zum Beispiel der Neid das Subjekt erobern. Das Individuum kann nur dann ein selbstbestimmter und verantwortungsbewusster Bürger werden, wenn es schon als Kind lernt, seine Verwundbarkeit zu akzeptieren. Möglich ist das nur, wenn man es frühzeitig die Kompetenzen erwerben lässt, die es autonom machen und ihm die Furcht, von anderen abhängig zu sein, ersparen. Dieser Lernprozess versöhnt es mit seiner Zerbrechlichkeit, während die Furcht vor Abhängigkeit eine Leugnung seiner Zerbrechlichkeit sowie Allmachtsphantasien nach sich zieht.

Wenn das Individuum von Kindheit an seiner Umgebung autonom zu begegnen weiß, wird es weniger versucht sein, die anderen zu benutzen und zu unterwerfen. Es wird sich weder seiner Unvollkommenheit schämen, noch seiner Unfähigkeit, seinen Körper zu kontrollieren. Diese Scham, die von der bourgeoisen Erziehung gefördert wird, gegen die Rousseau sich auflehnt, kann später dazu führen, dass die Individuen ihren moralischen Abscheu auf Lebewesen projizieren, deren Identität mit den Funktionen des Körpers assoziiert wird, wie Frauen und sogar Tiere.[30] Wenn das Kind die

30 Martha C. Nussbaum, *Not for Profit,* Princeton/Oxford, Princeton University Press, 2010, Kapitel 3, p. 43–44. Dt. *Nicht für den Profit. Warum Demokratie Bildung braucht,* übers. v. Ilse Utz, tibaPress, Überlingen, 2012.

der *Condition humaine* eigene Schwäche anerkennt, wird es soziabel werden und weniger geneigt sein, ein Gefühl der Unverwundbarkeit verbunden mit einem Hang zur Maßlosigkeit zu entwickeln. Und wenn man es nicht lehrt, dass der Erfolg an eine Missachtung des Körpers gebunden ist, wird es auch nicht das Bedürfnis haben, seine Sexualpartner zu beherrschen. Die moralische Erziehung Rousseaus, die sich dem heute in zahlreichen Gesellschaften propagierten Leistungskult widersetzt, kann im Kampf gegen diejenigen sozialen und familiären Normen, die für gefährliche Dominanz-Schemata verantwortlich sind, einen wertvollen Beitrag leisten.

Zu behaupten, dass es keine moralische Erziehung ohne sexuelle Erziehung gibt, impliziert, dass man der Pubertät, während der das Individuum die Macht seiner Triebe entdeckt und von seinen sexuellen Wünschen überrannt werden kann, die größte Aufmerksamkeit widmet. Für Rousseau darf man einen jungen Menschen in dieser Entwicklungsphase weder allein lassen, noch zulassen, dass Bilder, die den Sexus in Erotik verwandeln, ihn überwältigen (*sidérer*), indem sie seine Vorstellungen erobern und seinen Zugang zum Imaginären und zum Symbolischen gefährden. Um zu verstehen, was dies möglich macht, möge man sich erinnern, dass das Wort „Begehren“, *désir*, von *desiderare, desiderium*, kommt, was die Sehnsucht nach den Sternen, das Heimweh nach ihnen, bezeichnet.[31] Das Begehren impliziert die Unruhe und die Angst, den oder die zu verlieren, der/die dieses Gefühl erregt und es dank des Geheimnisses, das ihn/sie umgibt, und des Glücksversprechens, das sich in ihm/ihr kristallisiert, am Leben hält. Begehren heißt also immer, einen Mangel empfinden und niemals von die-

31 In den meisten Wörterbüchern wird das Wort „désir“ mit *desiderare* verbunden, wie bei Horaz oder Cicero, für die *desiderium* zugleich das Begehren, die Reue und den Hunger bezeichnet. Es ist also nicht von *desidere, desido* („zusammenbrechen“) abgeleitet, was andeuten würde, dass die mit dem Entstehen des Begehrens einhergehende Faszination bestimmt wäre zu verschwinden.

sem anderen gesättigt sein, diesem anderen, der kein isolierter Stern ist (*astrum*), der ins Desaster führen kann (italienisch *disastro*, „böser Stern"), sondern eine Konstellation von Sternen (*sidus*), will sagen ein Universum, das die oder den Begehrende/n bezaubert.

Das Begehren nährt sich von Imagination und Träumen; es intensiviert sich oder stumpft ab je nach der Vorstellung, die man vom anderen oder von sich selbst hat. Hobbes hat perfekt beschrieben, was das Verlangen der Menschen von dem der Tiere unterscheidet, als er die Rolle zeigte, die die Vorstellung und selbst die Eitelkeit für unsere Begierden hat. Sie belehren uns über uns selbst. Die meiste Zeit begehren die Menschen etwas oder jemanden, der ihnen ein positives Bild ihrer selbst spiegelt. Da ihre Identität spiegelbildlich ist, begehren sie vor allem, was die anderen begehren. So konfrontiert uns das Begehren, besonders das sexuelle, mit einem Problem, das in direkter Beziehung zur moralischen und erotischen Erziehung steht: Es nährt sich von Vorstellungen, aber diese können irreführend sein und das Subjekt dazu verleiten, zu suchen, was ihm nicht zuträglich ist, es entfremdet und unglücklich macht. Man muss also frei und in Frieden mit sich selbst sein, um sein Begehren zu erkennen, um nicht zwischen letzterem und der Pflicht zerrissen zu werden oder zwischen seinem Glück und einem Begehren hin und her zu schwanken, das einen die anderen begehren machen wollen. Die Autonomie ist der Horizont der moralischen und erotischen Erziehung.

Die Fähigkeit, man selbst zu sein und sich von der Fremdbestimmtheit loszureißen, ist nicht nur ein unumgänglicher Schritt, wenn man sich dem anderen zuwenden und ihn lieben will, sondern auch die Bedingung für eine intersubjektive Ethik, die für eine Anerkennung der Unterschiede und für einen auf diesem Weg herzustellenden Konsens eintritt. Ein solcher hat nichts zu tun mit einem unbefriedigenden Kompromiss oder der Suche nach dem kleinsten gemeinsamen Nenner; vielmehr ist er das Ergebnis eines Austauschs, in dem, wie in der Konvivenz, die Unterschiede ihren Ausdruck finden. Jeder muss explizit machen können, was seine Meinungen begründet, damit der Wunsch entstehen kann, etwas Gemeinsames aufzubauen.

Die Liebe ist also ein Vermögen, auch wenn sie aus einem Trieb entsteht. Und eine Beziehung zu sich selbst, die es einem erlaubt, sein eigenes Begehren anzunehmen, ermöglicht es auch, dem anderen zu begegnen und ihn anzuerkennen. Wenn schließlich Liebe und Freundschaft nicht auf die Privatsphäre beschränkt werden, wenn Eros und Staat einander nicht gleichgültig gegenüberstehen, dann weil der Mensch sich nur selbst befragen und wissen kann, wer er ist, indem er sich auf einen anderen bezieht, der ihn befragt und in der ersten Person anspricht: Was willst du sagen? fragt Sokrates unentwegt seine Gesprächspartner. Bist du sicher zu wissen, was du sagst? Und du, der zu mir spricht und mich ansieht, bist du der, der zu sein du behauptest? fragt der Geliebte den Liebenden in einem Dialog, in dem die Wahrheit zunächst Forderung nach Ernsthaftigkeit ist und in dem das Vertrauen einem jedem erlaubt, Stellung zu beziehen, sein *ethos* zu haben und auf den anderen zuzugehen.

„Ethik" stammt von *ethos*, das, bevor es den Brauch, die Seinsweisen und dann die Sitten bezeichnete, Wohnsitz, ja Stall bedeutete. Die Etymologie erinnert uns daran, dass das Subjekt, nachdem es von den Leidenschaften mitgerissen wurde, nach Hause zurückkehrt, wie das Vieh, das morgens hervorkommt, um auf den Feldern zu weiden, und abends wieder im Stall ist. Allerdings beruht die stabilisierende Funktion, die der Metapher des Stalls entspricht, heute nicht mehr wie in der Welt Homers und bei den Alten auf dem Brauch oder dem Kosmos. Sie geht auch nicht auf die persönliche Identität zurück, die durch einen reflexiven Bezug auf sich selbst konstituiert wird, der sich im *charakter* darstellt, der auf die Wachstäfelchen anspielt, auf denen bestimmte Zeichen als Symbol für eine bestimmte Person eingeritzt wurden. Dieses Kriterium der Ethik entspricht der Neuzeit und wird heutzutage durch die Intersubjektivität ersetzt. Sie hebt hervor, dass das Verhältnis zu sich selbst über das Verhältnis zu den anderen und über die Sprache verläuft. Meine Identität konstituiert sich in der Begegnung mit dem anderen, aber ich habe keinen direkten Zugang zu seiner Welt. Die Ethik setzt eine gewisse Distanz unter uns voraus, und genau diese Distanz macht das Begehren und die Wertschätzung möglich. Sie erklärt auch, dass Eros gesprächig ist und Worte benötigt. Das Stabilisieren des Begehrens, um das es bei der Wertschätzung geht, ist nicht gleichbedeutend mit dem Auslöschen des Begehrens, sondern mit seiner Transformation in Liebe zum anderen und in Liebe zu den anderen und zur Welt. Die Liebe in der Wertschätzung ist eine Konstellation; sie ist Liebe zur Welt und Engagement zugunsten der anderen.

Eros ist also eine Etappe. Das heißt nicht, dass er sich zurückziehen muss, wenn das Individuum die Wertschätzung erreicht hat, aber das Wachsen des Subjekts verändert seine Gefühle tiefgreifend. Reziprok dazu setzt die Wertschätzung eine vorherige Persönlichkeitsarbeit voraus, die nicht auf eine emotionale und erotische Erziehung verzichten kann. Wenige Philosophen haben die Reflexion über die Verbindung zwischen moralischer und erotischer Erziehung so weit getrieben wie Rousseau und mit solchem Nachdruck betont, dass sie das Subjekt formen wollen, um es zu emanzipieren, damit sein Privatleben und seine Zugehörigkeit zu einer politischen Gemeinschaft frei von Entfremdung bleiben.

In *Émile* zeigt Rousseau auch, wie ein Mensch lernt, zu begehren, was begehrenswert ist, will sagen was ihn glücklich machen kann, und wie man ihn von Moden befreien kann, die die soziale Ordnung ihm aufzwingt, um ihm bei der Suche nach seiner Einheit zu helfen und so die Trennung von Vernunft und Herz zu vermeiden. Émile soll den Opfern, die ein Leben mit Sophie mit sich bringt, zustimmen und dabei auf seine Kosten kommen, soll glücklich sein in der Ehe, die für Rousseau das Modell eines Vertrags ist, der Begehren und Pflicht, den natürlichen und den sozialen Menschen miteinander versöhnt. Aus diesem Ziel kann man keine Norm machen, auch kann man das Interesse, das Rousseau mit seiner erotischen Erziehung verfolgt, nicht auf eine Untersuchung der Bedingungen beschränken, die einen solchen Ausgang ermöglicht haben, einen Ausgang, der weitgehend Glücksache ist, wie die beiden verhinderten Helden von *La Nouvelle Héloise* nahelegen. Das Ziel ist nicht, Émile die Befriedigung zu versagen, sondern ihn dazu zu bringen, dass er sein Begehren sublimiert, damit er fähig wird, Sexus und Liebe zu unterscheiden und Wünsche zu empfinden, die aus ihm einen freien, gutwilligen und mit Gerechtigkeitssinn begabten Menschen machen.

Aus all diesen Gründen muss die Erziehung dazu dienen, Eros aufzubauen. Die Freuden und Schmerzen, die Bedürfnisse und die Wünsche, die moralischen und die amoralischen Gefühle ändern sich jedoch nicht nur je nach den Gütern, die man hochhält und die sozial anerkannt sind; sie werden auch durch Vorstellungskraft und Sprache geformt. Die erotische Erziehung benötigt also Erzählungen und Texte. Wir müssen Eros aus dem Stoff schaffen, aus dem unsere Träume sind, will sagen aus der Poesie und der Literatur, die uns erlauben, ein anderes Leben als unser eigenes zu leben, und die unsere Erfahrung der Welt mithilfe der Worte transformieren.

Die moralische Vorstellungskraft und die Bildung des Geistes

Die Literatur als moralisches Abenteuer

Die Romanlektüre verlangt, dass wir unser Verständnis von der Ethik als einem auf Normen und Prinzipien beruhenden Gebäude revidieren, denn sie fördert die Identifizierung mit einzigartigen Individuen und macht uns empfänglich für den Kontext.[32] Dieses Interesse für das Besondere, das das moralische Urteil nicht igno-

32 Dieses Kapitel behandelt lediglich die Rolle der Literatur in der sittlichen Erziehung. Die Poesie wird hier nicht behandelt, obwohl sie in der Konstruktion des Eros eine wichtige Rolle spielt.

rieren darf, impliziert, dass die Lektüre bereits ein moralisches Verfahren ist und uns lehrt, die Zerbrechlichkeit des Guten zu ermessen.[33] In den Tragödien sehen wir Figuren, die zwischen verschiedenen Gütern hin und her gerissen und in moralischen Dilemmata gefangen sind, die vom Widerstreit der Pflichten zeugen. Das Glück und die Tugend sind fraglich und ihre Allianz unsicher, denn wir sind auch vom Zufall oder vom *daimon* abhängig, und unsere Verfasstheit ist die von Lebewesen aus Fleisch und Blut, nicht die von reinen Geistwesen, die stets fähig sind, das Gute, das sie erkennen, auch zu tun. Diese Zerbrechlichkeit des Guten ist auch die Zerbrechlichkeit unseres moralischen Urteils. Dieses muss eine Unzahl moralischer und nicht moralischer Elemente berücksichtigen, die den Unterschied zwischen Gut und Böse zwar nicht unbedingt verwischen, uns aber ratlos machen, weil sie die Umkehrbarkeit einer Situation und die Ambivalenz der menschlichen Gefühle aufdecken.

Die literarischen Werke helfen uns, unser moralisches Urteil mit größerer Sensibilität zu fällen, und erweitern unser moralisches Vorstellungsvermögen. Indem sich der Leser an die Stelle der Figuren versetzt, lernt er, die Welt so zu sehen, wie diese sie sehen. So hilft uns die Literatur nicht nur, die Verschiedenheit der moralischen Situationen und Lebenserfahrungen wertzuschätzen, wir lernen auch, andere Lebensformen als unsere eigene zu respektieren, weil wir einen direkten inneren Zugang zu ihnen bekommen, statt sie nur über vorgefertigte Urteile kennenzulernen. In diesem Sinn ist die Literatur ein moralisches Abenteuer. Denn die Emotionen, die wir beim Lesen empfinden, sind ein Zugang zu einem neuen und erweiterten Verständnis der Welt und auch der politischen Gemeinschaft, der wir angehören und von der wir in der Regel nur wenig wissen.

---

33 Martha C. Nussbaum, *The Fragility of Goodness. Luck an Ethics in Greek Tragedy and Philosophy.*, Cambridge University Press, 2001, besonders Kapitel 1, 2 und 3.

Darüber hinaus kann unser Urteil mit Hilfe der narrativen Praxis sicherer werden. In der Tat fühlen wir uns den Figuren, denen wir bei der Lektüre begegnen, verbunden, und von dem, was ihnen geschieht, betroffen, behalten dabei aber eine gewisse Distanz. Dieses Gleichgewicht zwischen Engagement und Distanz ist ideal, um sich an die Stelle eines anderen zu versetzen und eine Situation richtig zu bewerten, wie Adam Smith sagt, der den unparteiischen Zuschauer mit dem Leser vergleicht und meint, dass das Fehlen von Emotionen, anders als man lange Zeit geglaubt hat, weder die Bedingung für Objektivität ist noch etwas, das zu einer gerechten und fairen Entscheidung verhilft.[34]

Wenn die Literatur in der zur Wertschätzung führenden moralischen Erziehung einen privilegierten Platz einnimmt, dann vor allem, weil lesen experimentieren und improvisieren bedeutet. Die Kunst des Schriftstellers besteht darin, Emotionen zu schaffen, ohne didaktisch zu werden oder eine bestimmte These durchsetzen zu wollen. Der Leser entdeckt die Geschichte von Seite zu Seite; seine Sichtweise auf die Dinge entwickelt sich fort, und anders als etwa im Kino legt kein Bild an seiner Stelle das Gesicht der Figuren oder das Dekor fest. So ist die unverhoffte und überraschende Begegnung, die der Leser mit den Figuren macht, eine Begegnung mit sich selbst. Sie spielt sich in einer Tiefe ab, die etwas mit seinem Imaginären und seinem Unterbewussten zu tun hat. Die Worte eröffnen ihm die Möglichkeit, seine Gefühle zu erkunden, denn sie erreichen Erfahrungsschichten, die dem Bewusstsein oft unzugänglich bleiben. Und er braucht diese Emotionen auch nicht zu verkleiden, um anderen zu gefallen oder das Bild zu wahren, das er den andern von sich vermitteln will.

Indem sie die Fäden zeigen, aus denen unser gewöhnliches Leben gewoben ist, machen uns die Romane auch unsicherer in der Einschätzung unserer Pflichten. Nehmen wir etwa *Im Westen*

34 *Id., Poetic Justice. The Literary Imagination and Public Life.* Boston, Massachusetts, Beacon Press, 1996, Kapitel 1 und 3, besonders p. 8s und 74s.

nichts Neues von Erich Maria Remarque: Als Paul, der sich freiwillig zur deutschen Armee gemeldet hat, einen französischen Soldaten erdolcht, begreift er, als er ihn vor seinen Augen sterben sieht, dass dieser kein Feind, sondern ein menschliches Wesen ist; er erkennt den mörderischen Charakter seiner Tat, den das Bewusstsein, seine Pflicht als Kämpfer getan zu haben, nicht verdecken kann. Andererseits konfrontieren uns Romane auch mit Personen wie Charles Bovary, die keine Bewunderung erregen, auch wenn sie integer sind. Die literarischen Werke erinnern uns daran, dass die Ethik weder auf moralische Urteile noch auf Überlegungen beschränkt werden darf, die uns davon überzeugen, dass ein Verhalten gut oder gerecht ist. Die literarischen Werke lassen uns besser erkennen, aus welchen Elementen – bewusst oder unbewusst – das moralische Urteil sich zusammensetzt.[35]

Der Beitrag der Literatur zur Moral ist im Wesentlichen indirekt, sie ändert die Seinsweise der Menschen nicht und macht sie weder tugendhafter noch geschickter in ihren zwischenmenschlichen Beziehungen, aber sie öffnet sie dafür, sich nicht mit Slogans zu begnügen, sondern ihre Gewissheiten und die der Gesellschaft, in der sie leben, zu hinterfragen. Indem sie Personen beschreiben, die wie König Lear ihre Weigerung zuzugeben, was sie wissen, in Ignoranz verwandeln, konfrontieren uns manche Texte mit unseren Grenzen, mit unserer Schwierigkeit, das Reale zu sehen, auf jemand anderen zu hören und ehrlich zu uns selbst zu sein. Wenn die Meisterwerke der Philosophie nicht ausreichen, um unsere moralische Sensibilität zu entwickeln, und wir die Literatur brauchen, dann weil diese deutlich zeigt, dass Konzepte ihre Grenze haben, und weil sie sogar zeigt, dass Argumentation und Rationalisierung bisweilen auch Instrumente der Verleugnung sind. Indem die Lite-

35 Sandra Laugier, „Littérature, philosophie, morale", *Fabula-LhT,* Nr. 1, „Les philosophes lecteurs", Febr. 2006 (URL: http://www.fabula.org/1/laugier.html). Siehe auch Sandra Laugier (ed.), *Éthique, littérature, vie humaine,* Paris, PUF, 2006.

ratur dem Subjekt das offenbart, was die Philosophie, in ihrem Bemühen, die Wirklichkeit zu ordnen, auszulöschen tendiert, nämlich die Unordnung der Existenz und die Konflikte, die verwundbare, oft zwischen einander widersprechenden Wünschen und Pflichten zerrissene Menschen durchleben, konfrontiert die Literatur das Subjekt mit der Kluft zwischen Selbst und Selbst, Vernunft und Herz, Wort und Tat. Sich völlig mit sich selbst zu versöhnen, ist unmöglich, aber die indirekte Erfahrung seiner eigenen Konflikte und Schwächen, die man macht, indem man in komplexe Situationen verstrickte und von starken Affekten beherrschte Figuren entdeckt, erlaubt es, die Dinge mit einem gewissen Abstand zu betrachten.

Schließlich geben uns die Romane die Gelegenheit, die Verschiedenheit der Kulturen und Lebensweisen zu entdecken und diese um ihrer selbst willen schätzen zu lernen. Manchmal sind sie Ausdruck eines moralischen und politischen Widerstands, wie bei der postkolonialen oder der von Frauen verfassten Literatur seit dem zwanzigsten Jahrhundert. Man vernimmt die einzigartige Stimme von Menschen, deren Identität lange Zeit bestimmten Rollen zugewiesen oder auf objektivierende Urteile reduziert wurde.[36] Die Lektüre solcher Texte ist von unzweifelhaftem politischen Interesse, kann sie doch die Entwicklung der dialogischen Fähigkeiten fördern, ohne die öffentliche Deliberation und Demokratie unmöglich sind. Denn sie benötigen aktive, reflexive, zur Empathie fähige Subjekte, die zu kollektiver Anstrengung und zum Einsatz für eine Gemeinschaft von Gleichen bereit sind. Indem sie zeigt, dass die Personen und ihre Beziehungen nicht austauschbar sind und indem sie das Wort der Menschen befreit, die aussprechen, dass sie nicht einfach auf diskriminierende gesellschaftliche Klischees re-

---

36 Neben anderen kann man hier an Jean Rhys denken: *Good Morning Midnight,* Penguin, 2000 und *Wide Sargasso Sea,* Penguin, 2000, das eine Art Reprise von Emily Brontës Roman *Jane Eyre* ist, aber vom Standpunkt der Ehefrau Rochesters, die im Speicher eingeschlossen ist. Siehe Leyla Raid, *Le Souterrain. Wittgenstein, Bakhtine, Dostoievski,* Paris, Cerf, 2017.

duziert werden können, hat die Literatur an dem Subjektivierungsprozess teil, der für die Praxis der Wertschätzung und die Bewahrung einer gesunden Demokratie unentbehrlich ist.

Weil das Böse in uns und nicht nur außerhalb von uns ist und weil es starke Kräfte gibt, die sich der Wertschätzung widersetzen, wird eine Erziehung gebraucht, die an die Emotionen, an die moralische Vorstellungskraft und an die Sprache appelliert. Diese Erziehung verläuft notwendig über die narrative Praxis, weil der Reichtum der Erfahrungen den Reichtum des Wortschatzes und das Ausschöpfen der Wörter, ja der Sprachen selbst, in allen ihren Bedeutungsdimensionen voraussetzt. Außerdem ist die Beschreibung der Situationen, der Seelenzustände und der besonderen Umstände, die verwundbare Lebewesen mit Kräften konfrontieren, die das Gute und den Frieden bekämpfen, für das lesende Subjekt umso wertvoller, als sie es von der Illusion befreit, dem Bösen, der Widersprüchlichkeit und der Fehlbarkeit ein Ende bereiten zu können. In einer Welt, in der Gott, der Kosmos und die Tradition die stabilisierende Funktion, die sie in den antiken Ethiken hatten, verloren haben, muss das Individuum seine Lage akzeptieren, ohne sich (allzu viele) Illusionen zu machen. Es ist verpflichtet, jene kritische Arbeit zu leisten die Freud mit „analytischer Kur" meint, von der er aber auch im Hinblick auf das spricht, was erforderlich ist, um einen vom Eros inspirierten Zivilisationsprozess einzuleiten.

Die moralische Erziehung muss diesem Emanzipationsprozess, der sich auf das Subjekt und auf die Autonomie stützt und eine zugleich intellektuelle, moralische, affektive und spirituelle Transformation des Subjekts verlangt, eine Richtung geben. Die Stärkung der Fähigkeit zur Interpretation der Welt und die Entwicklung der moralischen Vorstellungskraft sind die Bedingungen für den Erfolg dieses Emanzipationsprojekts, das ein sinnloses Kreisen des Subjekts um sich selbst verhindern kann. Indem man den Menschen einen Zugang zum Symbolischen eröffnet, kann man verhindern, dass sie extremen Ideologien folgen, die die traditionelle Religiosität, die sich durch Textbezug und Exegese auszeichnet, ersetzen. Von frühester Jugend an sollen sie ihre moralische Vorstellungskraft und ihre Fähigkeit üben, die Welt zu interpretieren, indem sie sich intensiv mit Texten beschäftigen. Zusammen mit der Ethik der Wertschätzung, die einen Hoffnungshorizont erschließt, der die Bewahrung der gemeinsamen Welt umfasst, kann diese Erziehung ihnen die Mittel geben, sich dem für das heutige Leben charakteristischen Sinnverlust zu stellen, ohne in Irrationalismus zu verfallen.

Das kritische Denken und die parrhesia

Die Entwicklung eines kritischen Geistes, die einer der Grundpfeiler der Aufklärung war, kann nicht von der Charakterbildung getrennt werden. Eine Erziehung, die die Individuen auf den Weg der Wertschätzung bringen will, muss daher auch auf die moralische Urteilsfähigkeit des Subjekts eingehen. Diese Rolle der Erziehung ist umso wichtiger, als unsere Seele dynamisch ist und eine gewisse Plastizität besitzt. Platon vergleicht sie mit einem Material, dessen Form von dem Model abhängt, der es prägt, wie beim Ton oder beim Wachstäfelchen.[37] So wie dieses einen Abdruck des Siegelrings bewahrt, so bewahrt das Gedächtnis die Erinnerung an die Urteile, die man ihm eingeschärft hat, will sagen an das, was mit dieser oder jener Wahrnehmung verbunden ist und was er „Abzeichen" nennt; wenn diese letzteren eindeutig erkennbar sind und die Seele durchdrungen haben, kann das Individuum sie nicht vergessen oder irregeleitet werden.[38] Auch die Gesetze formen die Menschen, die, wenn sie ihnen gehorchen, wie Kinder sind, die, um schreiben zu lernen, den Linien folgen, die ihre Lehrer mit dem Stift gezogen haben.[39]

37 Platon, *Staat*, II, 377b1–3 und 378e1, *Gesetze*, VII, 792e1–3.
38 *Id.*, *Theaitetos*, 191c–195b.
39 *Id.*, *Protagoras*, 326c–e.

Die Erziehung betrifft also nicht nur den Intellekt; sie beschränkt sich nicht darauf, das Subjekt zu belehren und sein Ausdrucksvermögen zu schulen, seine linguistischen Fähigkeiten, seine Rhetorik und seinen Sinn für Logik zu entwickeln; sie richtet sich an die ganze Person, an ihre Sensibilität, ihre Affektivität und an ihren Sinn für Moral. Sie hinterlässt einen Abdruck auf der Person, sagt Platon, der auch die Metapher des Färbens benutzt: Wenn ein Stück weiße Wolle nach entsprechender Bearbeitung mit Purpur eingefärbt wird, ist die Farbe unzerstörbar. So auch, wenn das Individuum eine angemessene Erziehung genossen hat: Weder den Lüsten, die der Philosoph Waschmitteln vergleicht, noch dem Schmerz, der Furcht und den Wünschen, die er mit einer noch intensiveren Wäsche gleichsetzt, gelingt es, sie zu entfernen.[40]

Für Platon muss die Erziehung vor allem verhindern, dass sich die Menschen von falschen Urteilen verführen lassen. Tatsächlich ist es, ob man nun eine gute oder eine schlechte Erziehung genossen hat, niemals leicht, von den Vorstellungen, Ideen und Emotionen Abstand zu nehmen, die einen schon in der Kindheit geprägt haben. Diese können Vorurteile widerspiegeln, die jede Erkenntnis unmöglich machen. Darum ist es wichtig, von frühester Jugend an den kritischen Geist der Individuen zu formen, damit sie fähig werden, Gemeinplätze in Frage zu stellen und damit sie nicht auf falsche Vorstellungen hören, die sie von der Wahrheit und der Gerechtigkeit abbringen könnten. Sie müssen imstande sein, unter all den Zielen, die ihnen als für den Staat wertvoll präsentiert werden, diejenigen zu wählen, die ihre Wertschätzung verdienen.

In diesem Sinne muss man Platon verstehen, wenn er sagt, dass die Erziehung den Philosophen anvertraut werden muss. Das soll nicht heißen, dass diese die besseren Pädagogen sind, sondern dass es eine echte Erziehung ohne Philosophie nicht geben kann. Letztere ist für die Urteilsbildung unentbehrlich, weil sie den Individuen hilft, Abstand von den im Staat vorherrschenden Meinungen zu

40 *Id.*, *Staat*, IV, 429d–430b.

gewinnen, und weil der Umgang mit den großen Philosophen das Denken schärft. Mehr noch, indem uns die Lektüre der klassischen Texte nahebringt, was große Autoren zu sagen haben, gewinnen wir an Demut und zugleich an Kühnheit, denn „sie widersprechen sich untereinander in den wichtigsten Fragen" und verpflichten uns so, „mehr zu sein als aufmerksame und folgsame Schüler": Wir müssen ihre Monologe in einen Dialog umformen.[41] Die Geschichte der Philosophie ist bereits selbst eine philosophische Übung, denn sie impliziert, dass man die gängigen Meinungen für bloße Meinungen hält, dass man den Ursprung und die Bedeutung der Begriffe kennt und dass man selbständig zu denken lernt.

Die Freiheit des Denkens und die Bildung des kritischen Geists sind der Horizont des philosophischen Unterrichts, der im Idealfall darauf abzielt, das Subjekt von seinen Vorurteilen und seinen Illusionen zu befreien, diese durch auf Vernunft gegründete Ideen zu ersetzen und es Geschmack an der Argumentation finden zu lassen. Darum sagt Sokrates wieder und wieder, dass ein Leben ohne Philosophie nicht frei sei, dass letztere aber auch eine Rückkehr zu sich selbst voraussetze und die Ausbildung eines kritischen Geists mithin von einer Charakterbildung untrennbar sei. Diese Rückkehr zu sich selbst, die einen psychologischen Aspekt enthält, impliziert auch, dass man die kognitive Dimension seiner Gefühle beachtet und seine Gedanken so zum Ausdruck bringt, dass man ihre theoretischen Fundamente darlegt und ihre Voraussetzungen hinterfragt.

Das philosophische Fragen befähigt das Subjekt, das Urteil des anderen anzuerkennen, seine eigenen Apriori beiseite zu lassen und die deliberativen und dialogischen Fähigkeiten zu schulen, die für die Konvivenz unentbehrlich sind. Die Rationalität dient nicht dazu, Voreingenommenheiten zu rechtfertigen, sondern sie erhellt den Verstand und hilft dem Individuum, sich nicht von seinen ei-

41 Leo Strauss, *Liberalism ancient and modern*, Chicago, The University of Chicago Press, 1968, p. 7–8.

genen Worten täuschen zu lassen. Wenn es die Demut praktiziert, kann es mit Hilfe sokratischen Fragens seine Vernunft und seine Intelligenz in den Dienst der Wertschätzung stellen. In diesem Sinn kann die Selbstreflexion zu einer größeren intellektuellen und emotionalen Freiheit führen, die die moralische Vorstellungskraft stärkt, indem sie dem Urteil sowohl mehr Geschmeidigkeit als auch mehr Strenge verleiht.

Aus alldem wird ersichtlich, dass die Philosophie sich an alle richtet. Schon in den unteren Klassen nach bewährten Methoden Philosophie zu unterrichten,[42] muss als Möglichkeit ins Auge gefasst werden, wenn man freie menschliche Wesen formen will, die Zugang zum Symbolischen haben und fähig sind, mit anderen in Dialog zu treten und die Welt zu interpretieren, ohne sich von simplifizierenden Botschaften verlocken zu lassen. Die Ausbildung eines kritischen Denkens, das erlaubt, ein Problem zu umschreiben und die verschiedenen Ebenen zu unterscheiden, auf denen man mit diesem Problem umgehen muss, ist für jeden und in allen Lebensaltern eine Notwendigkeit.

In dem Maß, wie dieser Unterricht sowohl die Bildung des Geists als auch die des Charakters betrifft, verläuft er vor allem über das Wort. Der Unterricht ist wesentlich oral, weil er lebendig ist, sagt Sokrates; die Erziehung impliziert die Beziehung zum anderen, und der Dialog und die Lehre der Philosophie sind untrennbar von den Personen, deren Metier sie sind. Allgemein gilt, dass unsere Modelle nicht bloß gute Gesetze oder gute Bücher sein können, und unsere Lehrer uns durch ihre Ideen und ihre Worte, aber auch durch ihr Benehmen und ihren Stil beeinflussen Darum sollten die Personen, die Geist und Charakter der Schüler bilden, die Anlagen haben, die nötig sind, um ihnen den Weg der Wertschätzung zu zeigen. Es geht nicht darum, die Moral als Bündel moralischer Vorschriften zu lehren; und die Anlagen, die man braucht,

42 Matthew Lipman, *Thinking in Education,* Cambridge u. a., Cambridge University Press, 2003.

um den Schülern die Mittel an die Hand zu geben, die sie brauchen, um ihren kritischen Geist zu entwickeln und ihren Charakter zu beweisen, gehen daher über das hinaus, was man gewöhnlich „Pädagogik" nennt, wenn man sich auf die Techniken bezieht, die zur Weitergabe von Kenntnissen dienen.

Der philosophische Unterricht erfordert nicht nur einen langen Zeitraum, der dem Tumult des täglichen Lebens und den Medien entzogen ist, sondern er ist auch untrennbar von einer Ethik des Worts, die von einem Meister oder einem Professor verkörpert wird. In diesem Sinn sprachen die Alten von der *parrhesia*.[43] Diese hat nichts mit den Kommunikationstechniken zu tun, die dazu dienen, das Auftreten des Redners so zu formen, dass er andere begeistert. Sie unterscheidet sich auch von der Rhetorik, die die Kunst ist, je nach behandeltem Gegenstand die Worte oder den Ton zu finden, die ein Publikum von der Begründung einer Handlung überzeugen oder eine Deliberation leiten, ja ihre Richtung bestimmen können.[44] Die *parrhesia*, die man oft mit „Freimütigkeit" übersetzt und die bei Seneca das offene „Gespräch" meint,[45] wendet sich dem Subjekt zu, das gemeint ist; sie dient nicht dem, der spricht, sondern dem, dem man zum richtigen Zeitpunkt, auf eine bestimmte Weise und in dem Maß, wie man meint, er würde sie verstehen, die Wahrheit sagt.[46] Statt seinem Gesprächspartner zu schmeicheln, um ihn abhängig zu machen und seine Zustimmung zu gewinnen, spricht der Lehrer offen mit ihm, damit er seinen Weg findet und zu sich selbst und zur Wahrheit ein befriedigendes Verhältnis herstellt.

Daher hat die Ausübung der *parrhesia* wesentlich mit Großzügigkeit zu tun.[47] Eine Person, die diese Kunst besitzt, die eine kon-

43 Michel Foucault, *Hermeneutik des Subjekts*, Vorlesung vom 10. März 1988, p. 453–461.
44 Aristoteles, *Rhetorik*, I, 1, 1355b.
45 Seneca, *Briefe an Lucilius* IV, 38, 1–2.
46 *Ibid.* IX, 75, 4–6.
47 Michel Foucault, *Hermeneutik des Subjekts*, p. 470s.

jekturale Kunst ist, die mit dem Ergreifen des *kairos* und mit Klugheit zusammenhängt, muss jenes Verhältnis zu sich selbst, zur Wahrheit und zu den anderen haben, das wir bereits in den ersten beiden Kapiteln dieses Buchs analysiert haben. Die *parrhesia*, die es ermöglicht, jemanden wirklich zu unterrichten, ist die Kunst, mit denen, die die Wertschätzung praktizieren, angemessen zu sprechen. Letztere ist eine Seinsweise, und sie hat einen Stil, der sich in der *parrhesia* und in der Prägung, die dieser Unterricht bei den anderen hinterlässt, manifestiert. Jemand, dessen Rede nicht zur *parrhesia* gehört, sei es, weil sie keine Sensibilität für Menschen und Situationen zeigt, sei es, weil sie ein Herrschaftsinstrument ist, hat diese Grundhaltung, die wir Wertschätzung nennen, nicht entwickelt.

Die Wertschätzung schließt die Vertikalität, die jedem Autoritätsverhältnis inhärent ist, also auch dem zwischen Lehrer und Schüler, nicht aus. Jedenfalls ist die *parrhesia* eine Ethik der Sprache, die den Schülern hilft, ihren Weg zu gehen und eine horizontale Verbindung untereinander zu haben. Das ist so, weil sie ein Wahrheitsdiskurs ist. Das Wort eines Lehrers, der freimütig spricht und der Wahrheit dient (*„quae veritati operam dat oratio“*), spornt die Schüler an, es ihm gleich zu tun und *parrhesia* zu gebrauchen – wie unter Freunden, die einander wohlwollen, aber sich auch in aller Freundschaft sagen, was nicht geht.[48] Und schließlich setzt dieses wohlwollende und freimütige Wort, das das Subjekt durch seine Schlichtheit und seine Treffsicherheit berühren können muss und „tief in uns eindringen [...] soll“[49], eine Ethik des Zuhörens voraus.[50]

Wenn das Subjekt alles zu kennen glaubt und unablässig die anderen unterbricht, um zu schwätzen, wird es niemals von diesem Unterricht profitieren können. Hüten wir uns also vor denen,

48 Seneca, *Briefe an Lucilius* IV, 40, 4.
49 *Ibid.*
50 Plutarch, „Vom Hören“ in *Moralia I*, hrsg. v. Chr. Weise und M. Vogel, Wiesbaden, marixverlag, 2012, p. 80–95.

von denen Plutarch sagte: „Man möchte daher fast glauben, daß das Gehör nicht in die Seele, sondern in die Zunge gehe."[51] Denn durch unser Gehör sind wir dem Unterricht eines anderen ausgesetzt und werden von diesem durchdrungen. Die *parrhesia* ist eine lebendige Sprache, und ihre Lehre lässt erkennen, dass ein Schüler in einer Situation, die Klugheit erfordert, mit klugem Urteil handeln wird. So hat die Wertschätzung eine Sprache, die *parrhesia,* und diese Sprache lehrt ihrerseits diejenigen die Wertschätzung, die ihr aufmerksam zuhören.

Die Zerstreuung und die seelische Unreife

Die Aufmerksamkeit pflegen

Kein Unterricht kann erfolgreich sein, wenn das Subjekt nicht zur Aufmerksamkeit fähig ist. Genauso wenig können sich ohne sie die moralischen und nicht-moralischen Tugenden entwickeln, die in der Wertschätzung zusammen gehören. Um das rechte Maß zu bestimmen, es anzuwenden und unter allen Umständen zu wahren, muss man die der Aufmerksamkeit eigene Präsenzqualität haben, die in Erinnerung an die Vergangenheit und in Antizipation der Zukunft erlaubt, sich ein detailliertes Bild von einer Gesamtsituation zu machen. Die Wertschätzung verlangt, dass man jedes Ding beachtet und seinen Eigenwert anerkennt. Auch ist die für die Aufmerksamkeit charakteristische Selbst-Präsenz ebenso die Bedingung unserer Offenheit für den anderen und die Welt wie die Urteilsfähigkeit, die von uns fordert, jede Sache aufmerksam abzuwägen und richtig einzuschätzen. Im gegenwärtigen Kontext jedoch, der von den Informationstechnologien, den sozialen Netzwerken und von den Medien bestimmt wird, ist es schwierig, die Aufmerksamkeit zu pflegen. Die Zerstreutheit ebenso wie die Verzettelung und die Ablenkung zu vermeiden, den zahlreichen Ver-

51 Plutarch, „Ueber die Geschwätzigkeit" in *ibid.*, p. 848–868, Zitat p. 848.

lockungen zu widerstehen und sich auf einen Gegenstand zu konzentrieren, ist eine bleibende Herausforderung.

Die Aufmerksamkeit setzt voraus, dass man sein Bewusstseins- und Wahrnehmungsfeld einschränkt, um eine enge Beziehung zu etwas oder jemandem herzustellen. Sie ist eine Anstrengung, die zuallererst verlangt, sich dem Trubel der Welt und den Urteilen der anderen zu entziehen, zu sich selbst zurückzukehren und seinen Sinn auf ein begrenztes Objekt zu konzentrieren. Diese beiden für die Aufmerksamkeit konstitutiven Aktionen lassen erkennen, dass die Anstrengung, die die Aufmerksamkeit von uns fordert, negativ ist.

Anders als die Muskelspannung, die impliziert, dass man im Kampf gegen eine widerständigen Materie seine Kraft einsetzt und Willensstärke und Ausdauer zeigt, „besteht die Aufmerksamkeit darin, das Denken auszusetzen, den Geist verfügbar, leer und für den Gegenstand offen zu halten"[52]. Man soll nichts suchen, sondern warten, denn das Denken muss bereit sein, „den Gegenstand, der in ihn eingehen wird, in seiner nackten Wahrheit aufzunehmen"[53]. Wir müssen unsere Ziele in Klammern setzen, um nicht auf die Lebewesen und die Dinge, die wir betrachten, das zu projizieren, was wir in ihnen sehen wollen. Und wir müssen auch unsere Unruhe zum Schweigen bringen, um für jemand anderen disponibel zu sein und seine besonderen Bedürfnisse zu erkennen. All das macht den Intellekt dazu bereit, sich auf eine Sache und eine Aktivität zu konzentrieren, statt mehrere Phänomene gleichzeitig erfassen zu wollen, die so weit auseinander liegen, dass man keines mehr deutlich wahrnehmen kann. Dann kann man sie – dank dieser Konzentrationsanstrengung und der Sorge ums Detail – in ihrer Singularität begreifen.

52 Simone Weil, „Betrachtungen über den rechten Gebrauch des Schulunterrichts und des Studiums im Hinblick auf die Gottesliebe", in *Das Unglück und die Gottesliebe.* Deutsche Übersetzung Friedhelm Kemp, München, Kösel, 1963, p. 103.

53 *Ibid.*, p. 104.

Paradoxerweise kann die Hingabe an eine einzige, besondere Aufgabe oder die Konzentration auf ein einziges, begrenztes Objekt, unsere Wahrnehmung der ganzen Welt in ihrer Komplexität vertiefen. Die Aufmerksamkeit ist dann nicht mehr eine Fähigkeit unter anderen, die zu kultivieren unentbehrlich ist, um die Wertschätzung zu praktizieren; vielmehr ist sie auf der Ebene der Geistesbildung das Äquivalent dessen, was die Demut auf der Ebene der Moral ist. Wie bei dieser ist ihre Wirkung zuerst eine negative, denn sie dient dazu, das Subjekt von den Vorstellungen zu reinigen, die unser Verstehen von etwas oder jemandem stören.

Die Aufmerksamkeit hat auch eine moralische Dimension und verändert das Subjekt im tiefsten Innern. Indem man sich auf ein Problem konzentriert, ohne durch das Streben nach Resultaten oder nach Berühmtheit dazu angetrieben zu werden, öffnet man sich der Wahrheit. Und wenn wir eine andere Person aufmerksam betrachten, ohne daran zu denken, was sie für uns darstellen kann, betrachten wir sie so, wie sie ist. Genau diese Schwierigkeit, seine eigenen Erwartungen nicht auf die Welt und auf den anderen zu projizieren, ist das Haupthindernis für die Aufmerksamkeit. Sie bekämpft es, indem sie es durch eine Haltung ersetzt, die Simone Weil folgendermaßen beschreibt: „[Die Seele entleert sich] jedes eigenen Inhalts, um das Wesen, das sie betrachtet, so wie es ist, in seiner ganzen Wahrheit, in sich aufzunehmen."[54] Als eine zugleich intellektuelle und moralische, ja spirituelle Haltung, wie Simone Weil sie versteht, zeugt die Aufmerksamkeit von einem Verhältnis zu sich selbst und zur Wahrheit, das wiederum einen bestimmten Blick auf andere ermöglicht. Wie in der Legende vom Gral wird der wundertätige Stein dem- oder derjenigen gehören, die, statt zu fragen, wo der Gral ist, dem Hüter des Steins, einem von der schmerzhaftesten aller Wunden gelähmten König, sagen wird: Welches Leiden quält dich?[55]

54 *Ibid.*, p. 108.
55 *Ibid.*, p. 107.

Die Aufmerksamkeit ist also eine Vorbedingung für die Wertschätzung, die ihrerseits ein aufmerksamer Blick ist, den ich auf die Wesen und Dinge werfe, um die ich mich sorge und die ich weder zu instrumentalisieren noch zu beherrschen versuche. Die Aufmerksamkeit verlangt, im oben erklärten Sinn Leere zu schaffen, das heißt, wir müssen das entfernen, was uns daran hindert, uns einer Sache oder einem Menschen zuzuwenden. Sie impliziert aber nicht, Leere im Sinne Simone Weils zu schaffen, wenn man darunter versteht, sich von allen Objekten und Inhalten freizumachen, um Gott erwarten und empfangen zu können. Die Aufmerksamkeit in der Wertschätzung verlangt im Gegenteil, sich eben genau dem zu widmen, was man tut, und sich ihm mit ganzem Herzen zuzuwenden. Denn nur indem man sich von einer Sache durchdringen lässt, gelangt man dank der Aufmerksamkeit zu einem subtileren Verständnis seiner selbst und der anderen, die dann in ihrer Komplexität und Schönheit erkannt werden können. Die Fähigkeit, bei dem, was man tut, bei denen, die meinen Alltag und meinen Raum teilen, präsent zu sein, ist charakteristisch für die Aufmerksamkeit. Wenn diese Präsenzqualität auf Demut und Transdeszendenz gründet, will sagen auf einem Verhältnis zu uns selbst, das durch die Erinnerung an unsere Verfasstheit des Verwundbar-Seins ein Verhältnis zur gemeinsamen Welt ist, wird die Aufmerksamkeit zur Wertschätzung.

Das Hauptproblem besteht darin, zu wissen, wie man sie in unserer Gesellschaft pflegen soll. Als erstes muss man zugeben, dass man aufgrund des Stresses, der Arbeitsüberlastung, der Konkurrenz und des hektischen Lebens, das uns aufgezwungen wird, ohne Unterlass wachsam sein muss, denn all dies steht der Aufmerksamkeit entgegen. Damit stoßen wir bei der Aufmerksamkeit auf ein ähnliches Problem wie bei der Demut: Man darf nie nachlassen. Immerhin wissen wir, dass alles, was uns hilft, die Trennung zwischen unserer Vernunft und unseren Emotionen zu überwinden, die Aufmerksamkeit schärft. Man sollte also über psychologische Ansätze und therapeutische Verfahren nachdenken, die den Subjekten helfen können, ihre Aufmerksamkeit zu üben und seelische Reife zu erlangen, ohne die es schwierig ist, die Hindernisse für die Wertschätzung zu überwinden.

Die Ressourcen der Öko-Psychologie

Wenn man verstehen will, wie die Individuen in der heutigen Welt die Wertschätzung praktizieren können, ist es wichtig, ihnen einige Anhaltspunkte zu geben, damit sie die inneren Ressourcen entwickeln können, die für die Aufmerksamkeit, aber auch für den Übergang von der Realitätsverleugnung zum Bewusstsein, von der Apathie zum Wunsch nach einer konstruktiven Aktion und von der Ohnmacht zum *empowerment* unentbehrlich sind. Der Individuationsprozess, von dem wir sprachen, als wir die Wertschätzung beschrieben, verlangt von jedem die Fähigkeit, seine Emotionen, besonders die negativen, auszudrücken und seine Vernunft nicht von seiner Gefühlswelt zu trennen. Das Betonen der Transdeszendenz bedeutet, dass die Selbsterkenntnis nicht rein intellektuell ist, sondern über die vertiefte Erkenntnis seiner Verwundbarkeit und über den fühlenden Körper verläuft. Mit anderen Worten, das Individuum kann nicht mehr so verstanden werden, als ob seine Gefühle nur von seiner familiären und sozialen Umgebung beeinflusst werden könnten; man muss auch die Wirkungen der ökologischen Zerstörung auf die Psyche und sogar den Begriff des kollektiven Unbewussten berücksichtigen. Das setzt voraus, dass man den Dualismus überwindet, der der Vorstellung von der menschlichen Psyche zugrunde liegt, die noch bei vielen Ärzten die Regel ist.

In der Tat berücksichtigen die Psychoanalytiker und Psychotherapeuten zumeist nicht, dass wir Teil eines ökologischen Systems sind, und ermessen nicht die seelischen Leiden, die bei ihren Patienten angesichts der Zerstörung des Planeten, des Massakers an Milliarden von Tieren, die wie bloße Waren behandelt werden, und des Verlusts ihrer Gewissheiten hinsichtlich der Zukunft der Menschheit, ein Gefühl der Ohnmacht und der Angst erzeugen. Die

Psychologen und Psychiater empfangen Individuen, die die Probleme ansprechen, die sie in der Beziehung zu ihren Angehörigen, in ihrer Sexualität, in ihrer Arbeit erleben, aber die Patienten werden nicht dazu ermutigt, von den Folgen, die die Umweltzerstörung und die Misshandlung der Tiere auf sie haben, zu sprechen.

Desgleichen ist das urbane Leben oft derart artifiziell, dass es vom Rhythmus der Jahreszeiten abgekoppelt ist, ein Phänomen, dessen Auswirkungen auf den Organismus von vielen Therapeuten ebenso wie von der Schule und den Lehrenden oft noch verkannt wird. Die Konzentrationsschwierigkeiten der Jugendlichen, ihre Frustrationen und selbst ihre Aggressivität sind nicht bloß durch Perspektivlosigkeit zu erklären. Diese Probleme rühren auch daher, dass sie um eine essentielle Dimension ihres Seins, die mit der Natur, den Tieren und den mit ihnen verbundenen Gefühlen zusammenhängt, betrogen werden.

Die Konsumsucht, die Unfähigkeit, seine Aufmerksamkeit auf etwas zu konzentrieren, das Bedürfnis, von einer Information zur nächsten zu springen, die Ablehnung von Autorität müssen in Bezug gesetzt werden zu der Weise, wie wir leben – nämlich von unserem Körper und der Natur abgeschnitten. Aufgrund des gegenwärtigen ökologischen Dramas verspüren wir angesichts der an Mensch und Tier verübten Gewalttaten ein Gefühl der Unsicherheit und ein tiefes Unbehagen. Doch diese negativen Gefühle werden verdrängt, anstatt dass man sie berücksichtigt und sinnvoll zueinander in Beziehung setzt. Indem sie die Emotionen blockieren, vermeiden die Individuen teilweise die mit diesen verbundenen Unannehmlichkeiten, aber sie können auch nicht von der Kraft zu Veränderungen profitieren, die von ihnen ausgeht. Sie schließen sich in ihrer Verweigerungshaltung ein oder fragmentieren ihre Psyche, indem sie ihren Intellekt und ihr Herz, ihre Vernunft und ihre Emotionen voneinander trennen. Diese Dissoziation ist eine Strategie, um die Psyche vor Bedrohungen zu schützen, denen zu begegnen das Nervensystem unfähig ist. Sie verhilft den Individuen allerdings weder zu einem guten Leben noch zu einer Veränderung ihres

Lebensstils, und trägt dazu bei, die Widerstände gegen den Wandel ebenso wie die Tendenz, sich in die Zerstreuung zu flüchten oder gewalttätige Verhaltensweisen zu übernehmen, weiter zu stärken.

Um aus dieser Sackgasse herauszukommen, kam in den Vereinigten Staaten zu Beginn der 1990er Jahre die Öko-Psychologie auf.[56] Sie entstand, weil man sich der psychischen Leiden bewusst wurde, die die Schädigungen der Erde beim Menschen hervorrufen, und bietet einige Antworten auf die von uns angesprochenen Probleme. Die Öko-Psychologie verlangt eine Überwindung des Dualismus Mensch/Natur und die Integration der ökologischen Problematiken sowohl in die therapeutischen Verfahren wie in ihre theoretischen Grundlagen. Durch die Einführung des Begriffs des „ökologischen Ich" knüpfen die Öko-Psychologen an die Arbeiten von Arne Næss über den Individuationsprozess an, wonach eine Person sich verwirklicht, indem sie sich ihrer Verbindung mit der Biosphäre bewusst wird.[57] Sie stellen den Begriff des separaten Ich in Frage, der die Trennung zwischen menschlich und nicht-menschlich, zwischen Natur und Kultur legitimiert und den Willen zur Kontrolle der äußeren Welt durch ein Ich rechtfertigt, das sich vor dieser schützen will. Wenn die Heilung des Subjekts sich nicht auf die Beseitigung dessen beschränkt, was dem Wohlbefinden und dem Respekt vor der Natur und den Lebewesen im Weg steht, sondern auch seine Selbstwahrnehmung und sein Verhalten ändern will, dann bedeutet das zuallererst, dass wir aufhören müssen, diese Verbindung zu leugnen, denn dieses Leugnen ist ebenso für unsere Schwierigkeit, uns zu entfalten, wie für unser ökozidäres Verhalten verantwortlich. Die Ökopsychologie will bis zu den psychologischen Wurzeln zurückgehen, die zur Zerstörung der Umwelt und der anderen Lebewesen führen, und die Abwehrmechanismen identifizieren, die die Transformation des Selbst verhindern.

---

56 Michel Maxime Egger, *Soigner l'esprit, guérir la terre. Introduction à l'écopsychologie,* Genève, Labor et Fides, 2015.

57 *Ibid.*, p. 160.

Indem sie dem Begriff des ökologischen Ich den Begriff des ökologischen Unbewussten hinzufügen,[58] zeigen die Öko-Psychologen, dass der Individuationsprozess in den tiefsten Schichten der Psyche wurzelt. Letztere umfasst das Bewusste wie das Unbewusste, einschließlich des kollektiven Unbewussten in dem Sinn, wie Jung es verstanden hat, der nicht nur an die verdrängten Sexualtriebe, an die Aggressivität oder den Todestrieb, sondern auch an unsere früheste Geschichte dachte. Für Theodore Roszak, den Begründer der Öko-Psychologie, gehört unser Verhältnis zur Natur, zu den Tieren, die schöpferische Vorstellungskraft und alles, was auf den primitiven Teil unseres Seins verweist, zu den Dimensionen der Psyche, die aufgrund unserer Lebensweise, der Urbanisierung und der technologisch-wissenschaftlichen Rationalität in den westlichen Gesellschaften der Neuzeit und der Gegenwart am stärksten unterdrückt wurden. Darum müssen wir, wenn wir in größerer Harmonie mit uns selbst und mit den anderen leben und unser Potential entwickeln wollen, diese Dimensionen beachten.

Abgeschnitten von der Natur, von den Tieren und dem archaischen Teil seiner selbst, dazu geneigt, seine Vernunft von seinen Emotionen zu dissoziieren oder die Realität und den Tod zu leugnen, kann das Individuum weder Empathie mit den anderen entwickeln, noch seinem Wunsch, die Dinge zu besitzen und andere zu beherrschen, Grenzen setzen. Dagegen wird alles, was das Individuum mit sich selbst, insbesondere mit seinem Körper und mit den archaischen Schichten seiner Psyche versöhnen kann, ihm dabei helfen, zu einer vertieften Selbsterkenntnis zu finden und sich mit den anderen Lebewesen solidarisch und für sie verantwortlich zu fühlen. Die Bräuche, die Institutionen und die Normen der Erziehung erlauben dem Menschen nicht, seine psychische Reife zu erreichen, weil sie diese emotionale, affektive und sogar archetypi-

58 *Ibid.*, p. 35–48. Der Autor zitiert Theodore Roszak, *The Voice of the Earth*, Grand Repids, Phanes Press Inc., 1992, 2001, p. 304–305. (dt.: *Der entwurzelte Mensch und der Ruf der Erde*. Stuttgart, Kreuz-Verlag, 1994).

sche Dimension vernachlässigen, die dem Individuationsprozess, von dem die Rede war, eigen ist. Die Transformation des Selbst muss sich also auf einer zugleich intellektuellen, psychologischen, emotionalen, bewussten und unbewussten Ebene vollziehen. Die Überwindung der Dualismen, die unsere Gesellschaft prägen, ist jedoch kaum möglich, wenn man sich in seine vier Wänden verkriecht. Der Zugang zu den tiefsten und archaischsten Schichten der Psyche kann nicht ausschließlich über Sprache geschehen; man muss auch den Körper berühren. Darum sind Freiluft-Therapien, Übungen, die den ganzen Körper fordern, und Tiertherapien für die Öko-Psychologen eine unentbehrliche Hilfe.[59]

Wenn man auf ihre Grundbedürfnisse und ihre Subjektivität Rücksicht nimmt, wenn man sie nicht instrumentalisiert und die Initiative ihnen überlässt, können die Tiere dem Therapeuten dabei helfen, Personen mit psychischen oder psychosomatischen Störungen zu behandeln.[60] Weil die Tiere nicht schummeln und sich die Beziehung zu ihnen auf der Ebene des Fühlens abspielt stärkt ihre Präsenz das Selbstvertrauen der Menschen. Ihre Selbstachtung kommt in dem Maß zurück, in dem ihre intuitive Natur stärker wird; und der Kontakt mit einem Tier hilft ihnen die Voraussetzungen für eine authentische Kommunikation zu erkennen, und ermöglicht das Vergnügen zwangloser Aktivitäten aufs neue. Das Erlernen der Sprache des anderen, die Sensibilität für die subtilen, nicht-verbalen Bindungen, die zwischen Lebewesen entstehen können, die erneute Verbindung mit der Natur außerhalb von uns und in uns machen aus den Tieren wahre Pädagogen.

---

59 Siehe besonders David Abraham, *The Spell of the Sensuous*, New York, Vintage Books, 1966; Thomas Hanna, *Beweglich sein – ein Leben lang*, München, Kösel, 2016.

60 In der Tiertherapie (*AAT, Animal Assisted Therapy*) wird dieses Hilfsmittel in einem therapeutischen Rahmen eingesetzt, der von einem Humanmediziner kontrolliert wird. Um Unfälle und Misshandlungen des Tiers zu vermeiden, muss ein Spezialist für Tiervermittlung anwesend sein und den Arzt unterstützen.

Die Tiere sind unsere Alteritäts-Lehrer, denn um zu entdecken, wozu sie fähig sind, muss man darauf achten, was sie uns mitzuteilen haben. Weder können wir die wunderbare Vielfalt der Lebewesen erfassen, noch können wir jedes einzelne von ihnen genau betrachten, aber die Anerkennung dieser Alterität, die außerhalb unserer Reichweite liegt, verbessert unsere Fähigkeit zur Interaktion mit den anderen Menschen, denn sie vertreibt nach und nach die Furcht, die uns angesichts der Unterschiede befällt, und fördert unser Mitleid mit allen fühlenden Wesen.

Auch die Orte spielen eine wesentliche Rolle in unserem Leben. Sie bewohnen uns, so wie wir sie bewohnen, bestimmen unsere Stimmungen, beeinflussen unsere Beziehungen und leben in unserem Körper und in unserer Vorstellungswelt. Darum ist es wichtig, die Bindungen der Menschen zu ihrer Umgebung und zu den diese bewohnenden Lebewesen zu verstärken, wenn wir wollen, dass sie diese bewahren. Wir können jedoch weder die Erde schützen, noch die Orte, an denen wir wohnen oder uns aufhalten, wenn wir nicht mit unserem Körper versöhnt sind. Indem wir ihn bewohnen, indem wir ihn im Kontakt mit der Natur und den Lebewesen neu beleben, finden wir Zugang zur fühlenden Seite unseres Körpers und spüren in unserem tiefsten Inneren seine Untrennbarkeit von der Psyche und seine Verbindung zur Natur. Indem wir die Empfindungen achten, die unser Mit-der-Welt-Sein ausdrücken, können wir den Weg der Wertschätzung beschreiten, die eine Weise ist, zu sein, sich selbst und die Welt wahrzunehmen, die Ethik und Ästhetik miteinander verbindet.

Kapitel 6: Ästhetik der Wertschätzung

Zwei Dinge erfüllen das Gemüt mit immer neuer und zunehmender Bewunderung und Ehrfurcht, je öfter und anhaltender sich das Nachdenken damit beschäftigt: Der bestirnte Himmel über mir, und das moralische Gesetz in mir.

Immanuel Kant, *Kritik der praktischen Vernunft*

Die ästhetische Komponente der Wertschätzung

Die Affinität zwischen Moral und Geschmack

Die Wertschätzung, die eine im Lauf eines langen Individuationsprozesses erworbene Seinsweise ist, zeugt von einer Harmonisierung von Denken und Handeln, von Rationalität und Emotionen, aber auch von einem Zusammenspiel unserer Fähigkeiten. Dieses wurde deutlich, als wir die Rolle der moralischen Vorstellungskraft und die Bedingungen untersucht haben, unter denen das Individuum die Gültigkeit von Normen anerkennt, sich diese aneignet oder sie in Bezug auf bestimmte Kontexte auslegt. Diese Übereinstimmung zwischen Theorie und Praxis, dieses Zusammenspiel von Verstand, Empfindung und Willen charakterisiert auch den Geschmack. Indem er das Sinnliche und das Intelligible versöhnt, befreit er sich vom Dualismus zwischen Körper und Geist ebenso wie vom Gegensatz zwischen dem Individuellen und dem Kollektiven.

Es gibt also eine Verwandtschaft zwischen Moral und Geschmack, und zwar deshalb, weil die ästhetische Bewertung der Natur oder von Kunstwerken nicht dem bestimmenden, sondern dem reflektierenden Urteil angehört:[61] Statt das Besondere unter einem Gesetz zu subsumieren, geht man vom Gegebenen aus, um zu sehen, wie ein allgemeines Gesetz darauf angewandt werden kann. Auf dieselbe Weise kommt in dem von uns vertretenen Moralkonzept die Fähigkeit, eine Situation richtig zu bewerten und mit Klugheit zu handeln, aus dem reflektierenden Urteil.[62] Nun verlangen das moralische Urteil und der Geschmack zwar nicht dieselben intellektuellen Tugenden wie die Mathematik, aber das Schöne und das Gute können trotzdem nicht auf das Gefällige und das Nützliche reduziert werden, also auf rein subjektive Vorlieben oder auf Vergnügen, die einen rein konventionellen Bezug zwischen unseren Sinnen und den Dingen ausdrücken. Sie bezeichnen Urteile, die Anspruch auf Universalität erheben.

Wenn man von einem Ding oder einem Werk sagt, dass es schön ist, dann drückt man damit eine Befriedigung aus, die nicht wie bei den Sinnesvergnügen, die Genuss verschaffen, an eine Wahrnehmung oder eine Empfindung gebunden ist, sondern an die Vorstellung, die man von ihm hat. Darum hat das Geschmacksurteil, das sich auf die Intersubjektivität und auf die Mitteilbarkeit des Gefühls stützt, nicht bloß relative Gültigkeit, wie die Vorliebe für eine bestimmte Speise. Die Universalität der ästhetischen Empfindung[63] beruht jedoch weder auf der Erkenntnis noch auf dem Begriff, sondern auf einem „Gemütszustand", der unmittelbar kommunizierbar ist. Ein schönes Ding ist keine schöne Erscheinung eines Dings. Das ästhetische Urteil gründet sich, wenn es rein ist, auf eine besondere Lust und auf den Gemütszustand, der sie begleitet, wenn die Darstellung aufgrund ihrer formalen Ausdruckskraft das freie Spiel der Vorstellungskraft und des Verstandes anregt. Das Geschmacksurteil zeugt von einer Humanisierung der

61 Immanuel Kant, *Kritik der Urteilskraft*, Hamburg, Meiner, 2009, Einleitung, IV.
62 Anders als bei Kant, der sich der Moral deontologisch nähert.
63 Immanuel Kant, *Kritik der Urteilskraft*, § 9. Die Universalität des Schönen ist subjektiv: „Schön ist das, was ohne Begriff allgemein gefällt."

Sensibilität, weil es den Gemeinsinn voraussetzt und uns erlaubt, die Welt oder die Dinge unabhängig von unseren eigenen Interessen zu bewerten, und weil es diesen Gemütszustand unmittelbar mitteilt. Das ist der Grund, warum Kant fordert, dass „das Gefühl im Geschmacksurteile gleichsam als Pflicht jedermann zugemutet werde“[64].

Diese Definition des Geschmacks unterstreicht dessen moralischen Wert und stellt sich gegen den Relativismus. Ein Mensch, dessen Verhältnis zur Welt bloß utilitär ist und der sich nicht vorstellen kann, dass die Dinge außerhalb des Genusses, den sie ihm verschaffen, einen Wert haben, hat keinen Geschmack. Nie wird sein ästhetischer Sinn ein Kompass sein, der ihn zur Ethik führt. Gewiss wird er ihn zu seiner Zerstreuung angenehme Orte besuchen lassen, aber er wird die Schönheiten der Werke von Natur und Kunst nicht erkennen können; er wird vor allem suchen, was seinen Sinnen schmeichelt und seinen Gewohnheiten entspricht und wird ansonsten erklären, die Geschmäcker seien rein subjektiv. Dieser ästhetische Sinn hat nicht viel mit dem zu tun, das Kant Geschmack nennt. Eigentlich dürfe man gar nicht sagen, dass jemand einen schlechten Geschmack habe, sondern nur, dass er keinen Geschmack habe, wenn er nicht fähig sei, sich die Maxime des ästhetischen Urteils zu eigen zu machen, „an der Stelle jedes anderen [zu] denken“[65], seine Idiosynkrasien zu vergessen und die Dinge unabhängig von ihrer Nützlichkeit zu bewerten.

Dank dieser „erweiterten Denkungsart“ kann man sein eigenes Urteil, sei es ästhetisch oder ethisch, von einem universalen Standpunkt aus reflektieren. Darin zeigt sich die tiefe Verwandtschaft zwischen Geschmack und Wertschätzung. In der Tat verlangt letztere Aufmerksamkeit für den Eigenwert der Dinge und der Lebewesen, auf die sie sich richtet; und diese Anstrengung, durch die eine gewisse Intimität mit dem Objekt der Wertschätzung entsteht,

---

64 *Ibid.*, § 40.
65 *Ibid.*, § 40.

impliziert, dass man seine Vorurteile und seine persönlichen Erwartungen ausklammert, um die Realität in ihrer Einzigartigkeit und in ihrer Komplexität zu erfassen. Die Wertschätzung erfordert, dass man bei dem, was man tut, präsent ist und seine Empfindungen beachtet, aber gleichermaßen zu jener Dezentrierung fähig ist, die Universalität und Offenheit für die anderen erst möglich macht. So gewöhnt uns das ästhetische Urteil, das aus dem entsteht, was von einer gegebenen Darstellung ohne die Vermittlung über den Begriff[66] universell kommunizierbar ist, daran, die Welt zu bewundern, ohne sie auf ihren instrumentalen Wert zu reduzieren, und indem wir uns auf unsere Intersubjektivität stützen. Da es nicht auf der Argumentation, sondern auf diesem mit einer bestimmten Darstellung verbundenen Gemütszustand beruht, scheint es allen zugänglich zu sein, vorausgesetzt, man ist aufmerksam.

Wenn wir den ästhetischen Wert eines Werks der Natur oder der Kunst einschätzen, vergleichen wir unser Geschmacksurteil mit dem Urteil anderer und teilen es in der Erwartung, dass sie sich ihm anschließen, „um jedes anderen Beistimmung werben“, wie Hannah Arendt sagt.[67] Dieser Gültigkeitsanspruch des Geschmacksurteils, der den Standpunkt der anderen in Rechnung stellt und sich auf den Gemeinsinn stützt,[68] unterstreicht seine politische Dimension und macht verständlich, warum er das Modell der Deliberation ist. Es ist allerdings nicht sicher, dass das Praktizieren unseres ästhetischen Urteilsvermögens uns zur Deliberation gelangen und nach den Normen suchen lässt, die für ein ganzes Gemeinwesen gültig sein können und denen wir uns unterwerfen können. Und nichts beweist auch, dass die Entwicklung unserer künstlerischen Sensibilität oder unserer Fähigkeit, die Schönheit der Natur zu würdigen, uns dazu bringt, letztere zu bewahren.

---

66 *Ibid.*, § 9.

67 Hannah Arendt, „Kultur und Politik“ in *Zwischen Vergangenheit und Zukunft*, p. 300.

68 Immanuel Kant, *Kritik der Urteilskraft*, § 21 und 22.

Auch wenn jede moralische Entscheidung in dem Maß Geschmack verlangt, wie die Untersuchung einer Situation und die darauf mögliche Antwort nicht allein von der begrifflichen Analyse oder dem Beweis abhängt und jenen „Takt“ verlangt, der die Kunst, „das richtige zu treffen“, ist,[69] reicht der Geschmack nicht aus, jemandem moralisches Unterscheidungsvermögen zu verleihen oder ihn *a fortiori* zum Guten zu bestimmen. Dennoch, sagt man nicht mit Recht, dass die Empfänglichkeit für das Schöne das Zeichen einer schönen Seele ist?[70] Umgekehrt können die Präsenz in der Welt, die der Wertschätzung eigen ist, und das Feingefühl in den zwischenmenschlichen Beziehungen nur schwerlich mit einem Fehlen von Geschmack, mit Gleichgültigkeit gegenüber der Schönheit oder gegenüber den durch die Naturzerstörung bedingten ästhetischen Schäden einhergehen. Alles was wir über die Gesamtheit der moralischen Züge, der Vorstellungen, der Emotionen und Affekte gesagt haben, die die Wertschätzung charakterisieren, spricht dafür, dass ein Mensch, der sie praktiziert, Geschmack haben muss.

Die falschen Evidenzen

Zu zeigen, dass das Schöne und das Gute Ähnlichkeiten haben, reicht weder aus um zu klären, welcher Natur die Beziehung zwischen Ethik und Ästhetik ist, noch um zu verstehen, warum die Wertschätzung eine ästhetische Dimension wesentlich mit sich führt. Die Frage ist, ob man bereits in der Wertschätzung sein muss, um Geschmack zu haben, womit die Kunst gemeint ist, den ästhetischen Wert der Dinge zu schätzen, indem wir das, was auch den anderen gefallen kann, anerkennen, oder ob das ästhetische

---

69 Hans-Georg Gadamer, *Wahrheit und Methode, Grundzüge einer philosophischen Hermeneutik,* Tübingen, Mohr, 1960³, p. 37.

70 Kant meint, dass dies bei der Empfänglichkeit für die Schönheit der Natur der Fall ist. *Kritik der Urteilskraft,* § 42.

Urteil, weil es auf den Empfindungen und zugleich auf dem Gemeinsinn beruht, der ideale Weg ist, der uns zur Wertschätzung führen kann.

Ihre volle Tragweite gewinnt diese Frage nach der Verbindung zwischen Ästhetik und Ethik im Rahmen einer Untersuchung, die die Tugenden ermitteln will, die ein gerechteres Entwicklungsmodell auf den Weg bringen könnten. Denn es gibt eine Verbindung zwischen dem Bösen und der Verhässlichung der Welt. Der Totalitarismus hat, wie man an der Nazi-Architektur sieht, nicht nur eine besondere Ästhetik inspiriert; er war selbst ein ästhetischer Schock. Ein System, das auf der absoluten Herrschaft gründet, das jeden von seiner eigenen Überflüssigkeit überzeugt und die Menschen zu Robotern macht, produziert eine bestimmte Weise, den Raum zu besetzen, zu gehen, zu sprechen, Formen und Volumina zu konstruieren und Musik zu machen. Die Verbreitung der extremistischen Ideologien verläuft wesentlich über die Schaffung von zugleich ästhetischen und moralischen Codes, die die geschmacklichen Kriterien bestimmen und die Aversion gegen bestimmte Menschen nähren. Sie stützt sich auf eine neue Redeweise und selbst eine neue Sprache.[71]

Die Abstumpfung des moralischen Gefühls, die die Menschen unfähig macht, gegen das Böse zu kämpfen, zeigt sich zunächst in einer Unempfindlichkeit gegen ästhetische Schäden, gegen die Verarmung der Sprache, gegen die Verhässlichung der Landschaft, gegen die Homogenisierung des Geländes. Der Abscheu, der ein Gefühl ist, das Ästhetik und Ethik mischt, kann allein nicht als Kriterium zur Rechtfertigung einer Politik dienen, aber der Verlust der Fähigkeit, ein Gefühl des Abscheus vor einem hässlichen und moralisch erniedrigenden Schauspiel zu empfinden, ist ein beunruhigendes Symptom. Es ist im Gegenteil gesund sich zu ekeln, wenn man die Verschmutzung der Meere und der Strände wahr-

71 Dieses „Neusprech“ hat Victor Klemperer beim Nationalsozialismus beobachtet: *LTI. Notizbuch eines Philologen*, Berlin, Aufbau-Verlag, 1947.

nimmt oder sich die Batteriehaltung der Legehennen ansieht, wie sie mit stumpfem Schnabel und hängendem Kamm ihrer Federn beraubt und in Käfige gestopft werden. Auch weil es in ästhetischer Hinsicht monströs ist, kann unser ökonomisches Modell, das auf der unbegrenzten Ausbeutung der Erde und der anderen Lebewesen beruht, immer mehr Menschen als moralische Verirrung erscheinen.

Es gibt also einen engen Zusammenhang zwischen dem Schönen und dem Guten, dem moralischen Unterscheidungsvermögen und dem ästhetischen Urteil. Dennoch gibt es zahlreiche Gegenbeispiele. Zum Beispiel macht die Ästhetisierung des Todes in den Augen der Aficionados den Wert der Corrida aus. Auf einer anderen Ebene folgt der Anerkennung der landschaftlichen Schönheit durch eine große Zahl von Personen oftmals die Umwandlung in einen Freizeitpark oder eine Touristenattraktion. Von der Schönheit der wilden Tiere, die für sie oft fatal ist und zu ihrer Gefangennahme und ihrer Knechtung führt, nicht zu reden. Die Ästhetik ist nicht immer die Eingangstür zur Ethik; sie kann instrumentalisiert werden und dient manchmal als Alibi für Herrschaft und Gewalt. Statt uns zu führen und uns zu lehren, die Natur zu schützen und die anderen Lebewesen zu respektieren, verstärkt die ästhetische Emotion dann unsere Neigung, diese als Mittel für unsere Zwecke zu benutzen. Welche Ethik kann verhindern, dass die Schönheit so oft misshandelt wird?

Transdeszendenz und Ästhetik

Obwohl eine Person guten Willens, die sich dem kantischen Ideal, aus Pflicht zu handeln, nähert, sich nicht zwangsläufig durch ein besonderes Feingefühl auf künstlerischer Ebene auszeichnet und die Ästheten nicht notwendig tugendhaft sind, ist es schwer vorstellbar, dass das Subjekt der Wertschätzung ohne Sinn für Ästhetik sein soll. Warum ist in der Wertschätzung das Verhältnis zwischen Ethik und Ästhetik enger, als es in der Moral der Pflicht der

Fall ist? Etwa wegen der Nähe der Ethik der Wertschätzung zur antiken Philosophie, die die Identität des Schönen und des Guten *(kalos kagathos)* behauptete?

Zu sagen, dass der Geschmack ein intrinsisches Charakteristikum der Wertschätzung ist, bedeutet nicht, dass die Ästhetik zur Ethik führt oder mit ihr identisch ist, sondern dass das Wesen der Wertschätzung und der ihr eigene Blick auf die Welt das Subjekt besonders empfänglich für die Schönheit machen. In dem Maß, wie sein Inneres sich weiterentwickelt, spürt das Subjekt das Bedürfnis, sich mit schönen Dingen zu umgeben und an einem Ort zu leben, an dem es sich zu Hause fühlt und so in der Welt stärker präsent sein kann. Auch die Aufmerksamkeit, die es dem Eigenwert jedes Lebewesens und jeder Aktivität, aber auch der Form und dem Stil widmet, ist größer. So verhält es sich aus Liebe zur Welt und aus Dankbarkeit, zu denen die Wertschätzung notwendig hinführt.

Anders als die deontologischen Morallehren oder der Utilitarismus setzt die Wertschätzung sowohl moralisches Urteilsvermögen als auch Geschmack voraus. Denn es handelt sich nicht bloß darum, das Wahre in den Blick zu nehmen oder einen klaren Willen zu haben, sondern das Verhalten einer Person, die die Wertschätzung praktiziert, zeichnet sich auch durch seine Schönheit aus. Eine kluge Entscheidung und eine gerechte Handlung sind gut und schön zugleich: Wer gut gehandelt hat, hat nicht nur seine Pflicht getan, ist nicht nur einem streng konsequentialistischen Denken gefolgt; er hat auf gerechte Weise auf eine schwierige, ja ausweglose Situation mit der Autorität und der Milde zu reagieren gewusst, die aus dem Zusammenspiel der oben beschriebenen Tugenden erwachsen. Was er geleistet hat, ist untrennbar von der Weise, wie er es geleistet hat, und davon, was er ist. Es ist undenkbar, dass das Subjekt der Wertschätzung klug *und* neidisch oder mutig *und* unmäßig ist, oder dass es die anderen, Menschen oder Nicht-Menschen, einfach deshalb pflegt, weil das seine Pflicht ist, ohne seine ganze Intelligenz, sein ganzes Herz und ein großes

Feingefühl mit einzubringen. Wenn die Wertschätzung von Schönheit geprägt ist, dann, weil die Schönheit das ist, was die Tugenden zusammenhält und weil sie auf der fleischlichen Erfahrung des Inkommensurablen gründet.

Das besondere Verhältnis, das die Wertschätzung zwischen Ethik und Ästhetik herstellt, unterscheidet sie auch von den antiken Auffassungen, die in der Schönheit den Glanz des Göttlichen sehen. Es handelt sich bei ihr sehr wohl um eine Ethik der Tugenden, die sich in eine Ästhetik fortentwickelt, aber ihr begrifflicher und ontologischer Rahmen hat nichts mit der Kosmologie der Alten zu tun und setzt auch nicht den Glauben Bernhards von Clairvaux voraus. Um zu verstehen, warum die Wertschätzung wesentlich eine ästhetische Komponente hat, müssen wir auf die Transdeszendenz zurückkommen. Die Erfahrung, die wir von unserem Körper und vom Fühlen machen, zeigt auch, welche Art der Ästhetik der Wertschätzung eigen ist und in welchem Sinn die Erziehung des Geschmacks ein Weg sein kann, uns zu ihr hinzuführen.

Die Wertschätzung beinhaltet, dass man seine Empfindungen beachtet, die in ihrer Materialität dem entsprechen, was man einmal die sekundären Qualitäten genannt hat, worunter man die Gerüche, die Töne, die Farben, die Textur oder die Rauheit eines Objekts verstand. Diese Empfindungen sind Ausdruck unseres Mit-den-Dingen-Seins; sie sind der Berührungspunkt zwischen uns und der Welt und kommen noch vor der Wahrnehmung und der Vorstellung, die ihren Reichtum und ihre Subtilität nicht zur Gänze erfassen können. Diese Unreduzierbarkeit des Fühlens auf den Begriff, die auch das großzügige Wesen der Welt, ihren Überschuss unterstreicht, erklärt, dass wir mit unseren Empfindungen die mannigfachen Dimensionen der Dinge ausloten, wie den affektiven Wert eines Geruchs, die Erinnerungen, die er erweckt, die Resonanzen, die die Farben und die Töne in unserem Unbewussten auslösen, den Klang der Worte, den Rhythmus eines Satzes und all das, was wir mit ihnen verbinden oder was sie andeuten.

Eine solche Erfahrung ist zugleich körperlich und intellektuell, sie betrifft die Werke der Kunst und die der Natur und stellt zwischen unserer Kultur, unserer Geschichte, unserem Intellekt und den primitivsten Schichten unserer Psyche eine Beziehung her. Ohne uns von den anderen, denen wir unsere ästhetischen Gefühle mitteilen können, abzuschneiden, ermöglicht uns die Wertschätzung, die diesen Abstieg ins Innere unserer selbst verlangt, ein intimes Verhältnis zu dem zu entwickeln, was wir sehen, hören oder berühren. Diese Intimität will das Subjekt der Wertschätzung bewahren und mit den anderen teilen. Sie verlangt mehr als Respekt und mehr als das Akzeptieren der Verpflichtung, sich um den anderen und die Natur zu kümmern. Wenn man im Zustand völliger Offenheit seine Aufmerksamkeit auf ein Lebewesen oder ein Gemälde konzentriert, dann ist die Erfahrung, die man macht, zugleich ethisch und ästhetisch. In der Wertschätzung gibt es keine ästhetische Erfahrung, die nicht von vornherein ethisch wäre. Die ihr eigene Transdeszendenz belehrt das Subjekt über oder erinnert es an die vitale Verbindung, die es mit dem vereint, was es sieht oder vernimmt, und mit denen, die diese Erfahrung machen. Die Emotion, sei sie ästhetisch oder moralisch, drückt diese relationale Qualität aus. Und es gibt Emotionen, wie die Bewunderung der Wunder der Natur und des Lebendigen, die zugleich ethisch und ästhetisch sind.

Durch die *aisthesis* – ein Wort, das sowohl die Sinneseindrücke als auch die Ästhetik bezeichnet – spüren die Menschen ihre Zugehörigkeit zu einer gemeinsamen Welt, die aus natürlichen und kulturellen Dingen besteht und sich auch auf Traditionen und auf eine Geschichte bezieht. Wenn es sein ästhetisches Urteil ausübt, fügt sich das Individuum, das sich auf den Gemeinsinn stützt, in eine Welt ein, die von der Fortdauer der Werke und dem Wunsch der Menschheit zeugt, Schönes zu schaffen. Sein Urteil hängt ab von seiner Epoche und der spezifischen Gemeinschaft, der es angehört und die seinen Geschmack prägt, aber die subjektive Universalität des Schönen und die Möglichkeit, den an die ästhetische Emotion gebundenen Gemütszustand mit seinesgleichen zu teilen, verstärken seine Bindung an die anderen Menschen und an eine Welt, die Werke überliefert hat, die die Liebe zur Schönheit nähren. Diese Liebe zur Schönheit ist der Ausdruck der Liebe zur Welt und zu dem, wovon sie lebt.

Aus allen diesen Gründen kann die Ästhetik ein privilegierter Weg der Wertschätzung sein. Die Kunst – wenn man aufhört, sie wie eine Sprache oder eine Erkenntnis anzusehen, deren Funktion wäre, uns das Wesen der Dinge oder das Unsichtbare hinter dem Sichtbaren zu offenbaren, und das hervorhebt, was sie mit den Worten, den Farben und den Tönen macht – stellt uns in die Transdeszendenz, dahin, wo „der Umgang mit der Wirklichkeit ein Rhythmus ist“[72]. Weder der Begriff des In-der-Welt-Seins noch die Kategorie der Interesselosigkeit können ihre Rolle erklären, die darin besteht, uns für das empfänglich zu machen, was in der Wirklichkeit nicht auf eine Idee, eine Wesenheit oder ein Jenseits verweist, sondern auf unsere körperliche Realität, auf unsere Sensibilität, auf unsere Menschlichkeit und auf die gemeinsame Welt.

Die Malerei von Cézanne hilft uns nicht, die Welt besser zu bewohnen, so als ob die Fähigkeit, sie unabhängig von unseren sonst üblichen Handlungen zu bewundern, uns wirklich veranlassen würde, unser Verhalten gegenüber der Natur zu ändern. Wenn man bei der künstlerischen Arbeit auf die technische Seite schaut, wird ihr moralischer Wert verständlich, der nicht darin besteht, eine Botschaft zu vermitteln, sondern darin, uns auf unsere Empfindungen und auf das, was dabei unserer Rationalität entgeht, aufmerksam zu machen. So verhält es sich, wenn das Werk die

72 Emmanuel Levinas, „Die Wirklichkeit und ihr Schatten“, in *Die Unvorhersehbarkeiten der Geschichte*, übers. v. A. Letzkus, Freiburg/München, Alber, 2006, p. 112. Anders als Levinas meinen wir nicht, dass die Transdeszendenz, auch nicht in der Kunst, uns v.a. die Erforschung des Schattens der Dinge erlaubt. Dagegen stimmt die Weise, wie Levinas die Arbeit am Wort, an den Tönen und an der Materialität in der Kunst hervorhebt und eine Verbindung zwischen dieser Arbeit und der Körperlichkeit herstellt, genau mit der Weise überein, wie wir die Rolle der Kunst in der Wertschätzung verstehen.

Kraft hat, uns in die Sinnenwelt zu versetzen, in das Mit-den-Dingen-und-mit-den-anderen-Sein, wenn es uns in die Transdeszendenz stößt und uns überdies die Fähigkeit verleiht, mit anderen über diese Erfahrung zu sprechen. Dann kann man sagen, dass die Kunst zur Wertschätzung erzieht: Das Werk ruft eine innere Resonanz beim Betrachter hervor, der sie fortsetzen kann.[73] Wenn also der Künstler unser „Gemüt" erreicht, dann dank seiner Arbeit am Material, die mehr ist als eine Arbeit an der Form, weil sie die Sinneseindrücke betrifft und weil die Worte, die Sonate oder die Bilder selbst Rhythmen sind. Form und Inhalt, das Technische und das Geistige, widersprechen einander nicht, und keines ist einfach das Mittel des anderen. Sie vereinigen sich im Werk, das aus diesem Grund eine innere Notwendigkeit und eine Seele hat.

Die Wertschätzung als Ästhetik

Über die Analogie zwischen dem Guten und dem Schönen hinausgehen

Die Schönheit ist eine relationale Qualität; sie ist gebunden an die Person, die eine Landschaft oder eine Skulptur betrachtet, und spiegelt nicht, wie in den antiken Ästhetiken, die mit einer objektiven Theorie des Schönen verbunden sind, das Gute oder das Göttliche wider. Allerdings kann die ästhetische Erfahrung, wenn sie als Transdeszendenz gedacht wird, nicht auf die Kontemplation reduziert werden, denn hier bleibt der Betrachter zum Gegenstand seiner Betrachtung auf Distanz. Die Ästhetik der Wertschätzung jedoch verläuft, wie wir im Zusammenhang mit der Umwelt-Ästhetik noch sehen werden, über das Engagement des Körpers und kann sich nicht mit der Kategorie der Interesselosigkeit, die Kant auf das Schöne anwendet, begnügen. Darüber hinaus ist die Wert-

73 Wassily Kandinsky, *Über das Geistige in der Kunst, insbesondere in der Malerei,* Bern, Benteli, 1959[6].

schätzung eine globale Seinsweise und eine Haltung, die sich in einer bestimmten Qualität der Präsenz in der Welt manifestiert, durch ein Mit-der-Welt-und-mit-den-anderen-Sein, das eine zugleich ethische und ästhetische Bedeutung hat. Darum erzeugt sie, neben dem Wunsch, sich der Dinge anzunehmen, Gefühle von Dankbarkeit, Bewunderung und Entzücken, die in der Pflicht und der Achtung nicht notwendig enthalten sind.

In der Tat, wenn der Geschmack wie eine Pflicht von allen gefordert wird und sein Fehlen von einer Unfähigkeit zeugt, einen erweiterten Standpunkt einzunehmen und die Welt unabhängig von seinen unmittelbaren Interessen zu sehen, macht die Analogie zwischen dem Guten und dem Schönen nicht verständlich, warum die Ethik in der Wertschätzung eine ästhetische Komponente hat und sogar dazu neigt, Ästhetik zu werden. Kant meint, dass das Schöne uns darauf vorbereitet, etwas auf interesselose Weise zu lieben, denn es beziehe sich auf die Formen, insofern sie das Spiel der Einbildungskraft erregten, ohne dass die Übereinstimmung zwischen diesen Formen und unseren Fähigkeiten auf das Begehren oder die Erkenntnis bezogen wäre. Die Schönheit ist das Symbol der Moralität, die darin besteht, aus Pflicht zu handeln, und nicht weil das Gute ein Mittel zum Glücklichsein wäre, aber sie ist nicht identisch mit der Pflicht, denn sie ist interesselos, während die Moralität einem Interesse entspricht.[74]

Am Erhabenen, das mehr noch als das Schöne von der Affinität zwischen Moral und Ästhetik zeugt, wird deutlich, was die Pflichtethiken von der Wertschätzung trennt. Wenn er vom Erhabenen der Natur spricht, das einen Appell an die in uns vorhandene moralische Stärke darstelle und eine Geistesverfassung wecke, die eine „Empfänglichkeit" für die Ideen der Vernunft einschließe,[75] vereint Kant das Sinnliche und das Intelligible. Das Erhabene gefällt unmittelbar, und es hat eine Notwendigkeit. Anders als das

74 Immanuel Kant, *Kritik der Urteilskraft*, § 59.
75 *Ibid.*, § 29.

Schöne, das aufgrund der Übereinstimmung von Einbildungskraft und Verstand ein Gefühl von Harmonie erzeugt, ist das Erhabene Träger von Schmerz und Freude zugleich: In seinem Fall kommt die ästhetische Emotion von der Unfähigkeit der Einbildungskraft, das ihr Dargebotene ganz zu erfassen, weil das Schauspiel der Natur für eine umfassende oder einheitliche Wahrnehmung zu groß oder die künstlerische Darstellung dafür zu reich ist.

Die Ohnmacht des Subjekts angesichts der Präsentation des Nicht-Repräsentierbaren lässt also jene ästhetische Emotion entstehen, die einer Disposition entspricht gleich der, die von den *Ideen der Vernunft* beim Gefühl erzeugt wird, das heißt in der Sprache Kants der Achtung. Die Natur gilt nicht als erhaben, weil sie uns Angst macht, sondern weil sie die Einbildungskraft dazu erhebt, sich jene Situationen vorzustellen, in denen der Geist erkennt, was in ihm erhaben ist: „Erhaben ist das, was auch nur denken zu können ein Vermögen des Gemüts beweist, das jeden Maßstab der Sinne übertrifft."[76] Desgleichen erwächst die Achtung aus der Ohnmacht des Subjekts, das moralische Gesetz einzuhalten, das es gleichwohl determiniert. Das Subjekt, das beim anderen eine derartige charakterliche Gradlinigkeit erkennt, dass sein Geist sich davor verneigt,[77] verspürt ein Gefühl der Unlust und eine gewisse Demütigung, denn das moralische Gesetz, das an diesem Beispiel sichtbar wird, macht seinen Hochmut zunichte, und wenn es sich mit dieser Person guten Willens vergleicht, spürt es die eigene Unvollkommenheit. Allerdings erfüllt die Majestät des moralischen Gesetzes es mit Freude, sobald es sich seiner Prätentionen entledigt hat. Die Achtung kann dann zu einem Handlungsmotiv werden, das ihn subjektiv bestimmt und ein der Pflicht gegenüber günstiges Gefühl erzeugt.[78] So ist das moralische Gefühl, wie das

76 *Ibid.*, § 25.

77 Immanuel Kant, *Kritik der praktischen Vernunft*, Hamburg, Meiner, 1974, p. 90–91 [= AK V, 136–137].

78 *Ibid.*, p. 84, 92s. [= AK V, 126s. und 139–141].

Erhabene, die Erfahrung eines Inkommensurablen, aber die Unfähigkeit, auf Höhe des moralischen Gesetzes zu sein, und das Scheitern der Einbildungskraft offenbaren dem Subjekt, dass es mit einem die Natur übersteigenden Vermögen begabt ist und dass seine moralische Bestimmung höher ist als alles, wo die Befriedigung seiner Neigungen es hinführen könnte.

Indem er das moralische Gefühl dem ästhetischen Gefühl annähert, nähert der Autor der *Kritik der Urteilskraft* auch die Freiheit der Natur und die Vernunft der Sinnlichkeit an. Die Achtung ist ein „Gemütszustand" wie das Erhabene.[79] Obwohl man den Effekt der Determinierung des Willens durch das moralische Gesetz bloß fühlen kann, ohne ihn erklären zu können, kann die Pflicht einen sinnlichen Ausdruck haben. Wenn das der Achtung eigene Gefühl der Erhebung mit dem ästhetischen Bewusstsein des Erhabenen identisch ist, ist dies das Zeichen, dass das moralische Gesetz in uns präsent ist und uns hilft, die Verwandtschaft zwischen dem Sinnlichen und dem, was darüber hinausgeht, zu erfassen.[80] „Also ist das Gefühl des Erhabenen in der Natur Achtung für unsere eigene Bestimmung."[81] Doch auch wenn der mit der Achtung verbundene Gemütszustand auf ästhetische Weise mitgeteilt werden kann, kann er doch nicht bei den anderen vorausgesetzt werden; das Gefühl des Erhabenen in Kunst und Natur kann unser moralisches Gefühl stärken, aber um empfänglich für das Erhabene zu sein, muss man bereits Achtung für seine eigene moralische Bestimmung haben. Auch wenn die Kluft zwischen dem Sinnlichen und dem Intelligiblen, dem Denken und dem Handeln durch das Mitteilen eines durch eine Darstellung hervorgerufenen Gemütszustandes verringert werden kann, hat bei Kant die Ethik als sol-

79 Immanuel Kant, *Kritik der Urteilskraft,* § 12. Louis Guillermit, *L'Élucidation critique du jugement de goût selon Kant,* Paris, 1986, éd. du CNRS, p. 78–84.

80 Michael Fœssel, „Le respect, un sentiment esthétique?", in: François Calori, Michael Fœssel und Dominique Pradel (ed.), *De la sensibilité. Les esthétiques de Kant,* Rennes, Presses universitaires de Rennes, 2014.

81 Immanuel Kant, *Kritik der Urteilskraft,* § 27.

che aber kein ästhetisches Element. Ganz deutlich wird dies, wenn man die Achtung mit der Wertschätzung vergleicht.

Wertschätzung und Achtung

Wie die Wertschätzung ist die Achtung eine Erfahrung des Inkommensurablen. Das Verhältnis zu den anderen verläuft über das Verhältnis zu sich selbst, das an diese Erfahrung des Inkommensurablen gebunden ist, für das bei Kant das moralische Gesetz und bei der Ethik der Wertschätzung die gemeinsame Welt steht. Die Achtung ist jedoch ein moralisches Gefühl, das aus dem Verhältnis zum moralischen Gesetz im Selbst erwächst und sich an die anderen richtet, insofern sie Subjekte des Gesetzes sind, während die Wertschätzung ein Verhältnis zu sich selbst als fleischgewordenem Individuum ist, das in einer gemeinsamen Welt und mit anderen Individuen lebt, die zuallererst als Wesen aus Fleisch und Blut gesehen werden. So erstreckt sich die Wertschätzung notwendig auch auf die Tiere und die Natur, und sie ist untrennbar von einem Gefühl der Solidarität mit den anderen Lebewesen, das erklärt, dass das Verhalten ihnen gegenüber, aber auch die Weise, wie man sie wahrnimmt und ihren ästhetischen Wert beurteilt, frei von der für die Achtung charakteristischen Ambivalenz ist.

Die Wertschätzung impliziert, dass mein Blick und meine Aufmerksamkeit dem anderen zugewandt sind, was nichts damit zu tun hat, ob ich mich einer gutwilligen Person gegenübersehe und mich im Vergleich mit dieser schlecht fühle. Darüber hinaus setzt sie voraus, dass das Subjekt, das die Erfahrung seiner Verwundbarkeit macht, den Eigenwert der Welt und der Lebewesen anerkennt und ihre Alterität und ihre Singularität achtet. Die anderen Lebewesen, die Natur, die Kunstwerke, die Institutionen, ja die bescheidensten Aufgaben verdienen unsere Wertschätzung, auch wenn sie nicht alle von gleicher Wichtigkeit sind. Die Achtung dagegen ist bei Kant wesentlich Achtung vor dem moralischen Gesetz, und sie betrifft ausschließlich die anderen Menschen und schließt die

Dinge, die Natur und die Tiere, denen ein niederer Status zugewiesen wird, aus.

Während die Bewunderung für jedes Lebewesen für die Wertschätzung konstitutiv ist, stellt Kant sie der Achtung gegenüber. Für ihn bezieht sich die Bewunderung auf das Individuum, dessen Talent, Schönheit und Reichtum mit einem Gefühl der Lust betrachtet werden, aus dem leicht Neigung oder Liebe werden kann. Sie hat nichts mit einem moralischen Gefühl zu tun, das vom moralischen Gesetz ausgeht und außerdem eine Art lebender Vorwurf ist.[82] In der Achtung wird das Individuum nicht um seiner selbst willen wahrgenommen, sondern nur in dem Maß, wie es den Gehorsam vor dem moralischen Gesetz verkörpert. Das Subjekt der Wertschätzung dagegen wirft auf den anderen einen Blick, der ihn individualisiert. Obwohl die Wertschätzung nicht mit der Bewunderung identisch ist, teilt sie mit ihr wie mit der Liebe die Gabe, den anderen fühlen zu lassen, dass er unersetzlich ist.

Das Subjekt der Wertschätzung erkennt jeden an, und mit seiner wohlwollenden Präsenz und seinem Freimut hilft es ihm, seinen Platz in der Welt zu finden und zu schätzen. In der Achtung aber macht das Universale die Individualität zunichte; jemanden zu achten, heißt, in ihm zu sehen, was allgemein und universal ist, heißt, ihm Gerechtigkeit widerfahren zu lassen, und sei es um den Preis, dass man vergisst, was an seiner Situation einzigartig ist. In der Wertschätzung dagegen erleuchtet das Universale das Besondere; sie löscht das einzigartige Licht, das im Blick eines jeden leuchtet, nicht aus; selbst wenn wir, wenn wir uns als Individuum an ein anderes Individuum wenden, und dabei ermessen, was es Außerordentliches hat, darüber nicht die Gerechtigkeit vergessen dürfen, die Gleichheit fordert.[83] Wir schulden also den anderen mehr als Achtung; wir schulden ihnen Wertschätzung, denn sie

82 *Id.*, *Kritik der praktischen Vernunft*, p. 90–91 [= AK V, 136–137].

83 Emmanuel Levinas, *Jenseits des Seins oder anders als Sein geschieht*, übers. v. Th. Wiemer, Freiburg u.a., Alber, 1992, Kapitel V, 3, p. 343–349.

sind nicht nur Subjekte der Pflicht oder Bürger, sondern individuierte Wesen.

Dennoch erfüllt die Achtung, wie Kant in dem diesem Kapitel als Motto vorangestellten Satz sagt, die Seele mit Freude. Wir haben gesehen, dass die Freude kein rein subjektives Gefühl ist, sondern dass sie einer der Effekte des Individuationsprozesses ist, der eine Person dazu bringt, vom „leben von" zum „leben mit" und zum „leben für" überzugehen. Desgleichen suggeriert die gleichzeitige Erwähnung des moralischen Gesetzes und des bestirnten Himmels, die immer wieder neue und zunehmende Bewunderung und Verehrung erregen, dass die Moralität, selbst in einer deontologischen Herangehensweise wie der Kants, zur Dankbarkeit führt, die immer eine Dankbarkeit für das Leben ist, und zum Entzücken, das immer ein Entzücken über die Schönheit des Universums ist. Allerdings sind in der Wertschätzung der bestirnte Himmel und die Moralität nicht die einzigen Objekte des ästhetischen Gefühls, und dieses ist nicht wesentlich an das Erhabene gebunden.

Während die Majestät des bestirnten Himmels bei Kant auf die Majestät des Sittengesetzes und unsere praktische Bestimmung verweist, ist das Spezifische der Wertschätzung nicht diese Kontemplation, sondern eine Weise des Mit-der-Welt-Seins. Die Wertschätzung, die *considération*, die wörtlich besagt, dass man aufmerksam eine Konstellation von Sternen betrachtet, setzt zwar die Erfahrung des Inkommensurablen voraus, aber sie impliziert vor allem, dass man jedes Wesen mit Wohlwollen betrachtet und in jeder Aktivität, der man sich widmet, präsent ist. Wenn das Subjekt der Wertschätzung im Idealfall fähig ist, sich selbst ebenso wie die anderen zu regieren, wenn es fähig ist, Gerechtigkeit und Güte zu zeigen, dann heißt das nicht, dass es seinen Garten vernachlässigen, die Kochkunst verachten oder die Sorge für seine Kinder und die Tiere vergessen darf. Zu glauben, dass die Wertschätzung, wenn sie zu politischem Engagement führt, den Menschen davon freispricht, den Großteil seiner Aufmerksamkeit Tätigkeiten der genannten Art zu widmen, ist ein Irrtum, der dem vergleichbar ist, der meint, ein hoher Würdenträger des Staats müsse sich ausschließlich für VIPs interessieren und könne für die übrigen Bürger nur Krümel übrig haben.

Die Ästhetik der Wertschätzung

Der Beitrag der Umweltästhetik

Im vormodernen Denken, das aus dem Schönen die Spur des Göttlichen und aus der Natur eine Theophanie macht, kann sich die Ästhetik der Wertschätzung nicht wiederfinden. Sie unterscheidet sich auch von der Ästhetik, die im achtzehnten Jahrhundert mit Baumgarten entstanden ist.[84] Diese bezeichnet wie bei Kant eine Disziplin, die die Logik des Geschmacksurteils untersucht, für das sie die Interesselosigkeit als charakteristisch ansieht. Eine kurze Erinnerung an den Kontext, in dem diese Ästhetik entstanden ist, erklärt, was die Rückkehr zu den Alten unmöglich macht, und macht verständlich, warum sie durch eine andere ersetzt wurde, die nicht nur die Formen, sondern auch die Empfindungen wertschätzt und dem Engagement des Körpers Rechnung trägt.

Für Kant ist das Schöne nicht objektiv, und weil es sich um eine relationale Qualität handelt, wird es nicht mehr als Funktion der Transzendenz gedacht. Diese Konzeption des Schönen, die das Aufkommen der Ästhetik begleitet, kommt von einer völlig neuartigen Sicht auf die Natur. Als entsakralisierte ist sie nicht mehr Zeichen des Göttlichen, sondern eine Gesamtheit von Phänomenen. Auch das Schöne ist ein Phänomen. Obwohl ihre Logik sich von der der Erkenntnis, der Moralität oder der Logik der Interessen der Sinne unterscheidet, verweist die Ästhetik auf eine sinnliche, keine metaphysische Erfahrung. Das Gebiet der Ästhetik ist ausschließlich menschlich, und selbst der ästhetische Wert eines Ökosystems oder eines Tiers hängt ab von unserem Urteilsvermögen.

84 Alexander Gottlieb Baumgarten, *Ästhetik*, 2 Bde., Hamburg, Meiner, 2007

Der Zentralbegriff dieser Ästhetik, die beschreibt, was in uns passiert, wenn wir ein Werk, sei es natürlich oder künstlerisch, schön finden, ist die Interesselosigkeit. In diesem Ansatz sind die Formen „Zweckmäßigkeiten ohne Zweck", und ihre Ausdrucksqualität macht den ästhetischen Wert einer Blume oder eines Gemäldes aus. Obwohl die *aisthesis* die Empfindungen bezeichnet, die unser Eintauchen in die Dinge, unser Mit-der-Welt-Sein deutlich machen, privilegiert diese Ästhetik das Sehen auf Kosten der anderen Sinne, insbesondere des Geruchssinns, des Tastsinns, aber auch des Gehörs. Sie widerspricht unserer Erfahrung der Natur, die die einer somatischen Partizipation, ja sogar eines Engagements unseres Körpers ist, das über ein einfaches Spiel mit den Formen hinausgeht.[85] Wenn wir durch den Wald gehen, sind Empfindungen wie die von Feuchtigkeit oder Kälte, sind die Luft, die Berührungen, die Gerüche oder die Geräusche ebenso wichtig wie das Sehen und von diesem nicht zu trennen. Außerdem stehen wir der Natur nicht gegenüber, sondern sie hüllt uns ein, und wir empfangen sie von innen.

Auf die Natur angewandt, spiegelt die aus dem achtzehnten Jahrhundert überkommene Ästhetik einen dualistischen Denkrahmen wider: Die Natur ist ein Schauspiel oder ein Gemälde, wie in den Darstellungen, die einzelne Szenen herausnehmen und sie aus dem speziellen Blickwinkel eines Individuums zeigen, das zu ihr auf Distanz bleibt, um sie zu bewundern. Die Landschaften sind dargestellt wie auf Postkarten, als ob der Wert der Natur von unserer Zustimmung abhinge. Der Dualismus Mensch/Natur und der Anthropozentrismus der Ethik setzen sich fort in einer Ästhetik des Pittoresken. Gewiss bezeichnet diese ein Verhältnis zur Welt und zu sich selbst, das mit dem Konsum und dem Begehren nichts zu tun hat. Wenn man jedoch von dem ästhetischen Gefühl spricht, das die Natur erzeugt, von der der Mensch ein aktiver Teil ist und die man nicht in einen Rahmen bannen kann, kann man sich nicht

85 Arnold Berleant, *Living in the Landscape. Towards an Aesthetics of Environment,* University Press of Kansas, 1997, S. 9–24, 97–101, 111.

mit der Kategorie der Interesselosigkeit oder jener Fokussierung auf die Formen begnügen, die die innere Dimension der Empfindungen nicht hinreichend berücksichtigt.

Diese Fragen zeigen eine Verschiebung der Perspektive, die der Umweltethik und der Umweltästhetik gemeinsam ist und ihre gegenseitige Abhängigkeit unterstreicht. Muss man nicht die Stringenz der beiden Hauptkategorien der Umweltethik anerkennen, nämlich den nicht-instrumentalen Wert der Natur und die Zugehörigkeit zu einer biotischen Gemeinschaft, um fähig zu sein, die Natur zu schätzen, ohne sie auf die Kategorien des Pittoresken und des Schönen zu reduzieren? Diese Kategorien, die sich auf das Vergnügen beziehen, das man beim Betrachten einer symmetrischen Form empfindet, die sich unserer Vorstellung anpasst, sind das Erbe einer Ästhetik der Landschaft und spiegeln unsere Neigung, nur die Dinge zu beachten, die uns angenehm sind. Und wenn das Erhabene eine Emotion ist, die von einer Großartigkeit hervorgerufen wird, die uns übersteigt, dann kann man einem allgemein als unbedeutend und unwirtlich geltenden Ökosystem wie dem Sumpf keinen ästhetischen Wert zubilligen. Muss man daraus schließen, dass eine ästhetische Bewertung der Natur ohne Umweltethik oberflächlich bleibt? Trägt nicht umgekehrt die Umweltästhetik, indem sie unseren Körper wesentlich mit einbegreift, wirksamer als jeder moralische Diskurs dazu bei, den Sinn unserer persönlichen Identität weiter zu fassen und uns unsere Zugehörigkeit zu einer biotischen Gemeinschaft spüren zu lassen?

Die Umweltästhetik geht einher mit der Kritik des Anthropozentrismus und stellt eine subjektivistische Konzeption von Wertigkeit in Frage, wonach die Schönheit ausschließlich im Auge des- oder derjenigen liegt, der oder die sie wahrnimmt. Doch es ist auch nicht sicher, dass man einem kognitivistischen Modell[86] anhängen

86 Allan Carlson, „L'appréciation esthétique de l'environnement naturel", in *Esthétique de l'Environnement. Appréciation, connaissance et devoir,* Texte, gesammelt und übers. v. H.-S. Affeissa und Y. Lafolie, Paris, Vrin, 2015, p. 55–84.

muss, das die ästhetische Wertung der Natur von unserer Kenntnis der Biologie und der Evolution abhängen lässt. Wenn wir uns der Komplexität der Organismen und der Interaktionen bewusst werden, die zwischen den Lebewesen eines Ökosystems existiert, wird unsere Wahrnehmung der Natur reicher, aber das reicht nicht hin, um eine ästhetische Emotion hervorzurufen. Den Gegensatz zwischen einer subjektivistischen und einer kognitivistischen Theorie des Schönen kann man nur überwinden und sich von der einen wie der anderen befreien, wenn man sich der relationalen Bedeutung der ästhetischen Empfindung bewusst wird. Dann wird deutlich, dass der Begriff der Interesselosigkeit nicht passend ist, um zu beschreiben, was in uns vorgeht, wenn wir den ästhetischen Wert der Natur schätzen.

Ersetzt man Interesselosigkeit durch Wertschätzung, dann ist die zwischen der Ästhetik und Ethik entstehende Verbindung subtiler als bei einer Begründung der letzteren durch die erste. Ein solches Verfahren setzt voraus, dass man die Ästhetik mit der Phänomenologie der Körperlichkeit und des Bewohnens der Erde verbindet. Diese Phänomenologie ist der konzeptuelle Rahmen, auf dem die Wertschätzung beruht. So lässt sich die Opposition zwischen Interesselosigkeit und Interesse überwinden, und es wird sichtbar, in welcher Hinsicht die Wertschätzung sich zu einer Ästhetik der Erde weiterentwickelt, ohne dass es nötig wäre, zu einer objektiven Konzeption des Schönen zurückzukehren, als ob diese letztere außerhalb eines Subjekts, das fähig wäre, den Wert in der Welt zu wecken, einen Sinn haben könnte.

Ethik und Ästhetik der Erde

Wenn wir den ästhetischen Wert der Natur schätzen, indem wir uns als Bewohner der Erde verstehen und die Erfahrung der Transdeszendenz machen, dann sind es nicht unsere begrenzten und egoistischen Ziele, die unseren Blick orientieren und uns zeigen, welche Ökosysteme und welche Lebewesen es zu bewahren gilt.

Unsere ästhetische Erfahrung der Natur wird nicht von einer dualistischen und anthropozentrischen Vorstellung bestimmt und ist von der Land-Ethik gar nicht zu trennen. Diese wiederum, weit davon entfernt, sich auf eine Reihe von Normen oder Kategorien zu beschränken, entwickelt sich weiter in eine Ästhetik. So entsteht eine Verbindung zwischen dem, was man weiß, und dem, was man fühlt.

Anders als die Parteigänger des Kognitivismus glauben, ist es allerdings nicht die Erkenntnis, die eine Sinneserfahrung in ästhetische Sensibilität verwandelt. Einen „Elegie der Sümpfe" betitelten Passus aus *Am Anfang war die Erde* kommentierend, erklärt John B. Callicott[87] das Vermögen der Menschenwesen, vor den Kranichen zu staunen, durch ihre ökologischen Kenntnisse, insbesondere durch das Bewusstsein davon, dass der Kranich lange Jahre „das Symbol einer wilden Vergangenheit gewesen sei, jenes unglaublichen Gangs der Jahrtausende, der dem Alltag der Vögel und der Menschen zugrunde liegt und ihn formt"[88]. Dass man den Kranich als die „Trompete des Evolutionsorchesters" ansieht, kann zweifellos für das Verschwinden dieser Vögel sensibilisieren und die Notwendigkeit unterstreichen, sie zu schützen und ihr Ökosystem nicht zu zerstören. Auch kann diese Weise, die Kraniche und die Sümpfe wahrzunehmen, ein Gefühl für unsere Interdependenz mit den Tieren wecken und uns unsere Verantwortung gegenüber den anderen Lebewesen spüren lassen, deren Habitat wir beschädigen. Allerdings erzeugen diese Gedanken allein keine ästhetische Empfindung. Es ist nicht einmal sicher, dass diese Erkenntnis unsere Anerkennung des ästhetischen Werts eines Ökosystems oder eines

87 John Baird Callicott, „Wetland Gloom and Wetland Glory", *Philosophy and Geography* 6,1/2003, p. 40.

88 Aldo Leopold, „Marshland Elegy" in *A Sand County Alamanac & other writings on ecology and conservation*, New York, The Library of America, 2013, 85–90, Zitat p. 86: „He is the symbol of our untamable past, of that incredible sweep of millennia which underlies and conditions the daily affairs of birds and men.".

Lebewesens verstärkt. Denn eine solche Aussage würde bedeuten, dass ihr ästhetischer Wert von ihrer Geschichte abhängt und zunimmt, wenn man weiß, dass sie einer bedrohten Art angehören.

Die biologischen Kenntnisse, von denen Aldo Leopold in seinem Bericht spricht, zeigen, was die Menschen wissen müssen, wenn ihr Umgang mit der Natur besonnener sein soll. Sie bestimmen seine „Land-Ethik“, die will, dass wir unsere Zugehörigkeit zu einer Gemeinschaft anerkennen, die umfassender ist als die menschliche, und dass wir entsprechend handeln, statt nur den Nutz- oder den Marktwert der Dinge in Rechnung zu stellen und die Grenzen zu ignorieren, jenseits derer die Entnahme von Ressourcen aus der Erde die Widerstandskraft der Ökosysteme zerstört. Der Schutz der Natur gehört zur Ethik, und die Bewahrung ihrer Schönheit ist Teil seiner Definition von Gerechtigkeit: „Eine Handlung ist richtig, wenn sie dazu beiträgt, die Integrität, Stabilität und Schönheit der Natur zu erhalten. Sie ist falsch, wenn sie das Gegenteil bewirkt.“[89] Das ist der Sinn des berühmten Passus, in dem Leopold seine Liebe zur Jagd bekennt und gesteht, er habe früher nicht verstanden, dass das systematische Töten der Wölfe zu einer Überpopulation der Hirsche führen würde, die langfristig eine Erosion des Gebirges zur Folge hätte. Die Ethik der Erde, schreibt er, verlangt, dass man sich dezentriert, um „zu denken wie ein Berg“[90]. Allerdings erklärt diese Einsicht, die Leopolds Ökozentrismus rechtfertigt, nicht, warum die Ethik der Erde zugleich eine Ästhetik der Erde ist.

Was bei Leopold von einer wesentlichen Verbindung zwischen der Ethik und der Ästhetik zeugt, ist vor allem in den Beschreibungen der Individuen, die er getroffen hat, erkennbar, wie jener beringten Meise, die mehrere Winter übersteht und deren Rückkehr

89 *Id., Am Anfang war die Erde. „Sand County Almanac“*, übers. v. E.M. Walther, München, Knesenbeck, 1992, p. 174.

90 *Id.* „Thinking like a mountain“, in *A Sand County Almanac,* pp. 114–117. Zitat p. 116.

im Frühjahr er mit Ungeduld erwartet, oder jenes Sumpfs in der Nähe seines Hauses.[91] Die ganz besondere Begegnung mit einem Lebewesen ist untrennbar von dieser oder jener Empfindung und einem besonderen Kontext. So erinnert sich Leopold an das Gebaren der Meise 65290, an ihren Gesang, an die Farbe ihres Gefieders, und so erzählt er von seiner Begegnung mit anderen Tieren in Worten, die dem Bereich der Ethik und dem der Ästhetik zugleich angehören. Er empfindet Bewunderung (*wonder*) und Neugier; er anerkennt das Geheimnis, das jedes dieser Lebewesen umgibt, und sieht auch seine Ignoranz oder seinen Irrtum, wie in dem oben zitierten Passus, wenn er, nachdem er eine Wölfin getötet hat, schreibt: „Als ich diese grüne Flamme in ihren Augen erlöschen sah, verstand ich ein für allemal, dass es in diesen Augen etwas Neues gab, das ich nicht kannte – etwas, was einzig das Gebirge und sie selbst kannte.“[92]

Diese Emotion zeigt nicht den Einfluss eines Wissens auf das Gefühl, denn das Wissen, das sie transportiert, geht über eine Erkenntnis der ökologisch katastrophalen Konsequenzen der Hybris des Jägers hinaus. Zwar bringt es Leopold nicht dazu, sich des moralisch problematischen Charakters der Jagd bewusst zu werden, aber diese Emotion, die aus der Begegnung mit einer Wölfin herrührt, mischt Ethik und Ästhetik, als ob das Gefühl, dass die Existenz dieses Tiers an sich einen Wert hat, nur empfunden und mitgeteilt werden kann, indem man seine Schönheit und seine Zerbrechlichkeit anerkennt und seine Trauer teilt, wenn das Leben es verlässt. Die Umweltethik begründet also nicht die Umweltästhetik, aber die Ethik der Erde ist bereits eine Ästhetik. Indem sie die vitale Beziehung aufzeigt, die uns mit den Ökosystemen und den anderen Lebewesen vereint, überwindet sie den Gegensatz zwischen der von der kantischen Ethik vertretenen Interesselosigkeit und dem Interesse, das an die Sittlichkeit gebunden ist.

91 *Ibid.*, p. 80–83 (= dt. p. 101–107) und 85–90.
92 *Ibid.*, p. 116.

Das Nachdenken über die Identität ist mit der Ethik konsubstantiell. In der Ethik der Erde wird sie von einer Erweiterung des Subjekts begleitet, dessen Identität weder einzig von seiner sozialen Funktion, noch von seiner Zugehörigkeit zur menschlichen Spezies abhängt. Desgleichen hängt der ästhetische Wert eines Ökosystems, im Gegensatz zu dem, was in der Ästhetik des Angenehmen und des Pittoresken vorgeht, weder bloß von den Menschen, noch von ihren begrenzten Zwecken ab. Die Ästhetik des Angenehmen ist oberflächlich; sie erkennt weder den ästhetischen Wert der Sümpfe an noch die Schönheit der Insekten und hindert uns daran, den Tönen der Natur Aufmerksamkeit zu schenken, die man nicht hören kann, wenn man beschäftigt ist, und die heutzutage oft übertönt werden vom Geräusch der Motoren, das menschliche Aktivität signalisiert. Doch man kann auch nicht sagen, dass die Schönheit in der Welt ist. Alles, was zählt, ist in der Welt, „aber die Menschen zünden die Schönheit in der Natur ziemlich genau so an, wie sie die Ethik in der Welt anzünden“[93].

Die Lebewesen und die Ökosysteme haben einen Wert, der unabhängig von uns da ist, selbst wenn kein Mensch sie sieht. Sie sind jedoch, schreibt Rolston, wie Nahrungsmittel in einem Kühlschrank: Sie bleiben im Dunkeln und werden erst erleuchtet, wenn man die Tür aufmacht.[94] Zweifellos kann diese Dunkelheit ihnen das Leben retten, weil die Menschen oft das zerstören, was sie bemerkenswert finden, weil sie es sich aneignen wollen, aber man kann nicht leugnen, dass die Ästhetik auch, wie die Ethik oder die Mathematik, eine menschliche Schöpfung ist, die eine Kartographierung der Welt erlaubt.[95] Die Schnelligkeit und die Geschmeidigkeit eines Eichhörnchens sind ästhetische Eigenschaften, die unabhängig sind von meinem Vermögen, sie zu beurteilen und

93 Holmes Rolston III, „De la beauté au devoir“, in *Esthétique de l'environnement*, p. 286.
94 *Ibid.*, p. 289.
95 *Ibid.*, p. 292–293.

graziös zu finden. Dennoch macht uns das Entzücken, das wir fühlen, wenn wir ein Eichhörnchen hüpfen sehen, um sich in den Wald zu flüchten, dazu bereit, die ästhetischen Qualitäten dieses Tiers anzuerkennen.

Die ästhetische Empfindung unterstreicht vor allem die kostbare Verbindung, die uns mit diesem Lebewesen vereint, und deutet an, dass ein Wald ohne Eichhörnchen so traurig wäre wie ein stummer Frühling oder ein Sommer ohne Vögel und Insekten. Der Wert ist also nicht anthropozentrisch, er ist anthropogen: Der Mensch entfacht erst den ästhetischen Wert, der eine relationale Qualität ist, die uns unsere tiefe Bindung an die Welt und unser Zuhause-Sein in der Welt wahrnehmen lässt. Darum ist die Ethik der Erde eine Ästhetik und darum ist die Ästhetik der Wertschätzung eng an das *ethos* im Sinne einer bestimmten Form des Bewohnens gebunden. Der Wunsch, für diese Welt Sorge zu tragen, damit sie bewohnbar bleibt, entsteht aus dieser Einheit von Ethik und Ästhetik.

Die Vereinigung von Ethik und Ästhetik

Das Subjekt der Wertschätzung macht die körperliche Erfahrung seiner Immersion in die Welt, und als fleischgewordenes, die Erde bewohnendes Subjekt schenkt es den Dingen und den anderen Lebewesen, ungeachtet ihrer Funktion und des Nutzens, den sie für seine Zwecke haben könnten, seine Aufmerksamkeit. In der Wertschätzung können die Lebewesen nicht von den Milieus, in denen sie vorkommen, getrennt werden, egal ob sie dort dauerhaft ihre Bleibe gefunden haben oder ob sie nur vorübergehend dort sind. Jedes Lebewesen ist „situiert", das Subjekt der Wertschätzung ebenso wie das Objekt, das es wertschätzt. Das Gefühl, ein Bewohner der Erde zu sein, der den *oikos* mit den anderen menschlichen und nicht-menschlichen Lebewesen teilt und die Milieus beschützen muss, deren Zerbrechlichkeit wie auch Widerstandsfähigkeit er ermessen kann, verlässt das Subjekt der Wertschätzung niemals, ob es ein Buch schreibt, mit seinem Haustier spielt, eine Frucht isst oder am Rand eines Weges anhält, um dem Rauschen der Blätter im Wind zu lauschen, deren zarte Silhouetten oben an den Baumwipfeln erzittern. Die Erfahrung seiner Verwundbarkeit und die Tatsache, dass die Natur für das Subjekt der Wertschätzung Nahrung ist, lassen es die Tiefe und die Stärke der Bindung würdigen, die es mit den Milieus und den anderen Lebewesen vereint. Eine solche Achtsamkeit macht es empfänglich für die Harmonie, die in einer Umgebung herrschen kann, die dem Lärm und der Betriebsamkeit der Städte entzogen ist.

Doch auch wenn die Wertschätzung von einem Gefühl der geschwisterlichen Verbundenheit mit den anderen Lebewesen begleitet wird, so erlaubt sie uns doch weder, die Unterschiede zwischen den Wesen zu verwischen, noch zu behaupten, wir würden die Tiere und die Pflanzen völlig verstehen. Die Beachtung der Alterität des anderen und die Aufmerksamkeit für die Singularität der Lebewesen und Situationen bewahren das Subjekt der Wertschätzung vor dieser Versuchung ebenso wie vor der, die dem Ökozentrismus inhärent ist. Dieser stellt die Bewahrung der Biosphäre, der Ökosysteme und der Biodiversität in den Vordergrund, ohne sich für die Individuen zu interessieren. In dieser Perspektive, die den Daseinskampf und die ständige gegenseitige Zerstörung der einen Lebewesen durch die anderen hervorhebt, ist ein Kranich, der einen Frosch frisst, kein hässliches und unmoralisches Schauspiel und die Jagd unter gewissen Umständen tolerierbar.[96] Nichtsdestoweniger kann sich die Wertschätzung nicht mit einer Argumentation begnügen, die im Namen des Ökozentrismus die Aufmerksamkeit und die Achtung vernachlässigen würde, die wir jedem Wesen, das uns begegnet, schuldig sind. Darum implizieren die Ethik und die Ästhetik der Wertschätzung, anders als Aldo Leopolds Ethik der Erde, dass wir die konkreten Verpflichtungen anerkennen, die wir den Tieren gegenüber haben, dass wir sie nicht

96 Aldo Leopold, *A Sand County Almanac*, p. 128 und 132.

ohne Notwenigkeit töten und dass wir offen sind für das, was sie uns mitzuteilen haben.

Der Hauptunterschied zwischen der Wertschätzung und den anderen Umwelt- und Tierethiken ist der, dass man sich in ihren Augen nur dann um die Natur kümmern und nur dann mehr Gerechtigkeit für die Tiere fordern kann, wenn man vom Menschen ausgeht und an die Bedingungen seiner Transformation denkt. Alles beginnt mit der Tatsache, dass unsere Existenz physisch, aber auch intellektuell, affektiv und moralisch an die der anderen Lebewesen und der Milieus gebunden ist: Wir leben von ihnen, unser Überleben, unsere Identität und unsere Weisheit hängen von der Weise ab, wie wir mit ihnen interagieren. Aus diesem Grund ist die Ästhetik nicht einfach ein Zusatz zur Ethik der Wertschätzung, sondern ihre wesentliche Fortsetzung. Das Gefühl der Zerbrechlichkeit, die Dankbarkeit, das Entzücken, die Todesfurcht, die Kälte, der Hunger, die Traurigkeit, die das Subjekt der Wertschätzung empfindet, binden es an eine Welt, die nicht das Objekt seiner Herrschaft ist, sondern ein Feld, das ihm anvertraut wurde und für das es gerne sorgt, damit seine Früchte gut und schön zugleich sind.

Schluss

Geh hinaus in die Welt, sage ich, der Acker ist nämlich die Welt, und die ist dir anvertraut. Geh in sie hinaus nicht wie ein Herr, sondern wie ein Verwalter, nimm alles in Augenschein und in deine Obhut, worüber du wirst Rechenschaft ablegen müssen.

Bernhard von Clairvaux, *De consideratione*

Ein Philosophenkonzil

Jahrhundertelang haben Gott, der Kosmos, die Tradition und die Bräuche die Ethik begründet. In den Industriegesellschaften bieten sie jedoch für das individuelle und kollektive Leben keine Orientierung mehr. Außerdem ist die Vernunft, die die Individuen erleuchtete und den Lauf der Geschichte in der Frühen Neuzeit und der Zeit der Aufklärung bestimmte, auch kein unfehlbarer Führer zu Glück, Wohlstand und Frieden mehr. Keine intellektuelle Untersuchung kann uns auf moralischer und existentieller Ebene wirkliche Garantien geben. Im gegenwärtigen Kontext, in dem jedes Ereignis Auswirkungen auf den gesamten Globus hat und die Zukunft aufgrund der umweltbedingten und technologischen Herausforderungen, mit denen wir konfrontiert sind, ungewiss ist, müssen wir Mittel finden, den Übergang zu einem ökologisch vertretbaren und gerechteren Entwicklungsmodell zu schaffen.

Im Rahmen dieser Suche sind wir in diesem Buch mit großen Autoren in den Dialog getreten, die uns helfen können, eine Ethik aufzubauen, die auf die Probleme unserer Zeit antwortet, insbesondere auf die, die mit der Umwelt, der Misshandlung der Tiere und dem Ökonomismus zu tun haben. Da die zentrale Frage heute darin besteht, wie man von der Theorie zur Praxis, von der Bewusstwerdung zur Aktion übergehen kann, haben wir uns für den

Entwurf einer Moral entschieden, der den konkreten Motivationen der Individuen, ihren Vorstellungen, aber auch ihren Emotionen, ihren Affekten und moralischen Vorsätzen, die sie veranlassen könnten, ihren Lebensstil zu ändern und ihr Handlungspotential auf sozialer und politischer Ebene einzubringen, eine entscheidende Bedeutung zuschreibt. Wir haben die Philosophen der Vergangenheit, die eine Ethik der Tugenden erarbeitet haben, in einer Art Konzil versammelt und ihnen die Fragen unserer Epoche gestellt, um die zentralen Begriffe dieser Ethik zu definieren und den Subjektivierungsprozess, den sie voraussetzt, genauer zu erfassen. Wir haben ihre Monologe in einen Dialog verwandelt und nach und nach die sich von ihren Wurzeln emanzipierende Ethik der Wertschätzung sich abzeichnen lassen.

So ist die Sorge um sich selbst nicht mehr wie bei den Stoikern einfach eine Medizin für die Seele, die uns von unserer Ignoranz und unserer Knechtschaft heilen will. Sie beruht auf der Liebe zur Wahrheit und zur Gerechtigkeit und schließt die Sorge um die Welt mit ein. Allerdings reicht diese Verankerung der Tugenden in der Philosophie von Platon und Aristoteles nicht aus, um die Wertschätzung zu definieren. Das Verhältnis zum Selbst ist der Schlüssel für das Verhältnis zu den anderen, Menschen und Nicht-Menschen, zur Politik, zur Ökonomie und zur Natur; es bestimmt alle intersubjektiven oder umweltbezogenen Tugenden, die eine Konstellation innerhalb der Wertschätzung bilden. Letztere bezeichnet eine globale Haltung, die alle Tugenden begründet und erklärt, dass diese letzteren ein kohärentes und harmonisches Ganzes bilden. Es ist jedoch nicht allein die Rationalität oder die Suche nach der Wahrheit, die dieses Verhältnis zu sich selbst erzeugt, denn die erste Bedingung für die Wertschätzung ist Demut.

Die Tugenden selbst können Laster werden, der Mut kann sich in Verwegenheit verwandeln und die Großmut in Anmaßung, wenn diese moralischen Dispositionen nicht aus der Wertschätzung kommen und ihnen nicht die Demut vorangeht. Diese Erfahrung reinigt unseren Geist und unser Herz, indem sie den Hochmut vertreibt und uns verstehen lässt, dass das Böse, dessen wir die anderen anklagen, sich auch in uns selbst findet. Die Demut ist keine Tugend, sondern die erste Etappe der Wertschätzung; ihre Rolle besteht darin, das Subjekt daran zu erinnern, stets wachsam zu bleiben, um die Allmacht zu vermeiden und der Versuchung zur Herrschaft zu widerstehen. Auch wenn sie schmerzhaft ist, verleiht die Demut Milde und erzeugt Mitleid. Ohne Demut gibt es weder Zugang zur Wahrheit noch Barmherzigkeit, und es fehlt das moralische Klima, das nötig ist, um alle anderen Tugenden auszuüben.

Die Bedeutung dieses Begriffs, der bei den Griechen fehlt, zeigt den Richtungswechsel, den das Christentum dem antiken Denken gegeben hat, wobei die Originalität Bernhards von Clairvaux darin besteht, die Demut mit der Erinnerung an unsere fleischliche Verfasstheit zu verbinden und nicht nur mit der Bewusstwerdung unserer persönlichen Grenzen und unserer Fehlbarkeit. Dieses Bestehen auf der Körperlichkeit, insbesondere auf der Geburt, und die Vorstellung, dass die immer wieder neue praktische Arbeit entscheidend ist, statt die Tugend für ein für alle Mal gesichert zu halten, sind das Herz der Ethik der Wertschätzung. Die philosophische Befragung der *Condition humaine* erlaubt ihr, den Perfektionismus und den Naturalismus der Alten zu verwerfen und sich zugleich von Bernhard von Clairvaux in dem Maße zu befreien, wie der Subjektivierungsprozess, den sie verlangt, deutlich wird.

Die cartesische Auffassung der Liebe erklärt, worum es in dieser inneren Transformation geht, die über die Umkehrung der Subjektivität verläuft, will sagen über ein Verhältnis zur Alterität, das für die Identität konstitutiv ist und weiter geht als die Lehrer-Schüler-Beziehung. Anders als die Moral der Pflicht, die antiken Philosophien und selbst als Levinas' Ethik der Verantwortung setzt die Wertschätzung eine vom anderen ausgehende Öffnung des Selbst und eine Vertiefung des Subjekts voraus, das in seinem Herzen und in seinem Fleisch diese Präsenz des anderen oder sogar der anderen spürt und sozusagen vom Innen getragen wird. Wenn die

Liebe frei ist und das in der Wertschätzung kulminierende Versprechen einer Ausweitung auf die anderen Lebewesen enthält, dann weil sie als eine Vertiefung unserer fleischlichen Verfasstheit gedacht wird.

Bernhard von Clairvaux beschränkt die Wertschätzung auf die Menschen, und eine Zeitlang bevorzugt er sogar die Mitglieder seiner Kirche, wie seine Predigt zugunsten des zweiten Kreuzzugs zeigt. Wir meinen dagegen, dass die Wertschätzung notwendig die Anerkennung des Eigenwerts eines jeden Menschen und eines jeden Lebewesens impliziert. Diese Anerkennung ergreift vom Subjekt der Wertschätzung Besitz. Die Haltung, die mit der Wertschätzung einhergeht, und ihre Verankerung in der Geburt und in der Verwundbarkeit lassen uns den Bereich unserer Wertschätzung für alle fühlenden Wesen öffnen. Der Respekt vor der menschlichen Pluralität und Diversität und die Berücksichtigung der Interessen der Tiere werden zu Kriterien der Gerechtigkeit.

Indem es die Sorge um die anderen und um die Natur in die Sorge um sich selbst miteinschließt, erweitert sich das Subjekt und nimmt sich als einen Teil des Universums wahr. Diese Erweiterung des Subjekts, die auch eine Form der Selbstverwirklichung ist, kann eine Frucht der Erkenntnis sein, vorausgesetzt man versteht sie auch als Liebe, wie Spinoza und Arne Næss das wollen, für die das Verständnis unserer Interaktionen mit dem Ganzen unsere Wahrnehmung unserer selbst tiefgreifend verändert und selbst ein Affekt wird. So ist die Wertschätzung eine Seinsweise, die eine Veränderung unseres Umgangs mit den Affekten erzeugt und Wünsche entstehen lässt, die anders sind als die des *homo œconomicus.*

Möglich gemacht wird diese Versöhnung von Glück und Pflicht durch die Philosophien von Spinoza und Næss. Was nicht heißt, dass man ihnen in jedem Punkt folgen muss. Nicht nur setzt die Wertschätzung voraus, dass man die Sache der Tiere in die Ökosophie aufnimmt, sondern anders, als Spinoza meint, spielen die negativen Emotionen im Subjektivierungsprozess eine wichtige Rolle. Wenn wir auf die moralischen Urteile achten, die sich in ihnen verbergen, können unsere Emotionen uns besser verstehen lassen, was uns wichtig ist. Gelingt es uns, sie zu auszusprechen, dann werden wir uns mit anderen auf gesunder Grundlage austauschen und auf konstruktivere Weise, als wenn wir sie verdrängten, darüber beratschlagen können.

Schließlich beruht in der Wertschätzung anders als in den antiken und zeitgenössischen Morallehren die Transformation des Subjekts auf der Erfahrung des Inkommensurablen. Selbst wenn es klug ist, ist das Individuum nicht der Maßstab aller Dinge, denn es gibt kein Maß ohne die Erfahrung eines Inkommensurablen, im Verhältnis zu dem es sich als endlich erweist. Der wohlwollende Blick, mit dem das Subjekt der Wertschätzung jede Person und jedes Lebewesen bedenkt, die Fähigkeit, die es hat, sie zu bewundern und Dankbarkeit zu empfinden, die Sorge, die es all seinen Aktivitäten angedeihen lässt, seien sie häuslich, ökonomisch, politisch oder spirituell, die Selbstpräsenz, die ihm, sich der Vergangenheit erinnernd und die Zukunft antizipierend, erlaubt, die Gesamtheit einer Situation zu erfassen, und das Gewicht, das dem Geschmack und der Ästhetik zugestanden wird – sie alle erklären sich aus dieser Erfahrung des Inkommensurablen.

Bernhard von Clairvaux beschreibt die Wertschätzung als eine Aufstiegsbewegung, die zur alle Handlungen des Subjekts erleuchtenden Kontemplation Gottes hinführt. Obwohl dieses Verhältnis zum Inkommensurablen die bernhardinische Inspiration dieses Buches belegt, setzt unsere Konzeption der Wertschätzung jedoch keinen christlichen Glauben voraus, denn wir beziehen das Inkommensurable, das uns bei unserer Geburt empfängt und unseren individuellen Tod überleben wird, auf die gemeinsame Welt. Zusammengesetzt aus der Gesamtheit der Generationen, allen Lebenden, aus den Werken der Natur und des kulturellen Erbes, ist es gleichsam eine Transzendenz in der Immanenz.

Eine Kartographie zum Finden der gemeinsamen Welt

Was das Subjekt der Wertschätzung leitet und was der Horizont aller seiner Handlungen ist, ist die gemeinsame Welt, die ihm vorangeht und von der es ein Teil ist, die es aber auch an künftige Generationen weiterzugeben und deren Zerstörung es zu verhindern gilt. Es ist diese gemeinsame Welt, an die wir durch unsere Geburt gebunden sind und die, wie Hannah Arendt zeigt, von der Überflutung unseres Lebens durch das anderer und darüber hinaus von einer nabelschnurartigen Verbindung unter den Lebenden Zeugnis ablegt. Und es sind die anderen und die, die nach uns leben werden, denen unser individueller Tod den Weg freimacht, vorausgesetzt, dass wir diesen als eine Frage ohne Antwort ansehen, als etwas, das wir nicht wirklich antizipieren, sondern nur erdulden können – eine Aporie, die es zu akzeptieren gilt und die uns veranlassen kann, uns für andere verantwortlich zu fühlen und den Sinn der Existenz in der Liebe zur Welt statt in der Sorge um sich selbst zu suchen.

Wenn die gemeinsame Welt nicht ihr Horizont ist, tun die Individuen das Gute nur, weil sie beispielhaft sein wollen, sie können nicht hinter die Sache zurücktreten; sie sind vor Eigenliebe verblendet. Sie ehren, platonisch gesprochen, nicht ihre Seele, weil sie nicht der Gerechtigkeit dienen. Doch während die Sorge um die Welt bei Platon die Konsequenz aus der Entscheidung für Wahrheit und Gerechtigkeit ist, die das Individuum als wahre Güter anerkennt, ist sie in unserer Ethik die Bedingung der Wertschätzung und aller anderen Tugenden. Es ist die Liebe zur Welt als gemeinsamer Welt, die erklärt, dass die Gerechtigkeit immer gerecht ist; sobald das Individuum diesen Horizont aus den Augen verliert, verirrt es sich. Indem es alle seine Handlungen und Gedanken an die gemeinsame Welt bindet, gewöhnt sich das Subjekt der Wertschätzung daran, nicht als Herr zu befehlen, sondern Diener zu sein, seine Macht nicht zu missbrauchen, auf die Position der Herrschaft zu verzichten und dabei jeder Aktivität die größtmögliche Aufmerksamkeit zu widmen.

Während es für Bernhard von Clairvaux ohne ein persönliches Verhältnis zu Gott unmöglich ist, moralisches Unterscheidungsvermögen zu entwickeln und mit Nüchternheit weise zu sein, sind wir der Meinung, dass die Erfahrung dessen, was uns an die gemeinsame Welt bindet, der Schlüssel für die Transformation der Individuen ist. Indem es die Kenntnis, die es von sich selbst als einem fleischlichen Wesen hat, vertieft, indem es die Erfahrung seiner Verwundbarkeit, seiner Endlichkeit und seiner Fehlbarkeit macht und indem es das Fühlen in seiner pathischen Dimension ebenso erforscht wie die frühesten Schichten des Erlebten, beweist das Subjekt seine Zugehörigkeit zur gemeinsamen Welt. Es fühlt dann die Tiefe des Bandes, das es mit den anderen menschlichen und nichtmenschlichen Lebewesen und mit der Gesamtheit der Generationen vereint. Die Wertschätzung ist keine Bewegung, die sich von unten nach oben entwickelt wie der Aufstieg zur Transzendenz oder die Transaszendenz: sie ist Transdeszendenz. Das Subjekt wird von anderen Leben als dem eigenen durchquert, und es wird überholt von der gemeinsamen Welt und seinen Nachfahren.

Indem es in seinem Körper seine Verfasstheit als gezeugt und sterblich, als aus Fleisch und Blut bestehend erfährt, indem es das Erlebte in seiner infra-rationalen Dimension auslotet, erweitert das Individuum seine Wahrnehmung, und die Sorge um die anderen und die Natur wird eine Komponente der Sorge um sich selbst. Die schon durch die Demut vorbereitete Erkenntnis seiner körperlichen Verfasstheit und das Begreifen seiner Interaktionen mit den Milieus und mit den anderen, werden zu einem gelebten Wissen, das es veranlasst, sich zugunsten des Lebens zu engagieren, um eine bewohnbare Welt weiterzugeben, die bereit ist, neue Werke aufzunehmen, Platz für künftige Generationen offen zu halten und den Tieren mehr Gerechtigkeit widerfahren zu lassen.

Manche Erfahrungen führen den Individuen diese Geschwisterlichkeit gegenüber den anderen Lebewesen genauer vor Augen und kommunizieren sie ihnen auf einer so tiefen Ebene, dass ihre Selbstwahrnehmung und die der Welt sich dadurch ändert. Desgleichen nähren manche Ereignisse und manche Situationen beim Subjekt die Furcht, dass die gemeinsame Welt in Folge der zahlreichen Krisen oder eines Zusammenbruchs des Politischen zerstört wird. Aus diesem Grund haben wir die bevorzugten Wege der Transdeszendenz gezeigt, wie den Beweis seiner Verwundbarkeit durch die Krankheit, wie den Schmerz, die Depression, das Mitleid, das Verhältnis zu den Tieren und die ästhetische Bewertung der Natur oder der Kunstwerke. Darüber hinaus haben wir gezeigt, was den Individuen erlauben kann, im Rahmen einer begrenzten Gemeinschaft, die nicht alle Nationen und auch nicht die Gesamtheit der Generationen und der Lebenden umfasst, aber einen für die Neuorientierung der Ökonomie und die Bewahrung einer gesunden Demokratie unabdingbaren Emanzipationsprozess voraussetzt, vom „leben von" zum „leben mit" und zum „leben für" überzugehen. Wichtig war, die praktischen Konsequenzen der Wertschätzung in der Medizin, in der Arbeit und der Politik zu unterstreichen, und zu sehen, wie jeder zur Wertschätzung Zugang haben kann, selbst wenn er nicht ihre höchste Stufe erreicht.

Ebenfalls war es wichtig, die Hindernisse zu identifizieren, die sich der Wertschätzung in den Weg stellen, und dabei zu berücksichtigen, dass wir unsere Triebe nicht unterdrücken, sondern bloß ihr Objekt wechseln, sie sublimieren oder verdrängen können. Statt die Ethik auf moralische Vorschriften zu reduzieren, die unmöglich einzuhalten sind, sollte man das Maß der Zerstörungskräfte bedenken, die in uns sind, insbesondere des Todestriebs, um eine Antwort darauf zu finden. Eine moralische Erziehung, die den Individuen nicht das gibt, was sie brauchen, um sich zu emanzipieren und ihr Begehren anzuerkennen, manche ihrer Triebe zu sublimieren und den Eros auf- oder wiederaufzubauen, kann nur scheitern, wie Rousseau zu Recht erkennt. Außerdem ist die Wertschätzung erschwert durch den ökonomischen und sozialen Kontext sowie die Organisation der Arbeit, die in unserer Zeit oft das Misstrauen, die Furcht vor dem anderen begünstigt und der Konvivenz entgegensteht. Von der Reizüberflutung, die uns daran hindert, uns auf einen Gegenstand zu konzentrieren und die Aufmerksamkeit zu pflegen und uns auf einen Gegenstand zu konzentrieren, gar nicht zu reden. Es war zu zeigen, wie die Individuen, trotz dieser Hindernisse und auch dank ihrer, arbeiten, lernen und konsumieren können, wie sie die Macht mit Wertschätzung ausüben und teilen können.

Schließlich hat die Bewusstwerdung der zunehmenden Beschädigung der Ökosysteme und der Zerstörung des Planeten eine solche Auswirkung auf die Psyche der Individuen, dass sie gezwungen sind, die meiste Zeit ihre Vernunft und ihre Gefühlsbegabtheit voneinander zu trennen. Darum ist es, will man zum Ursprung unserer ökozidären Verhaltensweisen und unserer Widerstände gegen Veränderungen vordringen, unabdingbar, den für die moderne Psychologie charakteristischen Dualismus Mensch/Natur zu überwinden. Wenn man die Umweltproblematik in die therapeutischen Verfahren integriert und begreift, dass der Individuationsprozess einen zugleich intellektuellen, affektiven, emotionalen und selbst archetypischen Aspekt besitzt, der im Bewussten und im Unbewussten wurzelt und über die Erforschung des in seiner pathischen Dimension gedachten Fühlens verläuft, scheint es möglich, die Individuen mit sich selbst und mit den anderen zu versöhnen.

So stellt sich die *Ethik der Wertschätzung* als eine Art Kartographie dar; sie bietet ein paar Anhaltspunkte, die angeben, wie wir einen Weg erreichen können, der uns, wenn schon nicht zu einem guten und glücklichen Leben, so doch hin zu einer gewissen Erfüllung und zu einer Emanzipation führt, ohne die wir kein für Menschen und Nicht-Menschen gerechteres Entwicklungsmodell erreichen und die Ökonomie nicht neu ausrichten können. So wie es, wenn man keinen Kompass und kein Navigationssystem besitzt, ratsam ist, sich von den Sternen leiten zu lassen, so kann die dieser Ethik eigene Konstellation der Tugenden einem jeden dabei helfen, die Bedeutung der gemeinsamen Welt zu ermessen. Denn sie ist es, die die Wertschätzung definiert und sie hält die Tugenden, die die Wertschätzung konstituieren, zusammen.

Eine Konstellation der Tugenden

Da die gemeinsame Welt der Horizont der Wertschätzung ist, ist sie es, an der man sich im individuellen und kollektiven Leben orientieren kann. Die Liebe zur Welt ist damit die höchste Tugend der Konstellation. Aber diese Liebe zur Welt ist nicht von vornherein gegeben; weitere Tugenden sind gefordert, wenn sie entstehen und wenn sie das Subjekt tatsächlich verändern soll, indem sie es von der Erkenntnis zur Weisheit gelangen lässt und es ermutigt, sich konkret für die gemeinsame Welt zu engagieren.

Indem wir uns, wie wir es in diesem Buch getan haben, zunächst gefragt haben, was die Sorge um sich ist und welches Gut uns erlauben kann, unsere Seele zu ehren, haben wir gesehen, dass die Liebe zur Wahrheit die erste Tugend ist, die einen Menschen charakterisiert, der sich auf den Weg der Wertschätzung begibt. Wenn ihr die Demut vorangeht, bringt die Suche nach der Wahrheit die anderen Tugenden hervor. Obwohl sie das Verhältnis des Subjekts zu sich selbst betrifft, verschließt sie das Subjekt nicht in sich selbst, sondern öffnet es für die anderen und für die Welt, denn die Wahrheit ist ein Gut, das man nicht eifersüchtig für sich behalten kann. Die Liebe zur Wahrheit erzeugt Liebe zur Gerechtigkeit, und letztere fordert, dass man die Güter teilt und gerechte Institutionen weitergibt und unterstreicht so die Verbindung, die zwischen der Sorge um sich und der Sorge um die Welt besteht. Hinter den Anliegen, denen es dient, zurücktretend und frei von Neid sowie anderen traurigen Leidenschaften, macht das Subjekt der Wertschätzung die gemeinsame Welt zum Objekt seines Denkens und besitzt innere Einheit und Stabilität. Darum lebt es, den Schicksalsschlägen zum Trotz, die es treffen können, in Frieden mit sich selbst und den anderen und handelt konstruktiv, mutig und klug.

Die Klugheit ist die in die Praxis umgesetzte Liebe zur Wahrheit und betrifft das Verhältnis zu sich selbst wie das zu den anderen. Sie schließt ein, dass man sich in der Wahl der Mittel und des richtigen Zeitpunkts nicht irrt. Das Subjekt der Wertschätzung führt uns das Ziel, das es verfolgt, ständig vor Augen, denn die Liebe zur Welt gibt seinen Handlungen einen Sinn und erlaubt ihm, die geeignetsten Mittel zu wählen, ohne dass diese nur seinen eigenen Interessen dienten oder die Klugheit zu einer bloßen Geschicklichkeit würde. Es gibt also einen inneren Zusammenhang der Tugenden, der umso manifester wird, je stärker die Liebe zur Welt das Subjekt der Wertschätzung durchdringt und das intellektuelle Verständnis zu einem gelebten Wissen wird.

Die Liebe zur Wahrheit und zur Gerechtigkeit findet sich ebenso wie die Klugheit auch in der Seelengröße wieder, die bedeutet, dass die Achtung, die man sich selbst zollt, vom Gebrauch abhängt, den man von seiner Freiheit macht. In der Tat verlangt die Seelengröße eine Kenntnis von sich selbst, die auf einem sicheren und rationalen Urteil fußt. Sie verlangt auch, dass wir die Einsamkeit hinnehmen, die uns auf dem Gebiet der Moral erwartet, das ein Gebiet des Wahrscheinlichen ist und nicht der Genauigkeit. Sie verlangt, anders gesagt, Mut oder Seelenstärke. Diese Tugend besteht in dem Entschluss, sich der Vernunft anzuvertrauen und beharrlich den Weg zu verfolgen, den man als gut für sich selbst erachtet; sie kann sowohl in der Beziehung zu sich selbst wie in der Beziehung zu den anderen sinnvoll sein. Sie ist präsent in der Liebe zur Gerechtigkeit und ist unabdingbar, um konstruktiv auf die Herausforderungen unserer Zeit zu antworten.

Seelengröße und Seelenstärke begründen die Großzügigkeit, wie sie Descartes versteht; diese erlaubt dem Subjekt, der Entmutigung zu widerstehen und sich der Allmacht der Meinung zu entziehen, und sie erspart ihm, seine moralische Einstellung zu verraten. Die großzügige Person ist fähig, jemand anderen zu bewundern.

Soll jedoch die Bewunderung kein vorübergehender Zustand sein, der dazu führen kann, dass man sich die, die man bewundert, unterwirft, ist es unabdingbar, Liebe zur gemeinsamen Welt zu empfinden und die tiefe Solidarität zu spüren, die uns mit den anderen Lebewesen vereint. Darum ist die Großzügigkeit so wenig wie die Klugheit die zentrale Tugend oder das Fundament der Tugend. Nur die Wertschätzung, die auf die Erfahrung des Inkommensurablen und also auf die gemeinsame Welt verweist, erklärt, dass sich die Tugenden nicht in ihr Gegenteil verkehren und eine Einheit bilden.

Die Liebe zur Wahrheit und zur Gerechtigkeit, die Klugheit, die Großmut und der Mut bringen die Bürgertugenden hervor, die es erlauben zu kooperieren, unter Rücksichtnahme auf den anderen zu beratschlagen und fähig zu sein, die eigenen Meinungen in Frage zu stellen und zu argumentieren. Das Wohlwollen, die Ernsthaftigkeit, der Freimut oder die *parrhesia* haben ebenfalls ihren Auftritt. Diese Tugenden können in dem Sinn als sekundär angesehen werden, wie sie sich aus den ersteren ergeben; nichtsdestoweniger bleiben sie auf sozialer und politischer Ebene essentiell. Die Tugenden, die in der Konvivenz am Werk sind, schließen also die dialogischen Tugenden ein, aber auch die Gesamtheit der bürgerlichen Tugenden wie die Liebenswürdigkeit, die Courtoisie, die Höflichkeit, die Leichtigkeit oder *sprezzatura* und die Feinfühligkeit, die die Kunst ist, ein dem Austausch günstiges Klima zu schaffen, auch unter Personen, die weder dieselbe Sicht der Welt noch die gleichen Interessen teilen.

Die Mäßigung schließlich ist eine moralische Tugend, die in der Regulierung unserer Begierden, mithin im Verhältnis zu uns selbst und zu unserem Körper, aber auch in unseren Beziehungen zum Anderen, zur Natur und den anderen Lebewesen, eine Hauptrolle spielt. Sie ist fundamental in der Umwelt- und der Tierethik, hängt doch der Kampf gegen den Klimawandel und für die drastische Verringerung unseres Konsums tierischer Produkte eben von der tiefgehenden Veränderung unseres Lebensstils und unserer Fähigkeit ab, die Herstellungs- und Distributionskreisläufe der Produkte neu auszurichten. Man kann dann von Nüchternheit sprechen. In der Tat verändert das Begreifen unserer Verbundenheit mit den anderen Wesen und das Gefühl unserer Abhängigkeit von der Biosphäre uns so tiefgehend, dass wir die ökologischen Normen nicht mehr als Zwang empfinden, sondern Vergnügen dabei haben, wenn wir weniger und anders konsumieren.

Immer wieder wurde in diesem Buch darauf hingewiesen, dass es ohne Demut und ohne Kenntnisnahme unserer Zugehörigkeit zur gemeinsamen Welt keine Wertschätzung gibt. Diese beginnt von unten, bei unserer Stellung auf der Erde und bei unserem Körper, und sie setzt auch voraus, dass sich das Subjekt auf ein Objekt konzentriert und allem, was es tut, Aufmerksamkeit schenkt. Die Aufmerksamkeit ist keine Tugend, sie ist die Bedingung der Wertschätzung und eine Anstrengung, die verhindern soll, dass das Subjekt sich verzettelt oder dass sein Blick getrübt ist. So kann das Individuum, wenn es demütig und aufmerksam ist und die gemeinsame Welt den Horizont seines Denkens und Handelns bildet, die höchste Stufe der Wertschätzung erreichen und die Liebe zur Welt zum Ausdruck bringen; es nimmt sich wahr und nimmt die Welt wahr, indem es die Schicksalsgemeinschaft spürt, die es an die anderen Lebewesen bindet; alle oben genannten Tugenden entfalten sich und verleihen seinem Wort wie seiner Lebensführung einen gewissen Stil. Bevor es allerdings diese Liebe zur Welt fühlen und kommunizieren kann, muss es gewisse Etappen durchlaufen, die dem in diesem Buch beschriebenen Subjektivierungsprozess und den Erfahrungen entsprechen, die als die bevorzugten Wege der Transdeszendenz benannt wurden. Obwohl die Wertschätzung Stufen enthält und bei jeder unserer Tätigkeiten einen Sinn hat, wird sie nicht definitiv erworben und man kommt leicht von dem Weg zu ihr ab.

Um auf den richtigen Weg zurückzufinden, gibt es eine Hilfe oder einen Anhaltspunkt. In der Konstellation der Tugenden erscheint er zwar nicht, aber er ist das Gesicht der Wertschätzung

Jeder kann ihn sehen oder in seinen Armen halten, und im Grunde seiner selbst kennt ihn jeder. Es handelt sich um das Neugeborene. Weil es sich in die gemeinsame Welt, die ihm unbekannt ist und der es unbekannt ist, einfügt, weil ihm eine ganze Reihe von Vorfahren vorangeht, die aus immer wieder anderen Lebewesen besteht, kann es die Welt vor dem Untergang retten und verkörpert das Versprechen der Erneuerung der Welt. Das Neugeborene gebietet uns auch, selbst in unseren Handlungen dieses Versprechen zu sein, statt uns in stereotypen Verhaltensweisen zu verschließen. Es weckt unseren Wunsch, alles zu tun, um einen bewohnbaren Planeten sowie Institutionen weiterzugeben, die die Jüngsten erziehen können, damit sie die Mittel haben, an dieser Welt teilzuhaben und sie zu erneuern. Dieses winzige und unbestimmte Wesen, Frucht der Pluralität und der Kontingenz, kann den Individuen die Kraft geben, dem Beispiel der Öko-Feministinnen folgend eine Politik bloßzustellen, der die Auswirkungen der Produktion auf die Gesundheit und die Umwelt gleichgültig sind. Das Neugeborene ist der Fahnenträger jeder Politik der Wertschätzung; es ist das, was uns helfen kann, dem Ökonomismus und den totalitären Versuchungen zu widerstehen, und stellt das einzige echte Gegengift gegen den Transhumanismus dar.

Wenn man die gemeinsame Welt aus den Augen verliert, genügt es, an das Neugeborene zu denken, an all das, dessen es bedarf, um sich zu entwickeln, an all das, was es daran hindern kann, zu leben und sich selbst zu verwirklichen, um auf den Weg der Wertschätzung zurückzufinden. Diese erinnert uns zuallererst daran, dass wir gezeugte Wesen sind, und beraubt uns unserer sozialen Attribute und zeigt uns so, wie wir sind, will sagen als verwundbare und abhängige Wesen. Die Wertschätzung impliziert auch, jedes Lebewesen, unabhängig von seiner Funktion, als ein Neugeborenes zu betrachten. Die Zerbrechlichkeit eines Neugeborenen verweist auf die Zerbrechlichkeit eines jeden und auf die Notwendigkeit, das Politische zu bewahren und für eine ökologisch haltbare und für alle menschlichen und nichtmenschlichen Wesen gerechtere Gesellschaft einzutreten. Das Neugeborene ist das Emblem eben des Zeitalters des Lebendigen, dem wir eine konzeptuelle Rüstung zu geben versucht haben.

Einen Zivilisationsprozess in Gang bringen

Das Individuum allein kann die Ordnung der Dinge nicht ändern, aber ohne den Entschluss jedes Einzelnen, seinen Lebensstil zu ändern und Druck auf die Regierungen auszuüben, damit wir rechtzeitig den ökologischen Übergang schaffen, werden wir weder soziale Harmonie noch Wohlstand erleben. Nur eine Minorität wird von einer völlig deregulierten Globalisierung profitieren, während die Mehrzahl der Menschen sie über sich ergehen lassen und auf individueller, psychischer, moralischer, finanzieller und politischer Ebene einen hohen Preis zahlen wird. Dieweil werden die anderen Lebewesen, besonders die Tiere, behandelt werden, als ob ihre Grundbedürfnisse nicht zählten und man sie grenzenlos und mit dem einzigen Ziel, ein Maximum an Gewinn zu erzielen, ausbeuten dürfte. Darum ist es höchste Zeit, einen Zivilisationsprozess in Gang zu bringen, der zugleich über die Emanzipation der Individuen und den politischen Voluntarismus verläuft.

Der in diesem Buch beschriebene Individuationsprozess will diese Emanzipation ermöglichen. Der politische Voluntarismus wiederum impliziert den Ausstieg aus dem Ökonomismus und verlangt, dass die Staaten sich wieder auf ihre Mission besinnen, die darin besteht, die diversen Handlungsbereiche im Blick auf das Wohl der Individuen und Völker zu organisieren, will sagen im Blick auf die Gerechtigkeit, das Glück und das Leben. Es geht darum, eine neue Aufklärung möglich zu machen, zu einer Zeit, da die Natur nicht mehr wie bei Kant ein einfaches Fundament oder ein Dekor der Geschichte ist und die Identität des Subjekts, die Psyche, die Moral, die Organisation der Produktion und die staatliche Politik das Verhältnis zu den anderen Lebewesen und zu den Milieus miteinschließen müssen. Drei Ideen der Aufklärung werden in der

Ethik der Wertschätzung aufgegriffen, die das Zeitalter des Lebendigen, das wir sich heute abzeichnen sehen, voranbringen will, zu einem Zeitpunkt, da der Nihilismus, die ökologischen Katastrophen und die Gewalt unsere Gesellschaften zu vernichten drohen und menschliche und nichtmenschliche Wesen mehr und mehr kommerzialisiert und missachtet werden.

Der erste Gedanke, der sich auf die Emanzipation des Individuums und den politischen Voluntarismus bezieht, basiert sowohl auf der Berücksichtigung der menschlichen Destruktivität als auch auf dem Vertrauen in die schöpferische Potentialität eines jeden. Entscheidend dafür ist, dass dem Subjekt eine moralische Erziehung geboten wird, die ihm eine wahre Autonomie und die Entwicklung seines kritischen Geists ermöglicht, es aber auch seine Aggressivität überwinden oder sublimieren lässt und ihm erlaubt, sich von den Vorstellungen, die es von sich und der Welt hat und die die des *homo œconomicus* sind, zu lösen. Diese Erziehung muss begleitet sein von der erneuten Bekräftigung der eigentlichen Bestimmung des Politischen, das außer der Sicherheit und der Minderung der unbilligen Ungleichheiten den Schutz der Biosphäre, die Gerechtigkeit für künftige Generationen und die Tiere sowie eine gesunde Umwelt umfasst. Ein Staat, der seine Pflichten erfüllt, verweist die Ökonomie auf ihren Platz und vermeidet es, die verschiedenen Bereiche des Guten zu verwechseln. Er ermutigt die Bürger, ihre individuelle und kollektive Kreativität zu entfalten und stützt sich auf ihre Erfahrungen und auf die Innovationen, die auf lokaler Ebene in den Bereichen der Energieproduktion, des Austauschs, der Landwirtschaft, der Erziehung, der Gesundheit etc. existieren. In der aktuellen Situation ist es eine der wichtigsten Aufgaben der demokratischen Staaten, eine Rückkehr der Barbarei unmöglich zu machen, die sich seit dem zwanzigsten Jahrhundert in der totalitären Versuchung ausdrückt. Der Totalitarismus macht die Verbindung zwischen der Enthumanisierung und der Verlassenheit, der Gewalt und der Entsubjektivierung offensichtlich und kann heute die Form des Ökonomismus annehmen.

Der zweite Gedanke, der die Zugehörigkeit dieses Projekts zur Aufklärung zeigt, betrifft die Rationalität. Freilich gibt es in diesem Punkt eine merkbare Differenzeinen spürbaren Unterschied zwischen dem Rationalismus der Aufklärung und dem Rationalismus, für den wir uns in der *Ethik der Wertschätzung* einsetzen. Weil diese Ethik die Überwindung des Dualismus Mensch/Natur, Geist/Körper, Rationalität/Emotion, Individuum/Kollektiv impliziert und weil sie mit einer Philosophie der Existenz konform geht, in der das Menschliche in seiner Körperlichkeit gedacht wird, ist die Rationalität, die sie vertritt, weder instrumental, noch abgeschnitten von dem, was infra-rational ist. Ohne die Kritik zu unterschreiben, die die Gegenaufklärer an einem Rationalismus „ohne Herz und Eingeweide" geübt haben, der den französischen Revolutionären eigen war, die glaubten, man könne eine Politik aus *a priori* gesetzten Prinzipien ableiten, und die blind für die rezeptive Dimension der Vernunft waren,[97] meinen wir, dass die Rationalität sich auch auf nicht-rationale Dinge erstreckt, wie das Unbewusste, die Affekte, den Körper oder die Empfindungen. Die Vernunft ist, wie Jacobi sagte, nicht die Fackel, die erleuchtet, sondern das Auge, das das Licht empfängt.[98]

Angesichts der irrationalen Kräfte, die sich der Wertschätzung widersetzen, kann man verstehen, warum die Menschen eine solche Mühe haben, nach den Prinzipien und Werten zu leben, die sie hochhalten, und warum es so schwierig ist, sie dazu zu bringen, ihre negativen Affekte in positive umzuformen. Auf diese Weise

97 Friedrich Heinrich Jacobi, *Werke*, Darmstadt, Wissenschaftliche Buchgesellschaft, 1980 II, p. 76. Jacobi erinnert daran, dass *Vernunft* auf Deutsch von *vernehmen* kommt, was französisch *recevoir* entspreche und der *perception* (*Wahrnehmung*) nahestehe. Er wirft den Aufklärern vor, die Vernunft mit dem Verstand zu verwechseln, der die Dinge denkt, aber sie nicht gibt. Siehe Leo Strauss, „Das Erkenntnisproblem in der philosophischen Lehre Fr. H. Jacobis (1921)", in *Gesammelte Schriften, Band II: Philosophie und Gesetz. Frühe Schriften,* hrsg. v. H. und W. Meier, Stuttgart/Weimar, J. B. Metzler Verlag, 1997, p. 237–292, p. 255.

98 Fr. H. Jacobi, *Werke II*, p. 516–517.

wird es dann möglich, eine Ethik zu erarbeiten, die die Kluft zwischen Denken und Handeln verringert, und umweltgerechte und soziale Normen zu formulieren, die von innen heraus verstanden und respektiert werden können. Um sich zu entfalten, brauchen die Menschen substantiellere Nahrung als die, die der Markt oder gar die technische und wissenschaftliche Rationalität anbieten können. Diese Nahrung muss ihre Wahrnehmung der Welt bereichern, die moralische Vorstellungskraft ebenso entwickeln wie die Fähigkeit, die Dinge zu benennen, und sie muss ihnen Zugang zum Symbolischen verschaffen. Sie ist unabdingbar, damit sie gesunde Beziehungen zu den anderen unterhalten, Meinungsverschiedenheiten nicht mit Gewalt lösen, und damit die Leere, die auf das Ende der Geschichtsphilosophien und auf das Ende der Religion als Strukturelement des moralischen und politischen Raums folgt, nicht vom Irrationalismus gefüllt wird. Eine Ethik, die dem Subjekt hilft, seine Vorstellungen zu ändern und sich seiner Vernunft zu bedienen, indem sie die affektive, symbolische, archetypische Dimension seiner Psyche erhellt, ist ein Mittel im Kampf gegen die Aggressivität, die ein Hindernis für die Zivilisation ist, und gegen die extremistischen Ideologien und den Fanatismus, die Erscheinungsformen des Nihilismus sind.

Der dritte Gedanke, der auf die Nähe der Wertschätzung zur Aufklärung verweist und ihre zivilisatorische Stoßrichtung zeigt, betrifft den Universalismus. Auch er ist der von uns vertretenen Ethik der Tugenden und den Philosophen des siebzehnten und achtzehnten Jahrhunderts gemeinsam. Was wir hinsichtlich des Rationalismus und der wichtigen Rolle der Pluralität gesagt haben, die sich im Kern der Philosophie der Geburt und der Politik der Wertschätzung befindet, lässt erkennen, dass der Universalismus, von dem die Rede ist, kontextgebunden ist. Er ist nicht starr, denn er kommt nicht von *a priori* gesetzten Prinzipien. Allerdings widersetzt er sich dem Relativismus ebenso wie dem Subjektivismus der Werte.

Das Gebiet der Moral und die politische Sphäre sind das Reich der kontingenten Zukunft, des Unvorhersehbaren, der Ungenauigkeit und des Besseren, nicht aber des Absoluten und des Guten an sich. Dennoch bedeutet von Tugenden und vom guten Leben zu sprechen, indem man einen Prozess der Individuation beschreibt, der immer in der ersten Person gelebt wird, der aber Etappen enthält, die für alle gültig sind, dass es einen Weg gibt, der zur Emanzipation und zur Selbstverwirklichung führt. So wie der Individualismus kein Schicksal ist und großenteils von einer sozialen und politischen Ordnung verursacht wird, die Konvivenz unmöglich macht, so kommen auch Gewalt und Ressentiment nicht (nur) aus einem wenig liebenswürdigen Naturell, wie wir gezeigt haben, als wir den sekundären Charakter der Affekte unterstrichen und die Handlungen dargelegt haben, die den Individuen erlauben, sich von ihrer anfänglichen Knechtschaft zu befreien.

Schließlich kann man noch Berührungspunkte zwischen der Wertschätzung und dem Lobpreis aller Kreaturen sehen, wie man ihn bei Franz von Assisi findet. Allerdings ist der Ausgangspunkt der Ethik der Wertschätzung die Subjektivität und nicht Gott. Von Wertschätzung zu sprechen, setzt voraus, dass jeder von dem ausgeht, was er ist, nämlich ein gezeugtes Wesen, dass er ausgeht, von dem, was er hat, von seiner Stellung auf Erden, von seinen Schwächen, von seinem Körper und seinem Platz in der Welt. Keine Regel, keine Vorschrift kann einen echten Orientierungspunkt liefern oder das Individuum ersetzen. Außerdem ist es zweifellos leichter zu wissen, was man nicht tun soll, als das Gute zu identifizieren; und wir haben gesehen, dass eine echte Entscheidung nicht die Lösung einer Gleichung ist, sondern die Konfrontation mit einer Aporie – eine Durchquerung des Unmöglichen.

Jeder ist wie ein Bildhauer vor einem Stück Marmor. Die Skulptur ist nicht im Marmor, auch wenn sie ohne ihn nicht existieren kann. Der Künstler muss den Wunsch haben zu schaffen, muss sich mit der Materie gemein machen, wenn es ihm gelingen soll, sich auszudrücken und den Gemütszustand, der ihn beseelt, mitteilbar zu machen – wie Michelangelo, wenn er den ungeheuren Marmorblock in Angriff nimmt, der von weniger ausdauernden

Künstlern vorher aufgegeben worden war, und eine Skulptur erschafft, die David vor dem Kampf mit Goliath darstellt. Dank seines Kämpfertums macht er aus dieser Materie eine Form, in der der Hüftschwung des jungen Athleten, seine graziösen Muskeln, seine Mundwinkel, seine Finger, die Schleuder in seiner Linken, die Locken seiner Haare und jedes Detail in seinem Gesicht und an seinem Körper auf notwendige Weise zum Ganzen beitragen und diese Skulptur zu einem Meisterwerk machen, das sich in die gemeinsame Welt einfügt.

Nichts schien möglich mit diesem Marmorblock, aber Michelangelo hat das Unmögliche durchschritten: Er hat ausgehend von dem, was er hatte, ein Werk geschaffen; dieses unvollkommene Material, seine physische Kraft, seine Bestimmtheit, sein Wunsch, die Wertschätzung, die ihn über eine Aufmerksamkeit für jedes Detail zu einer Gesamtsicht führt, haben ihm erlaubt, in Stein gemeißelt eine bewundernswerte Form entstehen zu lassen, die die Schönheit in der Welt verbreitet. *David* konnte an einen jungen Republikaner vor einem Tyrannen erinnern, den zu schlagen er sich anschickt. Er ist auch das Emblem der Wertschätzung und des Zeitalters des Lebendigen; in ihm sehen wir die Jugend als eine Zukunft und wissen, dass sie gegen das Ungeheuer und alles, was die gemeinsame Welt zerstört, kämpfen kann.

So wenig wie die Wahrheit ist die Schönheit Enthüllung. Sie wohnt im Auge dessen, der die Welt betrachtet und die tiefe Gemeinsamkeit fühlt, die ihn mit dem anderen Lebendigen verbindet; sie wohnt in der künstlerischen Kraft Michelangelos, der aus diesem Marmorblock ein zugleich singuläres und universales Werk zu schaffen wusste. Diese Präsenz des Universalen im Singulären charakterisiert die Wertschätzung, ob sie zur Schaffung eines Werks führt, zur politischen Aktion oder ob sie sich in den bescheidensten Aufgaben des Alltagslebens ausdrückt. Unabhängig von ihrem Objekt trägt die Wertschätzung Schönheit in die Welt, weil die Schönheit die Widerspiegelung ihrer Liebe zur Welt ist. Wie David fordert sie die Kräfte heraus, die sich der Kreativität und dem Leben in den Weg stellen.

Auswahlbibliographie

Afeissa, Hicham-Stéphane und Lafolie, Yann (Hg.), *Esthétique de l'environnement. Appréciation, connaissance et devoir*, Paris, Vrin, 2015.

Anders, Günther, „Die beweinte Zukunft", in *Die atomare Drohung. Radikale Überlegungen,* München, Beck, 1981, 1–10.

Anders, Günther, *Hiroshima ist überall,* München, Beck, 1982.

Andrieu, Bernard, *Sentir son corps vivant. Émersiologie 1*, Paris, Vrin, 2016.

Anscombe, Gertrude Elizabeth M., „Die Moralphilosophie der Moderne" (= „Modern Moral Philosophy"), in *Aufsätze,* hrsg. und übers. v. Katharina Nieswandt und Ulf Hlobil, Berlin, Suhrkamp, 2014, 142–170.

Arendt, Hannah, *Elemente und Ursprünge totaler Herrschaft,* Teil III. Totalitäre Bewegung und totale Herrschaft, Frankfurt/Main, Europäische Verlagsanstalt, 1955, 487–752.

Arendt, Hannah, „Die Krise in der Erziehung", in *Zwischen Vergangenheit und Zukunft. Übungen im politischen Denken,* München, Piper, 1994, 255–276.

Arendt, Hannah, „Kultur und Politik", in *Zwischen Vergangenheit und Zukunft. Übungen im politischen Denken,* München, Piper, 1994, 277–304.

Arendt, Hannah, *Macht und Gewalt*, München, Piper, 1975[3].

Arendt, Hannah, *Vita activa oder Vom tätigen Leben,* München, Piper, 2010.

Arendt, Hannah, Jaspers, Karl, *Briefwechsel, 1926–1969,* hrsg. v. Lotte Köhler und Hans Saner, München, Piper, 1985.

Aristoteles, *Nikomachische Ethik,* auf der Grundlage der Übersetzung von Eugen Rolfes hrsg. v. Günther Bien, Hamburg, Meiner, 1985.

Aristoteles, *Politik,* Hamburg, Meiner, 1995 (= Philosophische Schriften in 6 Bänden, Band 4).

Aristoteles, *Rhetorik,* hrsg. und übers. v. Gernot Krapinger, Stuttgart, Reclam, 1999.

Barthes, Roland, *Comment vivre ensemble? Cours et séminaires au Collège de France (1976–1977)*, Paris, Seuil/IMEC, 2002.

Baumgarten, Alexander Gottlieb, *Ästhetik,* 2 Bde., Hamburg, Meiner, 2007.

Bentham, Jeremy, *An Introduction to the Principles of Morals and Legislation,* 1789. (Dt.: *Eine Einführung in die Prinzipien der Moral und Gesetzgebung*, Saldenburg, Verl. Senging, 2013).

Berleant, Arnold, *Living in the Landscape. Towards an Aesthetics of Environment,* University Press of Kansas, 1997.

Bernhard von Clairvaux, „De consideratione", in *Sämtliche Werke* lat./dt., hrsg. v. Gerhard Winkler, Band I, Innsbruck, Tyrolia, 1990, 612–841.

Bernhard von Clairvaux, „Predigt 23 über das Hohelied", in *Sämtliche Werke* lat./dt., hrsg. v. Gerhard Winkler, Band V, Innsbruck, Tyrolia, 1995, 324–349.

Bernhard von Clairvaux, „Stufen der Demut und des Stolzes", in *Sämtliche Werke* lat./dt., hrsg. v. Gerhard Winkler, Band II, Innsbruck, Tyrolia, 1990, 29–135.
Bloom, Allan, *Love & Friendship*, New York, Simon & Schuster, 1993.
Brague, Rémi, „L'anthropologie de l'humilité", in Rémi Brague (Hg.), *Saint Bernard et la philosophie*, Paris, PUF, „Théologiques", 1993, 129–152.
Brillat-Savarin, Jean-Anthelme, *Die Physiologie des Geschmacks*, München, Heyne, 1976.
Buytendijk, Friedrich Jacobus Johannes, *Über den Schmerz*, Bern, Huber, 1948.
Caillé, Alain, *Pour un manifeste du convivialisme*, Paris, Le Bord de l'eau, 2011.
Callicott, John Baird, „Wetland Gloom and Wetland Glory", *Philosophy and Geography* 6,1/2003, 33–45.
Canguilhem, Georges, *Das Normale und das Pathologische*, übers. v. Monika Noll und Rolf Schubert, Berlin, August, 1974.
Carlson, Allan, „L'appréciation esthétique de l'environnement naturel", in *Esthétique de l'environnement. Appréciation, connaissance et devoir*, Texte, gesammelt und übers. v. Hicham-Stéphane Affeissa und Yann Lafolie, Paris, Vrin, 2015, 55–84.
Castiglione, Baldassare, *Das Buch vom Hofmann*, München, dtv, 1986.
Dejours, Christophe, *Le Travail vivant, 2. Travail et émancipation*, Paris, Payot, „Petite Bibliothèque Payot", 2009.
Derrida, Jacques, *Aporien*, übers. v. Michael Wetzel, München, Fink, 1998.
Derrida, Jacques, „Il faut bien manger ou le calcul du sujet", *Points de suspension*, Paris, Galilée, 1992.
Descartes, René, „Brief an Chanut vom 1. Februar 1647", in *Briefe 1629–1650*, hrsg., eingel. und mit Anm. versehen v. Max Bense, übers. v. Fritz Baumgart, Köln, Staufen-Verl., 1949, 368–380.
Descartes, René, „Brief an Christina von Schweden vom 20. November 1647", in *Briefe 1629–1650*, ebd., 394–398.
Descartes, René, „Brief an Elisabeth von der Pfalz vom 4. August 1645", in *Der Briefwechsel mit Elisabeth von der Pfalz* frz./dt., übers. v. Isabelle Wienand, Olivier Ribordy und Benno Wirz, unter Mitarbeit von Angela Schiffhauer, Hamburg, Meiner, 2015, 100–107.
Descartes, René, „Brief an Elisabeth von der Pfalz vom 15. September 1645", in *Der Briefwechsel mit Elisabeth von der Pfalz*, frz./dt., ebd., 144–153.
Descartes, René, *Discours de la méthode* frz./dt. Hamburg, Meiner, 2011.
Descartes, René, *Über die Leidenschaften der Seele*, dt. v. Artur Buchenau, Leipzig, Meiner, 1911.
Diehm, Christian „Arne Næss, Val Plumwood, and Deep Ecological Subjectivity. A Contribution to the 'Deep Ecology-Ecofeminism Debate'", *Ethics and Environment*, 7, Nr. 1, 2002, 24–38.
Donaldson, Sue und Kymlicka, Will, *Zoopolis. Eine politische Theorie der Tierrechte*, übers. v. Joachim Schulte, Frankfurt, Suhrkamp, 2013.
Egger, Michel Maxime, *Soigner l'esprit, guérir la terre. Introduction à l'écopsychologie*, Genf, Labor et Fidès, 2015.

Festinger, Leon, *A Theory of Cognitive Dissonance,* California, Stanford University Press, 1957. Dt.: Theorie der kognitiven Dissonanz, Bern, Huber, 1978.

Fœssel, Michael, „Le respect, un sentiment esthétique?", in François Calori, Michael Fœssel und Dominique Pradel (Hg.), *De la sensibilité. Les esthétiques de Kant,* Rennes, Presses universitaires de Rennes, 2014, 177–190.

Foot, Philippa, *Die Natur des Guten,* übers. v. Michael Reuter, Frankfurt, Suhrkamp, 2004.

Foucault, Michel, *Hermeneutik des Subjekts. Vorlesungen am Collège de France, 1973–1984,* übers. v. Ulrike Bokelmann, Suhrkamp, Frankfurt, 2009.

Freud, Sigmund, „Drei Abhandlungen zur Sexualtheorie", in *Gesammelte Werke,* chronologisch geordnet, Band V, London, Imago, 1449, 27–145.

Freud, Sigmund, „Jenseits des Lustprinzips", in *Gesammelte Werke,* chronologisch geordnet, Band XIII, London, Imago, 1955, 2–69.

Freud, Sigmund, „Massenpsychologie und Ich-Analyse", in *Gesammelte Werke,* chronologisch geordnet, Band XIII, London, Imago, 1949, 72–75.

Freud, Sigmund, „Triebe und Triebschicksale", in *Gesammelte Werke,* chronologisch geordnet, Band X, London, Imago, 1949, 209–232.

Freud, Sigmund, „Das Unbehagen in der Kultur", in *Gesammelte Werke,* chronologisch geordnet, Band XIV, Frankfurt/Main, Fischer, 1991, 419–506.

Freud, Sigmund, „Die Verdrängung", in *Gesammelte Werke,* chronologisch geordnet, Band X, London, Imago, 1949, 247–261.

Freud, Sigmund, „Warum Krieg?", in *Gesammelte Werke,* chronologisch geordnet, Band XVI, London, Imago, 1950, 11–27.

Freud, Sigmund, „Die Zukunft einer Illusion", in *Gesammelte Werke,* chronologisch geordnet, Band XIV, Frankfurt/Main, Fischer, 1991, 323–380.

Gadamer, Hans-Georg, *Wahrheit und Methode. Grundzüge einer philosophischen Hermeneutik,* Tübingen, Mohr, 1975⁴.

Gattel, Claude-Marie, *Dictionnaire universel de la langue française,* vol. 1, Paris, Nabu Press, 2012.

Gennart, Michèle, *Corporéité et présence. Jalons pour une approche du corps dans la psychose,* Arguenteuil, Le cercle herméneutique, 2011.

Gilligan, Carol, *Die andere Stimme,* übers. v. Brigitte Stein, München, Piper, 1985².

Goffi, Jean-Yves, „L'éthique des vertus et l'environnement", *Multitudes,* 2009/1, Nr. 36, 163–169.

Guattari, Félix, *Die drei Ökologien,* übers. v. Alec Schaerer, Wien, Passagen, 2012.

Guillermit, Louis, *L'élucidation critique du jugement de goût selon Kant,* Paris, éd. du CNRS, 1986.

Hache, Émile (ed.), *Reclaim. Recueil de textes éco-féministes,* Paris, Cambourakis, 2016.

Heidegger, Martin, *Sein und Zeit,* Tübingen, Niemeyer, 1984¹⁵.

Hess, Gérald, *Éthiques de la nature,* Paris, PUF, 2013.

Hill, Thomas E. Jr., „Ideas of Human Excellence and Preserving Natural Environments", in Ronald Sandler und Philip Cafaro, *Environmental Virtue Ethics,* Lanham, MD, Rowman & Littlefield, 2005, 47–59.

Hillesum, Etty, *Das denkende Herz der Baracke. Die Tagebücher von Etty Hillesum*, aus dem Niederländischen v. Maria Csollény, Freiburg/Heidelberg, Kerle, 1983.

Hribal, Jason, *Fear of the Animal Planet. The Hidden History of Animal Resistance*, Petrolia, Counterpunch, 2013.

Hursthouse, Rosalind, „Environmental Virtue Ethics", in Rebecca L. Walker und Philip J. Ivanhoe (Hg.), *Environmental Ethics*, Oxford, Oxford University Press, 2007, 155–172.

Ignatius von Loyola, *Geistliche Übungen*, Würzburg, Echter, 2006⁴.

Jacobi, Friedrich Heinrich, *Werke*, Band 2, Darmstadt, Wissenschaftliche Buchgesellschaft, 1980.

James, William, *Pragmatism. A new Name for some old Ways of Thinking*, 1907. Dt.: *Pragmatismus. Ein neuer Name für einige alte Denkweisen*, Darmstadt, Wissenschaftliche Buchgesellschaft, 2001.

Jankélévitch, Vladimir, *Traité des vertus*, Paris, Flammarion, „Champs Essais", 1986, 3 Bde.

Kandinsky, Wassily, *Über das Geistige in der Kunst, insbesondere in der Malerei*, Bern, Benteli, 1959⁶.

Kant, Immanuel, *Grundlagen zu einer Metaphysik der Sitten*, Hamburg, Meiner, 1959.

Kant, Immanuel, *Kritik der Urteilskraft*, Hamburg, Meiner, 2009.

Kant, Immanuel, „Idee zu einer allgemeinen Geschichte in weltbürgerlicher Absicht", in *Kant's Gesammelte Schriften* „Akademieausgabe", Bd. VIII, Berlin, De Gruyter, 1923, 15–31.

Kant, Immanuel, *Kritik der praktischen Vernunft*, hrsg. v. Karl Vorländer, Hamburg, Meiner, 2003.

Klein, Melanie, „Neid und Dankbarkeit", in *Gesammelte Schriften* Band III, Stuttgart, Frommann-Holzboog, 2000, 279–367.

Klemperer, Victor, *LTI. Notizbuch eines Philologen*, Berlin, Aufbau-Verlag, 1947.

Laugier, Sandra (ed.), *Éthique, littérature, vie humaine*, Paris, PUF, 2006.

Le Bon, Gustave, *Psychologie der Massen*, übers. v. Rudolf Eisler, Stuttgart, Kröner, 1957.

Leopold, Aldo, *A Sand County Almanac & other writings on ecology and conservation*, New York, The library of America, 2013. Dt.: *Am Anfang war die Erde. Plädoyer zur Umwelt-Ethik*, übers. v. Elisabeth M. Walther, München, Beck, 1992 (Teil I und III der hier genannten engl. Ausgabe).

Levinas, Emmanuel, *Gott, der Tod und die Zeit*, übers. v. Astrid Nettling und Ulrike Wasel, Wien, Passagen Verlag, 1996.

Levinas, Emmanuel, *Jenseits des Seins oder anders als Sein geschieht*, übers. v. Thomas Wiemer, Freiburg, Alber, 1992.

Levinas, Emmanuel, „Namenlos", in *Eigennamen*, aus dem Frz. v. Frank Miething, München/Wien, Carl Hanser, 1988, 101–106.

Levinas, Emmanuel, *Vom Sein zum Seienden*, übers. v. Anna Maria Krewani und Wolfgang Nikolaus Krewani, Freiburg, Alber, 1997.

Levinas, Emmanuel, „Sterben für...", in *Zwischen uns. Versuche über das Denken an den Anderen,* aus dem Frz. v. Frank Miething, München/Wien, Carl Hanser, 1995, 239–251.
Levinas, Emmanuel, „Die Wirklichkeit und ihr Schatten", in *Die Unvorhersehbarkeiten der Geschichte,* übers. v. Alwin Letzkus, Freiburg/München, Alber, 2006, 105–124.
Levinas, Emmanuel, *Die Zeit und der Andere,* übers. v. Ludwig Wenzler, Hamburg, Meiner, 1984.
Lévi-Strauss, Claude, *Strukturale Anthropologie II,* übers. v. Eva Moldenhauer, Henning Ritter und Traugott König, Frankfurt, Suhrkamp 1975.
Lipman, Matthew, *Thinking in Education,* Cambridge u. a., Cambridge University Press, 2003.
Luhmann, Niklas, *Soziale Systeme. Grundriss einer allgemeinen Theorie,* Frankfurt, Suhrkamp, 1987.
Macherey, Pierre, *Introduction à l'Éthique de Spinoza. La 5e partie, les voies de la libération,* Paris, PUF, 1997.
MacIntyre, Alasdair, *Dependent Rational Animals. Why Human Beings need Virtues,* Chicago, Open Court, 1999. (Dt.: *Die Anerkennung der Abhängigkeit. Über menschliche Tugenden,* Hamburg, Rotbuch, 2001.)
MacIntyre, Alasdair, *Der Verlust der Tugend,* übers. v. Wolfgang Riehl, Frankfurt, Suhrkamp, 1995.
Maggiori, Robert, *De la convivance. Philosophie de la liberté ou philosophie de l'amour?,* Paris, Fayard, 1985.
Martineau, Emmanuel, „Prudence et considération, un dessein philosophique de saint Bernard de Clairvaux", in *Les Études philosophiques,* n° 1, 1980, 23–45.
McLuhan, Teresa Carolyn (ed.), *Touch the Earth. A Self-Portrait of Indian Existence,* London, Abacus, 1973. (Dt.: ... *wie der Hauch des Büffels im Winter,* Hamburg, Hoffmann u. Campe, 1979.)
Montaigne, Michel de, *Essais,* Frankfurt/Main, Insel, 1982[3].
Næss, Arne, *Ecology, Community and Lifestyle,* übers. v. David Rothenberg, Cambridge, Cambridge University Press, 1995.
Næss, Arne, *Une écosophie pour la vie. Introduction à l' écologie profonde,* übers. v. Naïd Mubalegh und Pierre Madelin, Paris, Seuil, 2017.
Næss, Arne, *Life's Philosophy. Reason and Feeling in a Deeper World,* übers. v. Roland Huntford, Athens, Georgia, The University of Georgia Press, 2002.
Næss, Arne, „Spinoza and Ecology", *Speculum Spinozanum 1677–1977,* ed. S. Hessing, London, Routledge, 1977, 418–425.
Nussbaum, Martha C., *Not for profit,* Princeton, Princeton University Press, 2010. (Dt.: *Nicht für den Profit,* Überlingen, TibiaPress, 2012.)
Nussbaum, Martha C., *The Fragility of Goodness. Luck and Ethics in Greek Tragedy and Philosophy,* Cambridge, Cambridge University Press, 2001.
Nussbaum, Martha C., *Poetic Justice. The Literary Imagination and Public Life,* Boston, Massachusetts Beacon Press, 1999.

Ogien, Ruwen, *Mes mille et une nuits. La maladie comme drame et comme comédie,* Paris, Albin Michel, 2017.
Ovid, *Metamorphosen,* lat./dt., Stuttgart, Reclam, 2016.
Pelluchon, Corine, *Éléments pour une éthique de la vulnérabilité. Les hommes, les animaux, la nature,* Paris, Cerf, „Humanités", 2011.
Pelluchon, Corine, *Manifeste animaliste. Politiser la cause animale,* Paris, Alma, 2017.
Pelluchon, Corine, *Les Nourritures. Philosophie du corps politique*, Paris, Seuil, „L'Ordre philosophique", 2015.
Pelluchon, Corine, *Tu ne tueras point. Réflexions sur l'actualité de l'interdit du meutre,* Paris, Cerf, „Passages", 2013.
Platon, *Gesetze,* übers. und erl. v. Otto Apelt, 2 Bde, Leipzig, Meiner 1945 (= 1916).
Platon, *Erster Alkibiades,* Übersetzung und Kommentar v. Klaus Döring, Göttingen, Vandenhoeck & Ruprecht, 2016.
Platon, *Gorgias,* gr./dt., Stuttgart, Reclam, 2011.
Platon, „Protagoras", in *Sämtliche Werke in 10 Bänden gr./dt.,* Band I, Frankfurt a.M./Leipzig, Insel, 1991, 61–195.
Platon, „Der Staat", *Sämtliche Werke in 10 Bänden gr./dt.,* Band V, Frankfurt a.M./ Leipzig, Insel, 1991.
Platon, „Theaitetos", in *Sämtliche Werke in 10 Bänden gr./dt.,* Band VI, Frankfurt a.M./Leipzig, Insel, 1991, 151–367.
Plumwood, Val, „Nature, Self and Gender. Feminism, Environmental Philosophy, and the Critique of Rationalism", *Hypatia,* Bd. 6, Nr. 1, 1991, 3–27.
Plutarch, „Ueber die Geschwätzigkeit", in *Moralia I,* hrsg. v. Christian Weise und Manuel Vogel, Wiesbaden, marixverlag, 2012, 848–868.
Plutarch, „Vom Hören", in *Moralia I,* hrsg. v. Christian Weise und Manuel Vogel, Wiesbaden, marixverlag, 2012, 80–95.
Renaut, Olivier, *Platon, la médiation des émotions. L'Éducation du thymos dans les Dialogues,* Paris, Vrin, 2014.
Ricœur, Paul, *Das Selbst als ein anderer,* übers. v. Jean Greisch, bearb. v. Thomas Bedorf und Birgit Schaaff, Paderborn, Fink, 2005.
Ricoeur, Paul, *Philosophie de la volonté, t. 1, Le volontaire et l'involontaire,* Paris, Seuil, „Points Essais", 2009. (Dt.: *Das Willentliche und das Unwillentliche,* übers. v. Daniel Creutz, Paderborn, Fink, 2016).
Rolston, Holmes III, „De la beauté au devoir", in Affaissa (s.o.), *Esthétique de l'environmement,* 277–310.
Rolston, Holmes III, „Environmental Ethics: Half the Truth but Dangerous as a Whole", in Ronald Sandler und Philip Cafaro (Hg.), *Environmental Virtue Ethics,* Lanham, MD, Rowman & Littlefield, 2005, 61–78.
Roszak, Theodore, *The Voice of the Earth,* Grand Rapids, Phanes Press, 1992. (Dt.: *Der entwurzelte Mensch und der Ruf der Erde,* Stuttgart, Kreuz-Verlag, 1994).
Rousseau, Jean-Jacques, *Emil oder Über die Erziehung,* Paderborn, Schöningh, 2001.

Rousseau, Jean-Jacques, *Vom Gesellschaftsvertrag,* in Zusammenarbeit mit Eva Pietzcker übers. und hrsg. v. Hans Brockard, Stuttgart, Reclam, 2011 (= 1977).
Sandler, Ronald, *Character and Environment. A Virtue-Oriented Approach to Environmental Ethics,* New York, Columbia University Press, 2007.
Schell, Jonathan, *Das Schicksal der Erde,* übers. v. Hainer Kober, Gütersloh, Bertelsmann Lizenzausgabe, 1982.
Seneca, Lucius Annaeus, *Epistulae morales ad Lucilium lat./dt.* I–XX, Stuttgart, Reclam, 1987–2000.
Sennett, Richard, *Ensemble. Pour une éthique de la coopération,* trad. P.-E. Dauzat, Paris, Albin Michel, 2014. (Dt.: *Zusammenarbeit. Was unsere Gesellschaft zusammenhält,* Berlin, Hanser, 2014.)
Spinoza, Baruch (Benedictus de), *Ethik in geometrischer Ordnung dargestellt,* lat./dt., neu übersetzt, hrsg., mit einer Einleitung versehen v. Wolfgang Bartuschat, Teil V, Hamburg, Meiner, 2015[4], 535ss.
Les Stoïciens, trad. É. Bréhier, Paris, Gallimard, „Bibliothèque de la Pléiade", 1962.
Straus, Erwin, V*om Sinn der Sinne. Ein Beitrag zur Grundlegung der* Psychologie, Berlin, Springer, 1935.
Strauss, Leo, „Das Erkenntnisproblem in der philosophischen Lehre Fr. H. Jacobis (1921)", in *Gesammelte Schriften, Band 2: Philosophie und Gesetz. Frühe Schriften,* hrsg. v. Heinrich und Wiebke Meier, Stuttgart/Weimar, J. B. Metzler Verlag, 1997, 237–292.
Strauss, Leo, *Liberalism ancient and modern,* Chicago, The University of Chicago Press, 1968.
Strauss, Leo, „German Nihilism" (https://archive.org/stream/LeoStraussGerman NihilismIntegral1941) © interpretation (konsultiert am 21.2.2019).
Strauss, Leo, *Über Tyrannis,* Neuwied, Luchterhand, 1963.
Thomas von Aquin, *Summa theologica,* dt.: Über die Sittlichkeit der Handlung, Weinheim, VCH Acta Humaniora, 1990.
Waal, Frans de, *Das Prinzip Empathie. Was wir von der Natur für eine bessere Gesellschaft lernen können,* übers. v. Hainer Kober, München, Hanser, 2011.
Weil, Simone, „Betrachtungen über den rechten Gebrauch des Schulunterrichts und des Studiums im Hinblick auf die Gottesliebe", in *Dies., Das Unglück und die Gottesliebe,* übers. v. Friedhelm Kemp, München, Kösel, 1953, 95–109.
Weizsäcker, Viktor von, *Der Gestaltkreis,* Frankfurt, Suhrkamp, 1973 (Erstausgabe 1940).
Iris Marion Young, *Responsibility for Justice,* Oxford, Oxford University Press, 2011.